JIANCHA JIGUAN TIQI MINSHI
GONGYI SUSONG ZHIDU YANJIU

检察机关提起民事
公益诉讼制度研究

王德良◎著

天津社会科学院出版社

图书在版编目（CIP）数据

检察机关提起民事公益诉讼制度研究 / 王德良著.
天津 ：天津社会科学院出版社，2024．9．-- ISBN 978
-7-5563-1028-9

Ⅰ．D925.104

中国国家版本馆 CIP 数据核字第 2024FG6085 号

检察机关提起民事公益诉讼制度研究
JIANCHA JIGUAN TIQI MINSHI GONGYI SUSONG ZHIDU YANJIU

责任编辑：王　丽
装帧设计：高馨月
出版发行：天津社会科学院出版社
地　　址：天津市南开区迎水道 7 号
邮　　编：300191
电　　话：（022）23360165
印　　刷：天津新华印务有限公司
开　　本：710×1000　　1/16
印　　张：18.75
字　　数：265 千字
版　　次：2024 年 9 月第 1 版　　2024 年 9 月第 1 次印刷
定　　价：78.00 元

摘　要

　　我国检察机关提起民事公益诉讼制度,可以追溯到清末检察制度建立之初。建国之初的人民检察制度就对民事公益诉讼进行了有益的探索。改革开放以来,我国社会经济发生了深刻变化,在多元利益格局下,面对国家利益、社会公共利益大量受损的现实,扩展民事诉讼机能,建立民事公益诉讼制度就具有了正当性。此后,2012年《民事诉讼法》修订构建了宏观制度框架,党的十八届四中全会部署建立检察机关提起公益诉讼制度的探索。经过检察机关试点工作,全国人大常委会修改《民事诉讼法》,完成了检察机关提起民事公益诉讼制度的立法。

　　自开展公益诉讼试点工作以来,检察机关提起民事公益诉讼制度取得长足发展:就诉讼范围而言,从试点时期的生态环境和资源保护、食品药品安全两个领域,扩展到目前的十一个领域;就诉讼程序而言,从诉前的案件线索发现到诉讼的二审均规定了相应程序,该制度基本具备了可操作性。但是,该制度还处于体系庞杂、原则规定为主、操作程序不足的阶段,尚未形成完整自洽的体系。作为核心问题,检察机关提起民事公益诉讼制度的正当性和检察机关的诉讼地位不仅未得到科学解决,反而因司法解释而复杂化。所以,既需要在基础理论上解决正当性和地位问题,也需要在操作运行上解决诉权体系化和程序问题。基于以上理论与现实的需要,同时也是构建整体制度的需要,本书拟对此作出回应。本书除引言外共五部分:

引言部分:综述了检察机关提起民事公益诉讼制度的背景、目的和意义,对相关文献进行述评,交代了研究的方法,总结了创新点和不足。

第1章:检察机关提起民事公益诉讼制度基本范畴。由于民事公益诉讼制度目前缺乏系统的理论体系,所以探讨其下一位阶的检察机关提起民事公益诉讼制度时,就需要构建该制度的基本场域要素,即基本范畴:公共利益、检察机关提起民事公益诉讼概念以及民事公益诉讼模式。其一,公共利益是民事公益诉讼的目的和制度构建的逻辑起点,本章在对公共利益的概念、特征及辨析的基础上,对公共利益进行了法律化阐释,进而归纳出检察机关提起民事公益诉讼中公共利益的特征。其二,提出检察机关提起民事公益诉讼的概念,检察机关民事公益诉权的权力属性,以及主体身份的国家性、诉讼权力的谦抑性、诉前程序的法定性、最终保障性的特征。其三,从民事公益诉讼模式基础理论入手,指出民事公益诉讼模式不同于私益诉讼模式,它是以公共利益为本位的职权主义模式,该模式下检察机关应当履行客观公正的义务,与法院形成分工负责、互相配合与监督的关系。

第2章:检察机关提起民事公益诉讼制度的正当性。本章从五个维度论证了正当性问题。其一,从历史维度,通过对我国检察机关提起民事公益诉讼百年历史的梳理,历史地证明了检察机关提起民事公益诉讼的正当性,体现了历史与逻辑的统一。其二,从比较法维度,分析了具有代表性的法国、苏联及俄罗斯、美国的检察制度以及检察机关提起民事公益诉讼制度,证明了各国检察机关宪法属性虽然各异,但是它们均是作为代表国家的诉权主体而存在,其基本权力包含刑事公诉权和民事公益诉权。其三,从宪法和司法权维度,虽然宪法将检察权定义为法律监督权,但是法律监督权的内涵不稳定,且类似权力在运行上也并不为检察机关所独占,所以法律监督权不能体现检察权的性质。检察权是在三大诉讼领域内运行的司法权,公诉权代表了检察权的性质。另外,从法律监督权的内涵来分析,目前诸多检察权中,只有公诉权与其完全契合,二者之间是名与实的关系,法律监督权是名,公诉权是实,检察权就是代表国家维护国家和公共利益的诉权。因此,在将民事公益诉权纳入国家权力范畴时,检察权与民事公益诉权完全兼容就顺理成章了。其四,从民事诉讼维度,以当事人适格理论为切入点,诉讼担当理论可以拓展适用于民事公益诉讼,它为检察机关作为民事公益诉讼主体的正当性提供了支撑。其五,从民事公益诉讼适格主体比较的维度,检察机关提起民事公益诉讼制度的正当性与检察机关作为诉权主体的最优性密切关联,而最优性是基于比较而来。与检察机关相比,行政机关的优势与价值是诉讼操作上的便宜主义,缺陷是诉权和行政权存在结构性冲突,这种冲突可能引发行政责任民事化、民事公益诉权边缘化、内部责任外部化、诉讼手段武器化的弊端,因此行政机关不应成为民事公益诉讼的原告。在民事公益诉讼中,社会组织作为原告和检察机关作为原告的作用各有千秋,鉴于社会组织面临的诸多困境,检察机关应积极履行诉前通知义务,引导帮助更多的社会组织参与民事公益诉讼,提高其诉讼能力。

第3章:检察机关在民事公益诉讼中的地位。检察机关在民事公益诉讼中的地位决定了其诉讼权力与义务,对于该问题,本章在梳理评价检察机关诉讼地位主要学说的基础上,提出检察机关的地位应当是民事公诉人,检察机关无须具有双重身份,诉讼监督权不具有独立性,它附属于民事公益诉权。当前制度的总体问题是检察机关诉讼地位当事人化,它既与民事公益诉讼模式相悖,也漠视了检察机关民事公益诉权来源的特殊性。结合司法解释与实证,本章全面审视了一二审程序中检察机关诉讼地位的问题:割裂了检察权,违反了检察一体原则。最后,本章在现有路径的基础上提出了改进思路。

第4章:检察机关民事公益诉权。从诉权理论出发,分析界定了检察机关的民事公益诉权。由于民事公益诉权与私益诉权存在诸多差异,这些差异所伴生的相关权力,也是检察机关民事公益诉权的必要组成部分,基于此构建了检察机关民事公益诉权体系。它包括:诉权的外延保护范围,即检察机关提起民事公益诉讼的案件范围;诉权的实体内涵,即检察机关提起民事公益诉讼的诉讼请求;诉权的保障手段——调查核实权,它不具有独立地位,只是保障诉权的基础性手段;诉权的变体——诉讼监督权,诉权和诉讼监督权针对的对象虽不同,但是本质上二者都是维护公共利益的请求权,诉讼监督权可以视为诉权的变体;诉权最终保障性的体现——支持起诉权,对于检察机关拥有诉权的民事公益诉讼案件,如果其他适格主体已起诉,为实现最终保障性,检察机关应通过支持起诉权参与案件,履行义务。

第5章:检察机关提起民事公益诉讼程序。本章全面梳理构建检察机关提起民事公益诉讼程序的基础理论,重构检察机关提起民事公益诉讼诉前程序。诉前程序以检察机关提起民事公益诉讼的时间点划界,提起诉讼之前的程序为诉前程序,属于检察权主导的程序,体现了检察权的职权性与单向性。基于现行规定,结合典型案例及相关数据,本章按照程序的启动、诉前公告、审查起诉、一审、二审、再审以及执行的程序发展顺序,进行了体系化构建,分析制度瑕疵,指出改进路径。

结语:总结提炼全文,分析局限,展望未来。

关键词:民事公益诉讼;民事公益诉权;检察机关;检察权;诉前程序

Abstract

The civil public interest litigation initiated by procuratorial organs in China can be traced back to the establishment of the procuratorial system in the late Qing Dynasty. The civil public interest litigation was included in the people's procuratorial system at the beginning of the founding of the People's Republic of China. Since the reform and opening up, China's society and economy have undergone profound changes. Under the pattern of multiple interests, and in the face of the reality that national interests and social public interests have been greatly damaged, it is legitimate to expand the function of civil litigation and establish a civil public interest litigation system. Since then, the revision of the Civil Procedure Law in 2012 established a macro-institutional framework, and the Fourth Plenary Session of the 18th Central Committee of the Communist Party of China deployed the exploration of the system establishment of the public interest litigation initiated by procuratorial organs. After the pilot work of the procuratorial organs and the amendment of the law by the legislature, the system of civil public interest litigation initiated by procuratorial organs has been completed.

Since the pilot work of public interest litigation, the system of civil public interest litigation initiated by procuratorial organs has made great progress: in terms of the scope of litigation, it has expanded from the two fields of environment, and food and drug safety during the pilot period to the current eleven fields; in terms of litigation procedures, corresponding procedures are stipulated from the discovery of case clues in the pre-trial to the second instance, and the system of civil public interest litigation initiated by procuratorial organs is basically operable. However, it is noticeable that the system is still in the stage of complex structure, mainly based on principle regulations and lack of sufficient operational procedures. A complete and self-consistent system has not yet been formed. As the core issue, the legitimacy and litigation status of procuratorial organs' civil public interest litigation power have not been scientifically resolved, but have been complicated by judicial interpretations. Therefore, it is not only necessary to solve problems of the legitimacy and status of the right of appeal in basic theory, but also to solve problems of the systematization of the right of appeal and the operation of the procedure. Based on the above theoretical and practical needs, as well as the need to improve the system, this dissertation intends to respond to those. In addition to the introduction, the dissertation consists of five parts:

The introduction provides an overview of the background, purpose and significance of the system of civil public interest litigation initiated by procuratorial organs, a review of the relevant literature, an account of the methodology applied in the dissertation, and a summary of the innovations and deficiencies in the research.

Chapter 1: The basic category of the system of civil public interest litigation initiated by procuratorial organs. Since the civil public interest litigation lacks a systematic theoretical system, the system of civil public interest litigation initiated by procuratorial organs requires the construction of the basic field elements of the system, that is, the basic categories: public interest, civil public interest litigation initiated by procuratorial organs and civil public interest litigation model. Firstly, the public inter-

est is the purpose of civil public interest litigation and the logical starting point of building the system of civil public interest litigation. On the basis of the concept and characteristics of the public interest, as well as the discrimination of related concepts, this chapter interprets the public interest in law, and analyzes the characteristics of the public interest in civil public interest litigation initiated by procuratorial organs. Secondly, this chapter proposes the concept of civil public interest litigation initiated by procuratorial organs, the power of procuratorial organs to initiate civil public interest litigation and institutional characteristics. Thirdly, this chapter starts from the basic theory of civil litigation model and proposes that the civil public interest litigation model is an inquisitorial system based on functions and powers of the public interest. Under this model, procuratorial organs should perform their objective and impartial obligations, and procuratorial organs and courts should cooperate and supervise each other.

Chapter 2: The legitimacy of the system of civil public interest litigation initiated by procuratorial organs. This chapter argues the legitimacy from five dimensions. The first is the historical dimension. Through the 100-year history of the civil public interest litigation initiated by procuratorial organs in China, it historically proves the companion relationship between civil public interest litigation and procuratorial power, which reflects the unity of history and logic. The second is the dimension of comparative law. With the analysis of representative French, Soviet Union, Russian, and American procuratorial systems and the system of civil public interest litigation initiated by procuratorial organs, it proves that although the constitutional attributes of procuratorial organs of the above countries are different, procuratorial organs all exist as the main body representing the state's right of public prosecution, and their basic powers include the power of criminal prosecution and civil public interest right of action. The third is the constitutional and judicial power dimension. Although the constitution defines procuratorial power as the power of legal supervision, it cannot reflect the nature of procuratorial power because the connotation of legal supervision is not stable, and it is not exclusive to the procuratorial organ in operation. Prosecutorial power is only a judicial power, operating within three main areas of litigation, and the right of public prosecution represents the nature of procuratorial power. From the connotation of legal supervision, only the right of public prosecution is fully consistent with its connotation requirements, and the relationship between them is the name and the nature. The legal supervision is the name, and the right of public prosecution is the nature. On behalf of the state, the power to prosecute is the power to defend the national and public interests. Therefore, it is logical that the procuratorial power and the civil public interest litigation right are fully compatible if the state includes civil public interest litigation into the category of state power, and the nature of procuratorial power is expanded from the narrow sense of the right of public prosecution to the broad sense of the right of public prosecution. The fourth is the civil litigation dimension. Referring to the theory of party suitability as the starting point, the theory of litigation undertaking can be expanded to apply to civil public interest litigation, which provides support for the legitimacy of procuratorial organs as the main body of civil public interest litigation. The fifth is the dimension of the comparison of eligible subjects for civil public interest litigation. The legitimacy of the system of civil public interest litigation initiated by the procuratorial organs is closely related to the optimality of the procuratorate as the subject of litigation power, and the optimality is based on comparison. Compared with procuratorial organs, the advantages and value of administrative organs are the expediency of litigation operation, and the disadvantage is that there is structural conflict between the right to appeal and the administrative power.

The conflict may lead to the civilization of administrative responsibility, the marginalization of civil public interest litigation rights, the externalization of internal responsibilities, and the weaponization of litigation methods, so administrative organs should not be the plaintiffs of civil public interest litigation. As plaintiffs, social organizations and procuratorial organs have different roles in civil public interest litigation. In view of many difficulties faced by social organizations, procuratorial organs should actively perform their pre-litigation notification obligations, guide and help more social organizations to participate in civil public interest litigation, so as to improve their litigation ability.

Chapter 3: The status of procuratorial organs in civil public interest litigation. The status of procuratorial organs in civil public interest litigation determines their litigation powers and duties. For this issue, this chapter, on the basis of sorting out and evaluating main theories on the litigation status of procuratorial organs, proposes that procuratorial organs should be the single identity of civil public prosecutors, that procuratorial organs do not need to have dual identities, and that the litigation supervision power is subordinate to the civil public interest litigation power. The overall problem of the current system is the litigation status of procuratorial organs as a party. In combination with specific judicial interpretations and cases, it conducts a comprehensive review of the litigation status of procuratorial organs in the first and second instance proceedings, and points out the path to improvement.

Chapter 4: The procuratorial organs' civil public interest litigation power. This chapter analyzes and defines the civil public interest litigation power of procuratorial organs based on the right of action theory. As there are many differences between civil public interest litigation power and private interest litigation power, these differences are accompanied by relevant powers, which are also the necessary components of the civil public interest litigation power of procuratorial organs, and then construct the system of the civil public interest litigation power of procuratorial organs. The extended scope of protection of the right of action is the scope of civil public interest litigation initiated by procuratorial organs. The substantive connotation of the right of action is the request of civil public interest litigation initiated by procuratorial organs. The safeguard means the right of action is the right of investigation and verification, which does not have an independent status. It is only the basic means to realize the right to appeal. The variation of the right of action is the right of litigation supervision. The objects of the right of action and the right of litigation supervision are different, but both of them are the right of claim to safeguard the public interest in essence. Therefore, the litigation supervision right can be regarded as a variant of litigation right. The embodiment of the ultimate guarantee of the right of action is the right to support prosecution. For civil public interest litigation cases in which the procuratorial organ has the right to sue, if other eligible subjects have sued, procuratorial organs should participate in the cases as supporting prosecutors and fulfill their obligations in order to achieve the ultimate guarantee.

Chapter 5 : The procedures for civil public interest litigation initiated by procuratorial organs. This chapter comprehensively analyzes the procedure of civil public interest litigation initiated by procuratorial organs and reconstructs the pre-litigation procedure of civil public interest litigation initiated by procuratorial organs. The pre-litigation procedure is defined by the time when procuratorial organs initiate civil public interest litigation, and the procedure prior to the initiation of litigation is the pre-litigation procedure, which is a procedure dominated by procuratorial power, reflecting the authority and unidirectionality of procuratorial power. Based on the current regulations and combined with typical cases and relevant data, this chapter

makes a comprehensive system construction, analyzes problems, and proposes ways for improvement in accordance with the procedural development sequence of initiation, pre-litigation announcement, review and prosecution, first instance, second instance, retrial, and procedure of enforcement.

The conclusion summarizes the whole dissertation, analyzes limitations, and looks into the future.

Key words: civil public interest litigation; civil public interest litigation power; procuratorial organs; procuratorial power; pre-litigation procedure

目　录

引　言

一、选题背景及界定

(一)选题背景

虽然我国检察机关提起民事公益诉讼在 2017 年才正式法制化,但是其可以溯源到清末建立检察制度之初。中华人民共和国成立前后的检察机关也拥有民事公益诉权,并且进行了有益的探索。2012 年《民事诉讼法》的修订构建了民事公益诉讼宏观制度框架。党的十八届四中全会通过《中共中央关于全面推进依法治国若干重大问题的决定》,从国家治理角度全面推进了检察机关提起公益诉讼制度。为贯彻党的决议,检察机关开展了公益诉讼的试点工作,为此,最高人民检察院出台了一系列司法解释,[①]最高人民法院也出台了配套司法解释。[②] 试点成功后,全国人大常委会修改法律,完成了制度的立法化。此后,"两高"通过共同制定司法解释,[③]初步实现了检察机关提起民事公益诉讼制度的程序化、规范化。鉴于该制度日益成为党推进社会治理的重要抓手,特别是党的十九届四中全会决议明确提出"拓展公益诉讼案件范围",党的二十

---

① 《人民检察院提起公益诉讼试点工作方案》(以下简称《试点方案》)、《人民检察院提起公益诉讼试点工作实施办法》(以下简称《试点实施办法》)。

② 《人民法院审理人民检察院提起公益诉讼案件试点工作实施办法》(以下简称《人民法院实施办法》)。

③ 《最高人民法院、最高人民检察院关于检察公益诉讼案件适用法律若干问题的解释》(以下简称《检察公益诉讼解释》)。

大报告专门强调"加强检察机关法律监督""完善公益诉讼制度",对制度发展提出更高要求,不仅检察机关在积极探索推进,立法机关也在积极跟进立法,①《十四届全国人大常委会立法规划》将"检察公益诉讼法"列入一类项目。

纵观以上发展历程,该制度已经完成了草创,正处于蓬勃发展、日益壮大阶段。与如火如荼的司法实践相比,我们应看到该制度仍处于体系庞杂、原则规定多、操作性不强的阶段,核心问题检察机关提起民事公益诉讼诉权的正当性及诉讼地位不仅未得到合理解决,反而因司法解释复杂化了。所以,既需要在基础理论上解决正当性和地位问题,也需要在程序上解决诉权体系和程序运行问题。以上均是本书探讨的重点问题,希望本书的探讨能够在理论上提供有力回应,为立法提供完善建议。

(二)研究对象的确定

结合理论研究与法律规定,所谓检察机关提起民事公益诉讼制度是检察机关代表国家根据法律授权,对违反法律损害国家利益、社会公共利益的行为,在没有适格主体或适格主体未提起诉讼的情况下,向法院提起诉讼,由法院通过审判来追究违法者的法律责任,实现维护社会公共利益的诉讼活动。

二、选题的目的与意义

(一)选题的目的

自改革开放以来,我国的社会经济发生了深刻的变化,法制建设经历了从恢复重建到逐步完善,再到目前全面依法治国的阶段。在法治国家中,人民必然越来越重视权利,重视公权力对于私权利的保护,司法作为维护社会公平正义的最后防线,其重要性日益突出。基于司法对维护公平正义的终极意义,加强司法制度自身建设也是至关重要的。检察机关提起民事公益诉讼制度自建

---

① 建立检察机关提起民事公益诉讼制度之后,截至2023年底,全国人大常委会在新制定的《英雄烈士保护法》《军人地位和权益保障法》《个人信息保护法》《反电信诈骗法》《无障碍环境建设法》和新修订的《安全生产法》《妇女权益保障法》《未成年人保护法》《反垄断法》中增加了新类型的检察机关提起民事公益诉讼制度。

立以来,虽然成效斐然,但其毕竟属于新兴制度,有诸多理论需要深入探讨,诸多程序需要实践检验。

目前关于该制度已经有了一些专著和博士论文,之所以仍然选择这一论题进行研究,主要是基于以下原因:

1. 宏观层面,制度正当性问题。检察机关提起民事公益诉讼制度的理论基础就是制度正当性问题,解决此问题,也就解决了诉讼地位与权力问题。检察机关民事公益诉权是检察权和民事公益诉讼的交叉结合,所以,分析该问题既要从民事公益诉讼维度入手,也要从检察权维度来考察。目前,相关论文基本是从民事诉讼维度,而非民事公益诉讼维度来论证正当性问题,更缺乏从检察权维度的阐述。因此,要分析正当性,不仅要从民事诉讼维度,更要从民事公益诉讼维度和检察权维度综合地论证分析。解决了正当性问题,才能在此基础上全面客观地认识检察机关在民事公益诉讼中的地位与权力,建立合理的地位和科学的权力体系。

2. 中观层面,现有制度的体系化构建。自 2017 年制度建立以来,以"两高"制定的《关于检察公益诉讼案件适用法律若干问题的解释》为中心,"两高"前后出台了多件涉及该制度的司法解释,①立法机关通过立法也创设了多种新型制度。可谓立法众多,内容庞杂,但缺乏综合归纳,出现抵牾在所难免。因此,亟须在理论上整合以上法律和司法解释,构建完善的体系,形成自洽的理论。

3. 微观层面,对现有制度的提升。作为一项新兴制度,检察机关提起民事公益诉讼制度目前已经初步实现了法律体系化。但是体系化,不等于合理化、规范化。对现行的制度,需要从司法实践和诉讼理论的维度来分析考察,这既

---

① 检察机关的司法解释主要有:《检察机关民事公益诉讼办案指南(试行)》(以下简称《办案指南(试行)》),以及《人民检察院公益诉讼办案规则》(以下简称《办案规则》)。法院的司法解释主要有:《最高人民法院关于适用〈中华人民共和国民事诉讼法〉的解释》(以下简称《民事诉讼法解释》)、《最高人民法院关于审理环境民事公益诉讼案件适用法律若干问题的解释》(以下简称《环境公益诉讼解释》)、《最高人民法院关于审理消费民事公益诉讼案件适用法律若干问题的解释》(以下简称《消费公益诉讼解释》)等。

有利于全面系统地理解,有利于实践中的操作,同时可以发现问题并进行科学分析,提出合理化的构想,为未来相关制度的完善提供支撑。

(二)选题意义

2017年《民事诉讼法》修订设立了检察机关提起民事公益诉讼制度,其后涉及该制度的系列法律和司法解释先后生效,在此基础上,检察机关开展了大量的民事公益诉讼实践探索。以上这些法律文本和鲜活的实践亟须系统化、条理化,并在此基础上构建体系化的检察机关提起民事公益诉讼制度。

1. 基础理论上,加大检察制度和民事公益诉讼制度融合性研究。检察机关提起民事公益诉讼制度是检察制度和民事公益诉讼制度的交叉,其科学性的体现是对二者的兼容并蓄。目前,讨论的理论基点主要是民事诉讼,缺乏从检察权维度系统充分地论述,这种理论缺失的直接体现就是现实中检察机关提起民事公益诉讼制度更多体现的是私益诉讼理念,造成了其与检察制度在兼容性上出现抵牾,例如《检察公益诉讼解释》第十一条规定起诉的检察机关和上级检察机关可以同时出席二审法庭,这明显违反了检察一体原则。对此,需要补齐短板,从检察权维度来论证检察机关民事公益诉权的正当性,为检察机关提起民事公益诉讼制度中的检察特性提供系统理论支撑。同时,考虑到检察机关提起民事公益诉讼制度理论是以私益诉讼为基点,因此亟需摆脱私益诉讼模式的羁绊,在民事公益诉讼模式下讨论检察机关提起民事公益诉讼地位问题。

2. 诉权上,构建检察机关提起民事公益诉权体系,在体系统摄下形成自洽。诉权的外延保护范围即是检察机关提起民事公益诉讼的案件范围,诉权的实体内涵即是检察机关提起民事公益诉讼请求。与诉权相关的其他类型检察权中,调查核实权不具有独立地位,它只是实现诉权的基础性权力。对于诉讼监督权,诉权和诉讼监督权虽然针对的对象不同,但是诉讼监督权实质也是维护公共利益的请求权,诉讼监督权可以视为诉权的变体。对于支持起诉权,在检察机关不必行使诉权的情况下,支持起诉作为诉权最终保障性的体现,继续发挥着保护公共利益的作用。

3. 程序上,全面梳理分析检察机关提起民事公益诉讼程序,重构检察机关提起民事公益诉讼诉前程序。诉前程序是以检察机关提起民事公益诉讼的时间点划界,之前的程序为诉前程序,它包括检察机关发现案件线索、立案、诉前公告、审查起诉等阶段。诉前程序作为与其后诉讼程序相衔接的程序,它的存在有其独特的功能与意义。诉前程序完全是检察机关主导的程序,这种主导不仅体现在其全程参与,更在于这一程序体现了检察权的职权主义与单向性,它是检察机关提起民事公益诉讼中最具检察权特性的程序,应当成为研究的重点。

三、国内外研究现状评述

(一)已获得的文献

目前,与民事公益诉讼内容相关的专著主要有:崔伟、李强《检察机关民事行政公诉论》,汤维建《民事检察法理研究》,汤维建等《群体性纠纷诉讼解决机制论》,范愉《集团诉讼问题研究》,颜运秋《民事公益诉讼法律制度研究》,白彦《民事公益诉讼理论问题研究》,韩志红、阮大强《新型诉讼——公益经济诉讼的理论与实践》,王桂五《中华人民共和国检察制度研究》,吴勇等《检察公益诉讼发展的理论与实践》,傅信平等《检察公益诉讼研究——贵州司法实务样本》,田凯等《人民检察院提起公益诉讼立法研究》,段厚省、高鹏《环境民事公益诉讼基本理论研究》,竺效《环境公益诉讼案例精编》,练育强《中国公益诉讼案例发展报告》等。

博士论文主要有:张乾《我国检察民事公益诉讼制度完善研究》,朱刚《民事公益诉讼程序研究》,吴小隆《公益诉讼研究——从比较民事诉讼法的角度》,张艳蕊《民事公益诉讼制度研究》,李征《民事公诉之立法研究》等。

期刊文章主要有:刘家兴、江伟《试论人民检察院参加民事诉讼》,陈桂明《检察机关参与民事诉讼浅探》,汤维建《民事检察监督制度的定位》,汤维建《民事诉讼法的全面修改与检察监督》,汤维建《论检察机关提起民事公益诉讼》,肖建国《民事公益诉讼的基本模式研究——以中、美、德三国为中心的比较法考察》,邵明、常洁《民事诉讼模式重述——以公益和私益为论述角度》,杨立新《新中国民事行政检察发展前瞻》,江伟、段厚省《论检察机关提起民事诉讼》,陈兴生、宋波、梁远《民事公诉制度质疑》,宋朝武《论公益诉讼的十大基本问题》,刘艺《论国家治理体系下的检察公益诉讼》,张雪樵《检察公益诉讼比较研究》,刘晓纯、张凯丽《检察机关提起民事公益诉讼与其职责的冲突与协调》,李昕《俄罗斯民事诉讼中的检察长》,蒋小红《通过公益诉讼推动社会变革——印度公益诉讼制度考查》等。

（二）文献综述

自1978年检察机关重建以来,理论研究涌现过两次高潮。第一次是20世纪末至21世纪初,伴随着各地检察机关开展公益诉讼探索,理论界也展开了热烈的研讨。这一时期探讨的重点是必要性及可行性,以及诉讼地位等宏观问题。对于相关的国家机关提起民事公益诉讼,这一点理论界是没有质疑的。争论的焦点是检察机关作为诉讼主体的正当性、可行性,可谓是观点频出,针锋相对,主要是从检察机关宪法地位、法律监督权的含义,以及检察机关参加民事诉讼是否与我国民事诉讼结构兼容等方面展开,涉及我国民事诉讼制度、检察制度和宪法制度。无论是持否定态度者,还是持肯定态度者,双方在检察制度理解上形成交锋,各有千秋。相比而言,持否定态度者,对我国检察制度缺乏深入考察,更多是以西方检察制度作为分析坐标。对检察机关提起民事公益诉讼对于民事诉讼结构的影响,双方则是自说自话,没有形成交锋,持肯定态度者并未回应持否定态度者提出的检察机关对于民事诉讼结构的影响问题。对此,如果仅从私益诉讼的诉讼结构来考察,检察机关的介入必然造成不平衡。但是,如果考虑民事公益诉讼是对私益民事诉讼机能的扩大,它的诉讼结构与私益诉讼结构存在根本差异,那么检察机关介入民事公益诉讼必然影响诉讼结构平衡,这一点是可以商榷的。

如果说第一次热潮主要是就检察机关提起民事公益诉讼的定性研究,涉及正当性、可行性、法律地位等宏观问题。那么,伴随最高人民检察院开展公益诉讼探索,业界出现了第二次热潮。第二次热潮主要围绕现实问题——检察机关提起民事公益诉讼试点,它更侧重于操作层面的定量研究,说明检察机关提起民事公益诉讼研究日益深化。目前,基础问题方面,焦点集中在检察机关民事公益诉权的正当性以及诉讼地位,检察机关提起民事公益诉讼的保护范围,检察机关提起民事公益诉讼的诉讼请求等。就具体程序而言,虽然司法解释构建了基本的程序脉络,但也仅仅是构建了框架,缺乏系统全面的制度。所以,需要就现有的诉前程序、一审程序、二审程序、再审程序、执行程序等,进行系统全面的论述,建立检察机关提起民事公益诉讼程序体系。在研究过程中,笔者坚持现实制度和理论合理妥协的立场,因为失去理论支撑的制度是盲目的,缺乏制度回应的理论是空洞的。

以上是对于检察机关提起民事公益诉讼制度相关文献的宏观梳理,目前关于检察机关提起民事公益诉讼制度的焦点问题有三:

其一是检察机关提起民事公益诉讼制度的正当性。这一问题是制度的基础性问题,正当性的理论依据的不同,决定了其后两个问题的具体走向。对正当性持否定说的理由为:从宪政的视角比较分析,西方国家的检察机关是政府的组成部分,是公共利益的维护者,这决定了其提起民事公益诉讼具有内在的合理性。我国的检察机关不属于行政机关,它是法律监督机关,其与行政机关之间是独立又制衡的关系。一旦确立检察机关提起民事公益诉讼的制度,势必出现检察机关在民事诉讼中具有原告与法律监督者双重身份,从而背离民事诉讼结构的正常规律,呈现出失衡的状态。[①] 对正当性持肯定态度的学者占主

---

① 参见杨秀清:《我国检察机关提起公益诉讼的正当性质疑》,《南京师范大学学报(社科版)》2006年第6期;王福华:《我国检察机关介入民事诉讼之角色困顿》,《政治与法律》2003年第5期;林贻影、滕忠:《民事诉讼监督方式之选择》,《人民检察》2001年第3期。

流,学说众多,主要有"公益说",该学说认为检察机关提起公益诉讼主要是基于其代表公益的特性,法定职责之一就是保护公共性质的利益;①还有"监督权说",该学说认为正当性源自检察机关对民事审判活动的监督权;②"公益说"和"广义监督权说"相结合,该学说认为检察机关代表国家和社会公共利益提起民事诉讼,这是"监督权说"所缺乏的内容,我国检察机关提起民事诉讼的权力应是源自其一般的法律监督职能;③"诉权分离说",该学说认为程序诉权与实体诉权在一定条件下可以分离是检察机关提起民事诉讼的理论基础之一,保护公共利益就要设定一个能代表国家和社会公共利益的代表,检察机关虽然不享有实体意义上的诉权,但程序意义上的诉权在一定条件下能够与实体意义上的诉权相分离,可以由非实体诉讼主体来行使。④ 归纳以上观点,其分歧的根源在于对检察权、法律监督权的内涵,以及对民事公益诉讼特定规律的不同认识。

其二是检察机关在民事公益诉讼中的诉讼地位。检察机关在民事公益诉讼中的地位决定了其后的权力与义务,对此可谓众说纷纭,比较典型的有六种观点说,它包括"法律监督者说""双重身份说""公益代表人说""公诉人说""原告人说""诉讼当事人说";⑤还有十种观点说,它包括"法律监督说""国家监诉人说""当事人说""原告人说""特殊原告说""国家诉讼人说""国家公益人说""超然监督说""公诉人说""双重身份说";⑥五种观点说,它包括"普通原告说""民事公诉人说""公益代表人说""公益诉讼原告说""双重身份说"。⑦其中的一些学说由于时代的原因已经与现实立法南辕北辙,在此就不作赘述

---

① 参见白彦:《检察机关提起公益诉讼的现实困境与对策研究》,《法学杂志》2016 年第 3 期。

② 参见江伟、段厚省:《论检察机关提起民事诉讼》,《现代法学》2000 年第 6 期。

③ 参见常英、王云红:《民事公诉制度研究》,《国家检察官学院学报》2002 年第 4 期;姜明安:《行政诉讼中的检察监督与行政公益诉讼》,《法学杂志》2006 年第 2 期。

④ 杨柏林、金海洲等:《检察机关提起民事诉讼问题研究》,载《检察论丛》(第 4 卷),法律出版社 2002 年版,第 278 页。

⑤ 参见孙谦主编:《检察理论研究综述(1999—2009)》,中国检察出版社 2009 年版,第 382 - 384 页。

⑥ 参见崔伟、李强:《检察机关民事行政公诉论》,中国检察出版社 2010 年版,第 423 - 427 页。

⑦ 参见杨雅妮:《检察民事公益诉讼制度研究》,社会科学文献出版社 2020 年版,第 16 - 19 页。

了,具有现实意义的是"普通原告说""民事公诉人说""公益代表人说""双重身份说""法律监督者说"。①

其三是检察机关提起民事公益诉讼制度的保护范围。在检察机关开展公益诉讼试点工作前,有代表性的观点认为,案件范围应包括:国有资产流失案件,损害公共利益的消费者权益保护案件,破坏自然环境、生态平衡案件,破坏国有文物案件,对因腐败转移到境外的非法财产案件,不正当竞争和反垄断案件,反倾销案件,违背公序良俗的人事诉讼案件,侵害弱势群体合法权益案件九类。② 检察机关开展试点工作后,有代表性的观点认为,案件范围应包括:国有资产流失案件,环境污染案件,特定弱势群体诉讼,反垄断诉讼,特定人事诉讼,群体性小额侵害诉讼六类。③ 还有观点认为,案件范围应包括:破坏国有文物,特定人事诉讼,侵害公民受教育权,证券领域侵害公共利益,对外追偿索赔五类。④ 除了目前已经立法确定的案件范围外,对国有资产流失案件、保护国有文物案件、违背公序良俗的人事诉讼案件、保护弱势群体案件、反垄断案件,是理论界达成了一定共识。

四、研究方法

(一)法解释学的方法

虽然检察机关提起民事公益诉讼已经成为制度,但是目前关于该制度的研究多为立法论的研究成果,缺乏对于现行制度解释论的分析。本书拟结合目前的实践案例及数据进行解释学的研究,全面客观地解释现行制度的内涵及利弊。如检察机关参加二审庭审,根据司法解释,提起诉讼的检察机关派员出庭,上级检察机关也可以派员。对上级出庭的作用,检察机关和法院的理解是完全不同的,法院认为其起到当事人的作用,检察机关则认为发挥了法律监督作用。

---

① 以上学说的具体内容及评述详见本书 3.1 章,在此不再赘述。

② 参见崔伟、李强:《检察机关民事行政公诉论》,中国检察出版社 2010 年版,第 449－455 页。

③ 白彦:《民事公益诉讼理论问题研究》,北京大学出版社 2016 年版,第 46－47 页。

④ 杨雅妮:《检察民事公益诉讼制度研究》,社会科学文献出版社 2020 年版,第 65－70 页。

因此,需要从法律解释角度分析各自观点的渊源,再结合该条款实际运行的状况作出回应。这既是理论自洽的需要,更是法律完善的呼唤。

(二)实证研究的方法

实证研究方法是法学研究的基本方法之一,没有实证的研究,法学必然走向纯思辨的空谈。在本书写作过程中,笔者全面考察自检察机关重建以来的相关案例,通过案例分析、数据统计等实证调查方法研究本论题。目的在于将实然的司法实践案例和经验反馈于应然的理论层面,由此促使理论探究的深入,为完善司法解释、构建程序规则提供充分严谨的实证基础,使得该制度的构建与我国的司法环境相协调,避免水土不服。

(三)理论分析的方法

理论是我们分析、认识事物的基础工具,针对检察机关提起民事公益诉讼制度的正当性、诉讼地位等方面的问题,需要理论层面的引导与支撑,这里不仅包括民事诉讼理论,也包括宪法和检察制度理论等。尤其是对于民事公益诉权和检察权之间的关系,更需要从理论层面合理定位二者关系,协调二者功能。除此之外,对于实证中出现的矛盾与问题,也需要理论的襄助化解,实证与理论相辅相成,实证在于验证理论并发现问题,理论在于为实证提供引导,并在解决问题的基础上升华理论。

(四)历史研究的方法

逻辑与历史的统一是辩证逻辑的重要方法,即"思维或理论的逻辑应当与客观现实的历史发展进程相一致。逻辑的与历史的是辩证统一的"。[1] 所以,除了逻辑的方法之外,历史的方法对于我国检察机关提起民事公益诉讼制度研究也是至关重要的。因此,需要对相关历史进行梳理,排除细节和偶然性,从中归纳揭示出规律性,分析其是否和逻辑的发展相统一,用历史的方法来验证检

---

[1] 彭漪涟、马钦荣:《逻辑学大辞典》(修订本),上海辞书出版社 2010 年版,第 636 页,"逻辑的与历史的统一"辞条。

察机关提起民事公益诉讼制度的正当性。

（五）比较分析的方法

当今世界是开放的世界，要构建与完善我国的制度，必须要了解其他国家的大量相关资料，通过比较分析，归纳出规律性的认识，并进行与本土国情相适宜的借鉴或移植。通过对大陆法系代表国家法国、苏联及俄罗斯检察机关提起民事公益诉讼制度的研究，以及对以美国为代表的英美法系国家相关制度的研究，可以看出检察机关代表国家行使民事公益诉权是具有普遍规律性的，其制度对我国具有借鉴意义。

五、本书的创新与不足

（一）本书的创新

本书在锚定基本范畴的基础上，从检察机关提起民事公益诉讼制度的正当性分析入手，推导出检察机关诉讼地位，而检察机关的诉讼地位决定了其诉讼权力和诉讼程序。本书拟系统全面地构建检察机关提起民事公益诉讼制度。

第1章：检察机关提起民事公益诉讼制度的基本范畴。对公共利益按照立法目的、基本原则、授权依据、法律客体四个层次进行了法律化识别，在此基础上推导出该制度中公共利益的特征，以及检察机关民事公益诉权的权力属性，归纳了主体身份的国家性、诉讼权力的谦抑性、诉前程序的法定性、最终保障性四个特性。构建了民事公益诉讼模式，不同于私益诉讼当事人主义诉讼模式，该模式为以公共利益为本位的职权主义诉讼模式，检察机关应当履行客观公正的义务，与法院形成分工负责、相互配合、相互监督的关系。

第2章：检察机关提起民事公益诉讼制度的正当性。宪法将检察权定义为法律监督权，但是法律监督的内涵不稳定，且法律监督性质的权力并不为检察机关垄断，法律监督权不能体现检察权的性质。检察权是司法权，检察权的性质应为公诉权，检察权中与法律监督权的内涵完全契合的只有公诉权，二者是实与名的关系。基于检察权、公诉权的性质认定，在国家扩大保护，将民事公益纳入国家诉权的保护范畴后,检察权与民事公益诉权完全兼容顺理成章,检察权的性质由狭义的刑事公诉权,扩大为广义的民事、刑事、行政公诉权。检察机关提起民事公益诉讼制度的正当性还源于其与行政机关的比较,行政机关作为民事公益诉讼的原告,它的价值是诉讼操作上的便宜主义,缺陷是诉权和行政权存在结构性冲突,从而引发行政责任民事化、民事公益诉权边缘化、内部责任外部化、诉讼手段武器化的弊端。因此,行政机关不应是民事公益诉讼的原告,检察机关应是代表国家的唯一民事公益诉权主体。

第3章:检察机关在民事公益诉讼中的地位。在梳理评价主要学说的基础上,提出检察机关不需具有双重身份,其应当是民事公诉人,诉讼监督权附属于民事公益诉权,而目前检察机关的地位现状是当事人化。当事人化的问题在于其既与民事公益诉讼模式相悖,也漠视了检察机关民事公益诉权来源基础的特殊性。以此为理论基础,全面审视了现行程序中检察机关的地位,特别是对焦点问题二审程序中检察机关的地位进行实证分析,认为目前的规定割裂了检察权,违反了检察一体原则。本书基于现有路径提出了改进建议。

第4章:检察机关民事公益诉权。从诉权理论出发分析检察机关民事公益诉权,由于民事公益诉权与私益诉权存在诸多差异,这些差异所伴生的相关权力也成为检察机关民事公益诉权的必要组成部分。由此构建了检察机关民事公益诉权体系,它包括:诉权的保护范围——案件范围,诉权的实体内涵——诉讼请求,诉权的保障手段——调查核实权,诉权的变体——诉讼监督权,诉权最终保障性的体现——支持起诉权。

第5章:检察机关提起民事公益诉讼程序。提出民事公益诉讼程序的概念,分析了程序的价值与特征,进而提出诉前程序属于检察机关主导的程序。结合典型案例及相关数据,按照程序的发展顺序全面梳理了程序规范,进行了体系化构建,分析其缺陷,指出改进路径。

(二)本书的不足

本书立足于全面梳理法律和分析案例、数据,但是考虑到作为新兴制度,检察机关提起民事公益诉讼制度体系十分庞杂,又可以细分为检察、消费、民事公益诉讼等诸多子制度,每一子制度在程序上都有鲜明的个性,对此本书缺乏在程序论中对每个子项的深入探究。同时,该制度还是检察机关提起公益诉讼制度的一个分支,要深化研究,还应从这一维度进行分析,而不仅仅是从检察权和民事诉讼维度,对此本书没有论及。另外,该制度还属于民事公益诉讼制度子制度,本书的相关论述是以民事公益诉讼制度为背景,但是对于这一背景本书只是从诉讼模式的角度进行了描述,缺乏全面性、系统性,造成了相关论述过于突兀。

第1章

检察机关提起民事公益诉讼制度基本范畴

1.1 公共利益

作为一种新型的民事诉讼制度,民事公益诉讼之所以能分化并独立出来,其逻辑起点就在于其诉讼目的是保护公共利益,这从根本的诉讼目的上区别于传统的民事诉讼,[①]而何为公共利益就成为本书探讨的起点。

1.1.1 公共利益的辨析

一、概念的尝试

民事公益诉讼以公共利益为保护对象和目的,公共利益对于塑造民事公益诉讼程序是具有基础性和决定性影响的。公共利益不仅在诉讼法上具有如此重要之地位,它也是构建宏观法律制度所要考虑的基础性因素,属于法学的元概念。就这一点而言,它与正义的法学地位相仿。正是由于公共利益在法学概念体系中地位崇高,此类概念的含义也像正义一样具有普罗透斯的面相,因而变化莫测。

---

① 传统民事诉讼关于诉讼目的产生了诸多学说,主要包括"私权保护说""私法秩序维护说""纠纷解决说""程序保障说""多元说"等,影响最大的是"私权保护说""私法秩序维护说""纠纷解决说",它们一般将保护民事实体权利列为民事诉讼的目的或目的之一。参见汤维建主编:《民事诉讼法学》(第二版),北京大学出版社2014年版,第11-18页。

对于公共利益的界定从古至今学说纷纭，比较有代表意义的观点有：1.从利益代表的数量上界定，认为个人利益的总和就是公共利益，一般将不确定人数的多数人利益认定为公共利益，这也是实践中最常用的观点，①根据此观点，公共利益就是组成其个体利益的总和；2.从利益代表的性质上界定，强调利益所代表的共同性、普遍性，强调是全体社会成员共同享有的利益或价值；②3.从利益的代表机构来界定，公共机构代表的利益就是公共利益。③

关于公共利益的其他学说还有很多，但基本都是以上三种观点的不同变体。目前，我国对于公共利益较为权威的定义认为公共利益是"共同体的总体利益"④。这一定义与英美法系对于公共利益的界定异曲同工。由于组成公共利益的要素——公共、利益本身的模糊、不确定，就造成这一元概念有同样的"模糊性、复杂性及局限性"⑤。公共利益这种模糊、不确定属性实际与法学概念所要求的确定性相背离，造成概念如果过于严谨则内涵涵盖不足，过于宽泛则外延易与其他概念交叉混淆导致丧失确定性。所以，仅从概念来认定公共利益是不科学的，也是难以操作的，目前比较通行的办法：一是从特征之描述和分析中去认识；二是从与其他相关概念的对比中去理解。⑥

---

① 英国18世纪的法学家边沁认为："共同体是个虚体，由那些被认为可以说构成其成员的个体组成。那么，共同体的利益是什么呢？是组成共同体的若干成员的利益的总和。"［英］边沁：《道德与立法原理导论》，时殷宏译，商务印书馆2000年版，第58页。
② 奥地利法学家韦德罗斯（Afred Verdross）认为："共同利益既不是单个个人所欲求的利益的总和，也不是人类整体的利益，而是一个社会通过个人的合作而生产出来的事物价值的总和。"转引［美］E.博登海默：《法理学：法律哲学与法律方法》，邓正来译，中国政法大学出版社2004年版，第329页注［152］。
③ 庞德（Roscoe Pound）认为："利益划分为：个人利益，直接涉及个人生活并以个人生活名义提出的主张、要求或愿望；公共利益，涉及政治组织社会的生活并以政治组织社会名义提出的主张、要求或愿望；社会利益，涉及文明社会的社会生活并以这种生活的名义提出的主张、要求或愿望。"参见［美］E.博登海默：《法理学：法律哲学与法律方法》，邓正来译，中国政法大学出版社2004年版，第155-156页。
④ 《辞海》（第六版缩印本），上海辞书出版社2010年版，第0594页。
⑤ 白彦：《民事公益诉讼理论问题研究》，北京大学出版社2016年版，第6页。
⑥ 刘学在：《民事公益诉讼制度研究——以团体诉讼制度的构建为中心》，中国政法大学出版社2015年版，第46页。

二、公共利益的特征

所谓特征就是一事物与其他事物相区别的外部表象。由于外部表象具有可识别性,在界定公共利益时可以将特征作为判断的标准与依据,其有效性要优于概念的推演。

与概念类似,公共利益的特征也是学说众多,[1]具有代表性的有:1. 不可分性和公用性;[2]2. 不可分性、非排他性与不确定性;[3]3. "第一,不确定性……第二,社会共享性……第三,外部性,公共利益的供给具有一定的外部效应……第四,层次性。"[4]

通过对以上学说观点的列举,可以形成以下共识,公共利益主要具有以下特征:

(一)不确定性

公共利益是一个外延涵盖广泛的概念,基于不同的维度,其可以展现出不同的面相。它的劣势在于缺乏确定性,优势在于它保持了概念的弹性、拓展性,这也是此类元概念所普遍具有的属性。这种不确定性的体现就是主体与内容的不确定性。主体不确定性,不是指它完全无法确定,而是指确定标准是多元的,无法做到单一标准的简洁清晰,只能通过对各种标准的综合考量来确定。一般最常用的是不确定的多数人标准,它要求公共利益在数量上代表不确定的多数人,而非小范围的少数人。当然,这一标准也是有局限的,最突出的就是确定人数时往往必须结合一定的时空,所以就需要将地域作为附加因素。内容也

---

① 参见刘学在:《民事公益诉讼制度研究——以团体诉讼制度的构建为中心》,中国政法大学出版社2015 年版,第 46 - 48 页;柯阳友:《民事公益诉讼重要疑难问题研究》,法律出版社 2017 年版,第 8 - 9 页。

② 美国学者约翰.罗尔斯认为:"公共利益具有两个特点,即不可分性和公共性。亦即,有许多个人(可以说他们构成一个共同体)要求或多或少的公共利益,但是如果他们都想享有它,那么每个人就必须享有同样的一份。"参见[美]约翰.罗尔斯:《正义论》,何怀宏、何包钢、廖申白译,中国社会科学出版社 1988 年版,第 257 页。

③ 潘申明:《比较法视野下的民事公益诉讼》,法律出版社 2011 年版,第 27 - 28 页。

④ 刘宏宇:《公共利益的法学解读》,《社会科学家》2010 年第 12 期。

就是利益的不确定性,利益是人们在社会关系中表现出来的不同需要,影响利益的因素众多,主要有社会关系因素、主体对客体价值的主观认定等因素,前者是宏观因素,后者则是微观因素。前者是当时社会状况的反映,包括政治、经济、文化、风俗、宗教等诸方面因素。后者是一种个人的主观反映,虽然它也受客观因素影响,但是主体基于自身所具有的能动性或是自由性不仅不可以被排除,而且往往是具有决定影响的。因此,鉴于宏观社会因素的复杂性以及主体认识的主观性,公共利益的面相必然呈现出多样性,也就是不确定性。

（二）社会共享性

所谓社会共享就是指公共利益是不可分的,是不能被任何主体独占的,各种主体间也不存在排他的竞争关系。具体表现就是不能划分份额并分配给某些主体,只能由社会成员共同享有。任何主体都不能独占公共利益,每个主体都有权不被排除出受益人范围,主体之间不具有排他性,也不是竞争关系,而是合作共赢的关系。

（三）直接具体性

尽管公共利益在诸多领域都是元概念,但仅就法学而言,公共利益必须是直接的、具体的。之所以要求直接、具体,是因为法律所解决的问题几乎都是具有直接因果关系的问题,一般不涉及间接因果关系。因为如果将间接因果关系广泛引入,基于世界是普遍联系的规律,则法律关系的链条就会无限延长,就超出了法律所统摄的范围,其后果就是无法作出明确具体的法律关系认定。所以,法律认定的公共利益,就要基于明确具体的主张,并提供直接因果关系证明,而不能是间接因果关系证明。

（四）位阶性

公共利益是系统性的概念,系统内部并不是和谐统一的,而是种类庞杂的。之所以如此,根本原因在于它的两大要素——公共与利益天然所具有的不确定性。在这一系统内,各种不同的公共利益既可能存在位阶的差异,也可能存在矛盾冲突,这是实践中经常遇到的难题。通常情况下,由于这种位阶是由其代表利益的价值所决定的,而这种价值同时也是处理利益冲突的衡量标准,例如发展经济与环境保护发生冲突时,价值的位阶就发挥着判断标准的作用。

1.1.2　公共利益与相关范畴

与公共利益相近的有国家利益、社会利益、集体利益等,由于它们在外延边界上也较为模糊、存在交叉,因而常常被学术界、司法界混淆,因此需要作出相应的考察辨析。

一、公共利益与国家利益

中华人民共和国成立以来,曾长期处于计划经济之中,商品经济和市场经济受到压制,这种经济基础折射于观念中,就是市民社会意识不发达,国家、社会、公共的概念常常相互混同。当然,这种混同是具有一定合理性的,国家并不排斥公共,国家是代表公共利益的最高主体,是与公共最为接近的概念之一。所以,国家利益与公共利益,虽然不能完全等同,但是二者在外延上确实存在着大量交集。二者的区别在于,国家利益是一个国家政治统治需要的满足,侧重于国家的政治利益。① 正如公共利益内涵丰富可分为多个层次,国家利益也可以分为国家的安全利益、军事利益等多个层次。就本书探讨范围而言,国家利益与公共利益在民法领域内的区别在于国家利益一般以全国的地域为考量范围,而公共利益的地域性没有此类限制,如果将公共利益的地域考量范围扩大到全国,则基本上可以等同于国家利益;不同于公共利益存在主体缺位的问题,国家利益一般都有相关的主体来代表,而这种代表权一般是由法律授权的,正因如此可以从相关的法律授权中找到代表国家的主体。另外,基于民事法律关系的私权特性,大量国家与公共重合的利益,一般界定为公共利益,只有在公共

---

① 参见胡锦光、王锴:《论公共利益概念的界定》,《法学论坛》2005 年第 1 期。

利益无法涵盖的情况下,才单独称之为国家利益。所以,在民法中以公共利益为常态,国家利益为特殊。

二、公共利益与社会利益

在民法理论中,一般把社会二分为政治国家和市民社会,承认市民社会具有独立于国家的地位与利益。我国也承认市民社会利益的独立性,在我国,社会利益也是一个法定术语,是受到宪法保护的利益,①社会利益与国家利益一样都可以成为个人权利的边界。所谓社会利益就是以社会或社会群体为承载主体,并不同于个体利益、国家利益的利益,它具有整体性、普遍性、可转化性的特点。②

通过以上描述,可以看出公共利益、社会利益二者是密切相关的,在多数情况下公共利益是可以涵盖社会利益的,社会利益是公共利益的子概念,常常被表述为社会公共利益。中华人民共和国成立后第一部民事法律《民法通则》就是将社会与公共利益联用,称之为社会公共利益,③特别是最新生效的《民法典》也是如此规定的。④ 这证明至少在民事领域,公共利益是包含社会利益的,二者一般是等同的。

三、公共利益与集体利益

在我国,集体利益是一个逐步被去圣化的概念,1982 年《宪法》认为集体利益与国家利益、社会利益具有同等地位,三者共同构成了公共利益的外延。之所以将集体利益也规定得如此高规格,是因为它是我国集体经济所有权的衍生物,而集体所有权是我国公有制的两大支柱之一:"它同国家所有权一样都是建

---

① 我国《宪法》第五十一条规定:"中华人民共和国公民在行使自由和权利的时候,不得损害国家的、社会的、集体的利益和其他公民的合法的自由和权利。"

② 参见《北京大学法学百科全书》(社会法学 环境法学 知识产权法 科技法学),北京大学出版社 2016年版,第 548 页。

③ 《民法通则》第五十八条第一款第五项规定:"违反法律或者社会公共利益的。"

④ 《民法典》第一百三十二条规定:"民事主体不得滥用民事权利损害国家利益、社会公共利益或者他人合法权益。"

立在生产资料公有制基础之上,具有社会主义性质。"①正因如此,常常将集体利益类比于国家利益,不作区分地将之归为公共利益。但是,随着我国市场经济的建立,各种市场主体日益完善,集体所有权去除了神圣化,逐渐恢复其平等主体的本来面目,越来越多的集体利益被从公共利益的范畴中排除,成为私人性质的利益。但是,作为集体利益的享有者,其享有的利益不仅影响其成员本身,而且可能扩大到不特定的社会主体,那么它就属于公共利益。所以,集体利益的主体部分虽然属于私人利益范畴,但其仍有部分和公共利益存在交集,可以归入公共利益范畴,比如农村的集体土地。

1.1.3 公共利益的法律化识别

由于公共利益是构建法律制度的基础性概念,所以即使其存在诸多不确定性、模糊性,但在现实法律文本中公共利益的适用仍是普遍的。据统计,截至2020年5月,在我国现行的中央一级的法律法规中,在条文和标题中使用"公共利益"概念的有法律立法解释226件,司法解释277件,行政法规277件,部门规章1780件,其他文件172件。② 同样,公共利益不仅是一个法学概念,它也是政治学、经济学、哲学领域的元概念,在不同领域中,公共利益存在不同的面相。正因如此,要把握特定领域公共利益的内涵,就应限定领域及文本,本书以法律文本为切口来入手研究。

公共利益不同于一般法学概念,它在内涵和外延上都是不确定的。③ 具体分为以下表现形式:1.作为法律的基本原则、立法目的;2.作为个人基本权利和其他法律原则;3.内化到具体的法律制度中。④ 基于表现形式可作出如下类型划分:立法目的、法律原则、权力依据、法律关系客体。

---

① 佟柔主编:《民法原理》,法律出版社1986年版,第173页。
② 该数据源于人民法院法信系统,网址:http://www.faxin.cn,最后访问时间2020年5月27日。
③ 王利明:《法律解释学》,中国人民大学出版社2011年版,第182页。
④ 参见倪斐:《公共利益法律化研究》,人民出版社2017年版,第75-76页。

一、立法目的

公共利益在法律中是作为立法目的或是法律宗旨出现的,这种类型的法律在行政法或经济法中比较普遍,一般规定在第一条中,是构建该法的基石和理念,整部法律基本是围绕保护公共利益而构建的,例如我国《行政处罚法》《证券法》都在第一条有此规定。① 由于公共利益在此类法律中位阶最高,属于价值层面的表述,所以表述最为抽象:"通过该部法律的制度设计保证公共利益的实现",②而且此类法律中一般都明确由相应的国家机关来维护公共利益,例如《证券法》中就规定了国务院证券监督管理机构和审计机关作为公共利益的维护者来参与证券法律关系。

二、基本原则

公共利益作为法律的基本原则,主要是在一些民商事法律方面规定得较多,一般规定在法律的总则部分。③ 此类规定是作为法律原则规定在法律中的,虽然法律位阶较高,但是由于在法律具体规定中往往缺乏相关的配套条文,所以操作性不强。与作为立法目的的公共利益相似,其真正的操作意义在于指导相关配套法条的构建。

三、授权公权力的依据

在此类型的法律中公共利益作为公权力行使的依据,以及公权力的来源依

---

① 《行政处罚法》第一条规定:"为了规范行政处罚的设定和实施,保障监督行政机关有效实施行政管理,维护公共利益和社会秩序,保护公民、法人或者其他组织的合法权益,根据宪法,制订本法。"《证券法》第一条规定:"为了规范证券发行和交易行为,保护投资者的合法权益,维护社会经济秩序和社会公共利益,促进社会主义市场经济的发展,制订本法。"

② 倪斐:《公共利益法律化研究》,人民出版社 2017 年版,第 129 页。

③ 例如《合同法》第七条规定:"当事人订立、履行合同,应当遵守法律、行政法规,尊重社会公德,不得扰乱社会经济秩序、损害社会公共利益。"《专利法》第五条规定:"对违反法律、社会公德或者妨害社会公益的发明创造,不授予专利权。"《保险法》第四条规定:"从事保险活动必须遵守法律、行政法规,尊重社会公德,不得损害社会公共利益。"《票据法》第三条规定:"票据活动应当遵守法律、行政法规,不得损害社会公共利益。"《信托法》第五条规定:"信托当事人进行信托活动,必须遵守法律、行政法规,遵循自愿、公平和诚实信用原则,不得损害国家利益和社会公共利益。"

据,也就是基于公共利益的考量,可以对私权利进行一定的限制或是剥夺,比如土地的强制征收、①专利的强制许可等。②

四、法律客体

公共利益在此类法律中是作为法律保护的客体出现的,立法模式一般采用列举的方式,这一点是公共利益表述最基本的方式。例如《信托法》第六十条列举了7种属于公共利益的情形,③《公益事业捐助法》第三条也有类似规定。④这里是将公共利益具体化为各种权益,主要是倾向于保护特殊群体和特定行业,体现了社会公正的需要。

1.1.4　法律化识别对于检察机关提起民事公益诉讼之意义

通过以上对于公共利益的划分,我们可以看到作为法律目的、法律原则和公权力依据的公共利益,不属于检察机关提起民事公益诉讼所需要保护的客体,不具备可操作性。而作为法律客体的公共利益,基于其在相关法律中的地位,则属检察机关提起民事公益诉讼的保护范围。特别是此类客体一般采用列举的方式,公共利益的内涵、外延均比较明确,具备可操作性。目前检察机关提起民事公益诉讼的保护客体需要法律明确的授权,授权的范围大多是从现有法律保护的公共利益客体中选取,比如检察环境民事公益诉讼的客体就是从《环境保护法》中选取的,今后这种方式还将是主流。伴随检察机关提起民事公益

---

① 《土地管理法》第二条第四款规定:"国家为了公共利益的需要,可以依法对土地实行征收或者征用并给与补偿。"

② 《专利法》第五十四条规定:"在国家出现紧急状态或者非常情况时,或者为了公共利益的目的,国务院专利行政部门可以给予实施发明专利或者实用新型专利的强制许可。"

③ 《信托法》第六十条规定:"为了公共利益目的之一而设立的信托,属于公益信托:(一)救济贫困;(二)救助灾民;(三)扶助残疾人;(四)发展教育、科技、文化、艺术、体育事业;(五)发展医疗卫生事业;(六)发展环境保护事业、维护生态环境;(七)发展其他社会公益事业。"

④ 《公益事业捐助法》第三条规定:"公益事业是指非营利的下列事项:(一)救助灾害、救济贫困、扶助残疾人等困难的社会群体和个人的活动;(二)教育、科学、文化、卫生、体育事业;(三)保护环境、社会公共设施建设;(四)促进社会发展和进步的其他社会公共和福利事业。"

诉讼对社会的干预和影响日益深入,在新领域的立法中,在确定保护新的公共利益客体时,越来越多地将检察机关提起民事公益诉讼作为保护手段同时列入。比如 2021 年 8 月 20 日出台的《个人信息保护法》,是我国个人信息领域的第一部基本法,该法第七十条就规定用检察机关提起民事公益诉讼来保护个人信息领域的公共利益。目前,检察机关提起民事公益诉讼法定的保护客体有:环境公共利益、消费者权益、英雄烈士的人身利益、安全生产公共利益、不特定的个人信息利益、军人人格权益、弱势群体权益以及市场公平竞争秩序。①

归纳以上客体类型,相较于其他民事公益诉讼主体,检察机关提起民事公益诉讼的客体具有以下特征:

一、重大性

这种重大性不仅指物质利益的损失,比如生产领域危害公共安全,还体现在损害公共利益的价值位阶上,比如食品药品安全领域损害消费者人身权益,相对于其他损害财产利益的消费民事公益诉讼,此类案件危害了位阶更高的公共利益。除了物质和人身损害等可衡量的重大性外,还包括客体所体现的精神价值重大性,比如对于英烈人身利益的损害。这种损害虽然一般不产生相应的物质损失,但是如果长期容忍甚至纵容此类行为,必然会对我国社会共识和价值认知造成深远损害,从而侵蚀我国社会价值基础。另外,重大性还体现为国家性,也就是部分公共利益属于国家利益,只能由国家垄断性代表与保护,比如对于军人权益的保护,这种垄断性的体现就是这种客体只能由检察机关提起民事公益诉讼来保护,排除了其他主体。

二、全权性

与检察机关相比,其他民事公益诉讼适格原告一般都是专门性主体,其保护的客体一般都限制在专门的某类公共利益方面,比如环保组织只能提起环境

---

① 参见张雪樵、万春主编:《公益诉讼检察业务》,中国检察出版社 2022 年版,第 486 - 503 页。

民事公益诉讼,消费者协会只能提起消费者保护民事公益诉讼。而检察机关几乎可以提起目前全部类型的民事公益诉讼,检察机关是一个全权性的民事公益诉讼主体,其所保护的客体是全权性客体,而不是某类专门性客体。当然,为了体现检察权的谦抑性,在具有其他适格主体作为原告时,检察机关是不提起诉讼的。只有在无适格主体或是适格主体不起诉的情况下,检察机关才提起诉讼,这体现了全权性的另一面——最终保障性。这种全权性,还体现在对于国家利益的保护由检察机关垄断诉权,比如对于军人权益的保护、对于国家安全生产利益的保护,此类利益专属于检察机关保护,其他诉讼主体无权诉讼。除此之外,还有公共利益与国家利益交叉的情形,比如对于海洋环境的损害,由于涉及国家利益,此类案件的诉权由行使海洋管理权的行政部门与检察机关来行使,不是检察机关垄断诉权,而是国家机关垄断诉权。

三、发展性

随着我国依法治国全面推进,法治的作用日益突出,作为法治发展的重要体现,检察机关提起民事公益诉讼制度越来越受到党和国家的重视,全国人民代表大会常务委员会先后修订了《妇女权益保障法》《安全生产法》等,出台了《军人地位与权益保护法》《个人信息保护法》等,增加了安全生产、不特定的个人信息以及军人人格权益等公共利益,使得检察机关提起民事公益诉讼保护的客体日益发展壮大。

1.2　检察机关提起民事公益诉讼

1.2.1　民事公益诉讼

之所以要首先分析民事公益诉讼,是因为检察机关提起民事公益诉讼属于民事公益诉讼按照起诉主体来划分的子项,与其并列的是行政机关和社会组织。所以,在界定该制度范畴时,首先要分析清楚其上一位阶概念的内涵。

一、概念

在民事诉讼领域,民事公益诉讼是与私益诉讼相对应的另一类民事诉讼,民事公益诉讼是指在民事、经济活动中,为追究损害社会公益违法者的责任,特定机关或有关社会团体,根据法律的授权,向法院提起诉讼的活动。[①]

二、性质

相较于民事公益诉讼建立之前的私益诉讼,民事公益诉讼具有如下性质:

(一)诉讼目的的公益性

就私益诉讼而言,不论诉讼主体是自然人,还是社会组织、国家机关,它们在诉讼中的主体身份都是私权主体,私益诉讼的目的是维护私权利。而公益诉讼的目的是维护社会公共利益,这是其区别于私益诉讼的最为本质的性质。正是这一点决定了其后的相关诉讼程序设置,决定了民事公益诉讼在程序上和私益诉讼质的区别。当然,由于公共利益与私人利益往往是纠葛在一起的,在实践中常常会出现涵盖二者利益的混合型诉讼,一般也将之归为公益诉讼。其中民事公益诉讼具有优先性,但是不能因此排除私人诉讼的主张,二者是可以兼顾的。

(二)案件范围的法定性

就私益诉讼而言,确定其案件范围一般遵循私法的原则,即"法无禁止即可为",对于民事法律关系,只要不是法律作出限制的,当事人都可以提起诉讼,所以对私益诉讼一般以受理为原则,不受理为例外。而民事公益诉讼的案件范围则与此相反,它的案件范围遵循的是公法原则,即"法无授权即禁止"。虽然起诉争议的是民事法律关系,但是由于这种关系已经不是一般私权的民事法律关系,它更类似于一种公法关系,其受理以法律规定为依据,法无规定的为例外。

[①] 江伟主编:《民事诉讼法》(第五版),高等教育出版社 2016 年版,第 111 页。

目前我国《民事诉讼法》采取的就是此原则,规定在法律明确的范围内才能提起民事公益诉讼。

（三）起诉主体的法定性（拟制性）

私益诉讼中,起诉主体一般是讼争法律关系的实体权利人,其原告资格是源于民事实体法律关系,是基于其对讼争民事法律关系拥有管领权,从而派生出诉讼实施权进行诉讼。其起诉主体资格是以私权为基础自动产生的,无须公权力再单独赋予其诉讼主体资格。又因为其作为原告,其与讼争法律关系必须具有直接利害关系,也就是原告的起诉一般是基于其实体权利。而民事公益诉讼则完全不同,由于公共利益的主体是社会公众,受益主体具有不确定性的特点,其权利无法为某个特定主体垄断,无法像私益诉讼一般因公共利益受损而天然产生诉讼实施权,自然也无法按照私益诉讼的规则确定适格的原告。所以,为了避免主体缺位,就需要法律规定（拟制）特定的主体代表公共利益进行诉讼,也就是起诉主体法定性。虽然诉讼主体是法定的,但是公共利益不特定性的特征决定可以代表公共利益的诉讼主体是多元的,国家也鼓励多元主体参与民事公益诉讼,但是保护公共利益需以专业性背景为基础,因此会对主体作出专业资格性限定。所以,民事公益诉讼原告一般是多元的,但多元是以专业性为基础的,所以要考虑主体的专业资格。

（四）原告诉讼权利的公权力倾向

《民事诉讼法》虽然属于公法,但由于其处理的是私权纠纷,当事人对于诉讼权利是可以自由处分的,这就是民事诉讼处分原则。虽然处分是自由的,但是与处分相伴的责任则是法定的,基于此,法院对于当事人处分诉讼权利之行为提供保护,审判行为要受到当事人诉讼权利的拘束,这就是辩论主义。而在民事公益诉讼中,原告对争议标的不具有实体处分权,其不是实质意义上的原告,只是形式意义上的,也就不具有实质的诉讼管理权。这就导致在公益诉讼中,适用处分原则和辩论主义的权利基础坍塌了,不能直接适用于民事公益诉讼。在民事公益诉讼中,原告诉讼权利是受到严格限制的,这种限制不但要符合实体法维护公共利益的需要,同时也受到了特定的程序限制,比如对当事人和解、法院调解,必须履行法定程序进行限制。① 由于受到实体和程序双重限制,原告诉讼权利更近似于公权力。这种公权力体现在诉讼中,原告的诉讼权利以维护公共利益为宗旨,不能基于其小团体的利益来行使诉权。当然,对于起诉权,原告可以基于其自身条件或利益,决定是否行使诉权,但这一点对于公权性质的主体是不成立的,公权力主体是有责任必须起诉的。

(五)诉讼程序的职权主义

在私益诉讼中,当事人积极主动行使权利,法院则消极中立,审理对象、事实主张均由当事人主导,对于证据,法院一般不拥有主动调查权。而在民事公益诉讼中,基于公共利益的特性,原告根本不具有私益诉讼中主动的处分权。同样,法院也不是处于消极裁判的地位,其拥有对于诉讼程序的主导权,具体表现在:对于诉讼程序拥有一定的主导权,例如选择当事人、通知相关国家机关、依职权而不是依申请来执行判决;对于审理对象及事实主张具有一定的审查权;在证据收集方面强调事实真实,法院具有调查的主导权。以上都是职权主义诉讼模式的表现。

(六)既判力的扩张性

既判力,是指:"争议被法院依照诉讼程序审理并作出最终的确定判决之后,该判决对解决争议所具有的法律上的确定力。"②其目的是维护判决的权威性和法律的安定性,它在程序上制止了再诉发生;在实体上终局确定了当事人之间的法律关系(当事人争议的法律关系),其后相关诉讼认定的事实应以该法律关系为认定的基础。其在民事公益诉讼中的扩张性,主要表现为:

---

① 例如《环境公益诉讼解释》第二十五条规定:"环境民事公益诉讼当事人达成调解协议或是自行达成和解协议,人民法院应当将协议内容公告,公告期间不少于三十日。"

② 汤维建主编:《民事诉讼法学》(第二版),北京大学出版社2014年版,第54页。

1.既判力扩张在主观范围的体现

所谓主观范围,就是既判力发生作用的主体范围,也就是这些主体受既判力拘束。在私益诉讼中,既判力效力一般只涉及当事人和法院,而不涉及与诉讼标的无关的人,只有在特定情况下才扩张到当事人之外的主体。[①] 而在民事公益诉讼中,既判力扩张至具备原告资格而未起诉的主体,其法律渊源就是《民事诉讼法解释》第二百八十九条。[②] 对此,具备主体资格而未起诉的主体,除特定情况外不得再行起诉。特定情况包括在程序上前案原告起诉被驳回或撤诉,在实体上有证据证明存在前案未发现损害的。同时,民事公益诉讼生效裁判也扩张到相关私益诉讼的原告,它的表现形式为:同一危害行为,私益主体可以另行提起私益诉讼,之前民事公益诉讼中生效裁判作出的对于私益诉讼原告有利的认定可以在该诉讼中适用,而反之不利于原告的认定则不具备扩张性,不能适用于私益诉讼中,《消费公益诉讼解释》第十六条第二款就体现了这一扩张性。[③]

2.既判力扩张在客观范围的体现

所谓客观范围,就是确定判决中产生既判力的事项,一般是生效裁判确定的诉讼标的,在形式上通常是判决的主文部分。判决理由,也就是作出判决的事实和法律依据,在私益诉讼中原则上不产生既判力,更不涉及扩张。而在民事公益诉讼中,判决理由不仅具有既判力,而且扩张到了相关的私益诉讼中,例

---

① 主要是:1.具有广泛效力的形成之诉,如涉及身份关系、确认婚姻无效;2.言词辩论终结后发生继承的当事人;3.为当事人或其继承人的利益占有诉讼标的物的人。

② 《民事诉讼法解释》第二百八十九条规定:"公益诉讼案件的裁判发生法律效力后,其他依法具有原告主体资格的机关和有关组织就同一侵权行为另行提起公益诉讼的,人民法院裁定不予受理,但法律、司法解释另有规定的除外。"

③ 《消费公益诉讼解释》第十六条第二款规定:"消费民事公益诉讼生效裁判认定经营者存在不法行为,因同一侵权行为受到损害的消费者根据民事诉讼法第一百一十九条规定提起诉讼的,原告主张适用的,人民法院可予支持,但被告有相反证据足以推翻的除外。被告主张直接适用对其有利认定的,人民法院不予支持,被告仍应当承担相应的举证证明责任。"

如《环境公益诉讼解释》第三十条,①便将民事公益诉讼既判力的客观范围扩大到了判决理由。它的正当性在于民事公益诉讼与相关的私益诉讼在案件事实的认定及法律适用上具有很大的共通性,而且相比于被告,私益诉讼原告的诉讼能力明显处于弱势,为了维护公共利益,强化弱势群体的维权能力,防止矛盾裁判的产生,应适当扩张既判力客观范围。

1.2.2　检察机关提起民事公益诉讼

一、概念的界定

（一）概念的定名

在检察机关开展公益诉讼试点以前,由于检察机关提起民事公益诉讼制度还属于理论探索阶段,所以该制度的定名就呈百家争鸣的局面,比较有代表性的有检察机关提起民事公益诉讼、②检察机关民事公诉、③检察机关提起公益民事诉讼、④检察机关提起民事诉讼等。⑤《试点方案》中首次确定该制度为"检察机关提起民事公益诉讼制度",此后无论是检察机关还是法院均采用了这一名称。随着检察机关提起民事公益诉讼正式入法,以 2018 年 2 月"两高"的《检察公益诉讼解释》为节点,此后采用"检察民事公益诉讼"的名称,二者所指为同一制度。

（二）概念的分析

由于该制度的命名基本反映了概念的内涵与外延,处于一种不言自明的状态,所以理论界对此概念一般不作进一步的深入阐释。检察机关提起民事公益

---

① 《环境公益诉讼解释》第三十条规定:"已为环境民事公益诉讼生效判决认定的事实,因同一污染环境、破坏生态行为依据民事诉讼法第一百一十九条规定提起诉讼的原告、被告均无需举证,但原告对于该事实有异议并有相反证据足以推翻的除外。"
② 汤维建:《论检察机关提起民事公益诉讼》,《中国司法》2010 年第 1 期。
③ 参见邓思清:《论检察机关的民事公诉权》,《法商研究》2004 年第 5 期。
④ 段厚省、郭宗才:《论我国检察机关提起公益民事诉讼》,《法学》2006 年第 1 期。
⑤ 白洁:《论检察机关提起民事诉讼的必要性》,《武汉大学学报(人文科学版)》,2004 年第 4 期。

诉讼是检察机关代表国家根据法律授权,对违反法律损害国家利益、社会公共利益的行为,在没有适格主体或适格主体未提起诉讼的情况下,向法院提起诉讼,由法院通过审判来追究违法者的法律责任,实现维护社会公共利益的诉讼活动。

二、民事公益诉权的属性

检察机关作为公权力主体,其履行职责的行为自然属于权力性质,但是由于民事公益诉讼以权利运行为常态,检察机关提起民事公益诉讼是否是权力就存在疑问了。对此有三种观点,分别是"权利说""权力说""双重属性说"。"权利说"认为,检察机关的民事公益诉权本质符合权利运行特征。[①]"权力说"认为,民事公诉是国家为维护公共利益介入民事诉讼的制度,为了抗衡私权,检察机关应拥有提起民事公诉的权力。[②]"双重属性说"认为,民事公益诉权主要属性仍然是权利,是追求利益最大化,但检察机关诉权也有一定的权力性质。[③]分析以上论点,"权力说"是从检察权维护公共利益的角度,而"权利说"则从民事诉讼的角度,至于"双重属性说"本质上还是"权利说",其对于所谓的权力性缺乏论述,也就无法证明所谓的"双重性"。

要界定它的属性,就要从两者的区别来分析。二者的区别在于:1. 行为主体不同,权利主体一般是民法的私权主体,而权力主体则是公法的公权主体;2. 处分方式不同,权利一般遵守意思自治原则,可以抛弃和转让,而权力遵循依法原则,遵循职权主义,受到程序与实体的双重制约,不能放弃或转让;3. 强制力不同,权力具有强制力,而权利一般不具有;4. 行使的前提条件不同,权利的行使前提条件为"法无明文禁止即可为",而权力的行使条件为法律明文规定,条件是"法无授权即禁止"。基于以上区别,分析检察机关民事公益诉权:它的行

---

① 参见赵静:《民事公诉制度浅析》,《科教创新》2008 年第 12 期。
② 参见葛红雨:《论检察机关提起民事公诉的理论和实践》,《安徽警官职业学院学报》2006 年第 5 期。
③ 李征:《民事公诉之立法研究》,重庆大学 2014 年博士论文,第 15 页。

使主体为公权力主体检察机关;处分方式是依法原则;它的行使具有强制性,这种强制性主要是对于检察机关内部,而非其他诉讼主体;诉权行使的前提条件是法律的明文规定。基于以上分析,检察机关民事公益诉权的权力属性是确定无疑的。

1.2.3 检察机关提起民事公益诉讼的特征

对于检察机关提起民事公益诉讼的特征,主要有以下观点:1. 起诉主体的特殊性、诉讼范围的特定性、诉权行使的后置性、损害事实认定的复杂性、诉讼功能的督促性、裁判执行的高难度性;[①] 2. 成立前提的明确性、适用主体的特殊性、适用目的的特殊性、适用范围的有限性、判决效力的扩张性和诉讼影响的深远性;[②] 3. 监督性、程序性、有限性、兜底性、协同性。[③] 对于第一种观点,诉讼范围的特定性、损害事实认定的复杂性、裁判执行的高难度性,三个特征是社会组织与行政机关提起民事公益诉讼均具备的,应当被排除。对于第二种观点,成立前提的明确性和适用范围的有限性都是指案件范围的特征,这一点不具备显著性应被排除,至于判决效力的扩张性和诉讼影响的深远性属于民事公益诉讼的特征,也不具有显著性。对于第三种观点,程序性也就是不具备实体处分权属于民事公益诉讼的特征,不具备显著性,而有限性由于内容过于宽泛,也不具备显著性。经过以上分析,它的特征是:

一、主体身份的国家性

由于民事公益诉权主体范围十分广泛,包括社会组织、法律规定的机关和检察机关三元主体。检察机关之所以能够与其他两大主体成三足鼎立之势,其原因就在于检察机关主体身份的特殊性。对于社会组织等适格主体,检察机关

---

① 参见最高人民法院环境资源审判庭编:《最高人民法院 最高人民检察院检察公益诉讼司法解释理解与适用》,人民法院出版社 2021 年版,第 48 – 51 页。

② 参见崔伟、李强:《检察机关民事行政公诉论》,中国检察出版社 2010 年版,第 15 – 19 页。

③ 参见傅信平:《检察公益诉讼研究:贵州司注实务样本》,中国检察出版社 2021 年版,第 4 – 5 页。

与其虽然都是公共利益的代表,但是检察机关的特殊性在于其代表国家来行使诉权,而社会组织代表社会来行使诉权。这种身份差异的体现就是,检察机关的诉权是一种公权力,而社会组织的诉权虽然不同于私益诉讼,且类似于公权力,但是其仍然还具有一定的自由度,仍是权利。比如适格的社会组织可以放弃诉权不起诉,而检察机关则不能弃权,维护公共利益是其法定不可推卸的职责。检察机关履行法定职责,一方面实现了国家治理的法治化,另一方面体现了检察机关的积极示范作用,有利于培育良好的民事公益诉讼环境,示范引导社会组织积极行使其民事公益诉权。相对于法律规定的机关,也就是行政机关,检察机关与其虽然都是代表国家来维护公共利益,但是检察机关是代表国家的诉权主体,检察机关的诉权不存在自身利益的干扰。行政机关基于其行政管理权来行使诉权,由于这种诉权脱胎于行政管理权,而现实中大量需要追究的民事违法行为往往与行政的滥权或怠权相关,所以追究民事违法责任,也往往与行政违法责任,甚至刑事责任纠缠不清。因此,行政机关作为民事公益诉讼原告和其作为行政主体,这两种身份是存在利益纠葛与冲突的。而检察机关的民事公益诉权更为纯粹,其权力基础是国家法律的规定,其与被告间仅仅发生诉讼法律关系,不存在其他利益纠葛,所以更能实现民事公益诉讼的目的。

二、诉讼权力的谦抑性

谦抑性就是对于检察机关拥有诉权的民事公益诉讼案件,其首先要鼓励或者督促其他适格主体起诉。这种谦抑性源于检察机关的国家性,国家权力在私权面前要保持谦抑,对于民事公益诉讼起诉而言就是监督适格主体起诉,其方式是鼓励社会组织与督促行政机关起诉。同时,这种谦抑性也体现在检察权作为一种公权力,在民事诉讼中鼓励支持权利先行,在同等条件下检察机关的检察权让位于其他适格主体的诉权。这不仅源于《民事诉讼法》第五十八条第二款对于检察机关起诉顺位的规定,早在最高人民检察院的《试点方案》中就对检察机关的谦抑性作出了程序规定。①

三、诉前程序的法定性②

除了诉前保全等诉前临时救济手段外,私益诉讼程序是以原告起诉为起点的,一般不涉及当事人诉前的行为,同样在民事公益诉讼中一般也不涉及对社会组织诉前行为的考察与规制。而检察机关起诉前却有严格的程序规定与办案期限,称之为诉前程序。检察机关在提起民事公益诉讼前一般要经历发现线索、立案、诉前公告程序(督促或建议适格主体起诉),在没有适格主体或适格主体不起诉的情况下,检察机关才能起诉。以上程序已由最高人民法院与最高人民检察院通过司法解释的方式将其法定化了,③法定程序是公权力行使的权力外观,这实际也印证了检察机关诉讼权力的公权性。

四、最终保障性④

所谓最终保障是指对检察机关提起民事公益诉讼的案件,在没有其他适格主体或是其他适格主体未起诉的情况下,检察机关应当提起诉讼。这是因为,在没有其他主体行使诉讼保护的情况下,检察机关代表国家来承担最终保护责任是责无旁贷的。这是基于检察机关的法律地位,也是其作为国家诉权主体所决定的,属于国家责任的衍生,故检察机关的诉权应当具有最终保障作用。这种最终保障作用虽然直接表现为起诉顺位的兜底性,但是其隐含着深刻的意

---

① 最高人民检察院在《试点方案》二、(一)1.规定:"检察机关……在没有适格主体或者适格主体不提起诉讼的情况下,可以向人民检察院提起民事公益诉讼。"

② 这里的诉前程序是指检察机关从发现案件线索到决定提起民事公益诉讼之间的程序,而不是检察机关开展公益诉讼试点期间的所谓"诉前程序"。当时《试点方案》里面指出:"诉前程序。检察机关在提起民事公益诉讼之前,应当依法履行督促或者支持法律规定的机关或者有关组织提起民事诉讼。"该诉前程序因"两高"《检察公益诉讼解释》的出台而被废除。

③ 《检察公益诉讼解释》第十三条规定:"人民检察院在履行职责中发现破坏生态环境和资源保护,食品药品安全领域侵害众多消费者合法权益,侵害英雄烈士等的姓名、肖像、名誉、荣誉等损害社会公共利益的行为,拟提起公益诉讼的,应当依法公告,公告期间为三十日。"

④ 对此,有表述为最终守护原则,参见汤维建:《检察机关提起公益诉讼试点相关问题解析》,《中国党政干部论坛》2015 年第 8 期。也有表述为兜底性,参见傅信平主编:《检察公益诉讼研究》,中国检察出版社 2021 年版,第 5 页。最终保障和最终守护的含义基本一致,只是最终守护文学色彩更浓,不如保障中立。

义。由于检察机关是代表国家保护社会公共利益的,所以这种最终保障性不应仅体现在起诉顺位上,而是应扩大延伸到全部公益诉讼程序中,支持起诉制度就是延伸的制度化产物。最终保障性与谦抑原则相辅相成,二者都充分体现了检察机关是代表国家的诉权主体的属性:督促、鼓励适格主体诉讼,若无主体,或主体未起诉,检察机关要作为"公益诉讼的'守护神'和'最后堡垒'",①发挥最终保障性作用,保护社会公共利益。

1.3 民事公益诉讼模式

1.3.1 概述

一、民事诉讼模式简析

民事诉讼模式是民事诉讼制度和程序运行结构中,对各要素及关系的抽象,②是对民事诉讼制度的科学简化,反映了民事诉讼的本质属性。主体是当事人与法院,其他主体只起辅助性作用。它的内容表现为法院和当事人之间权利义务关系的配置,③实质就是当事人的诉权和法院审判权之间的相互作用,基于主导的主体不同,分为当事人主义和职权主义。所谓当事人主义诉讼模式,就是当事人诉权在民事诉讼法律关系中处于主导地位,其主张的要件事实和提供的证据材料不仅对其自身具有拘束力,同时也对法院的审判权具有拘束力,这种诉权与审判权的关系一般称为辩论主义。④ 所谓职权主义诉讼模式,

---

① 汤维建:《检察机关提起公益诉讼试点相关问题解析》,《中国党政干部论坛》2015 年第 8 期,第 56 页。

② 江伟主编:《民事诉讼法原理》,中国人民大学出版社 1999 年版,第 186 页。

③ 《民事诉讼法学》编写组:《民事诉讼法》(第二版),高等教育出版社 2019 年版,第 47 页。

④ 辩论主义是只有当事人在诉讼中所提出的事实并经辩论,才能作为法院判决依据的诉讼原则。它的内容主要包括:要件事实只要在当事人的辩论中没有出现,法院不能以此作为判决的基础;法院认定的证据必须从当事人提供的证据材料中获得,法院不能依职权主动调查;当事人的自认对法院具有拘束力。

就是法院审判权在民事诉讼法律关系中处于主导地位,除起诉权外,法院依职权推进诉讼进程;法院不受当事人约束确定审理对象以及案件事实;法院可以主动调查收集证据。

虽然,当事人主义与职权主义被描述为两种对立的诉讼模式,并且成为英美与大陆两大法系诉讼制度的抽象对立表现,但事实上,两大法系的民事诉讼模式并没有像理论所描述的差异巨大、泾渭分明。实际上由于两大法系具有相同的价值理念、经济制度,它们的诉讼模式从根本上都是当事人主义,都尊重当事人的处分权,只是相对于英美法系,大陆法系更强调法官的职权性,强调法院的诉讼指挥权。

二、我国的民事诉讼模式

民事诉讼模式为分析我国民事诉讼制度提供了简洁有效的工具。作为工具的理论必须是鲜明和清晰的,而现实往往是灰色和混沌的,正因其混沌灰色才需要用理论来分析。同时,我们也要看到理论的局限性,任何一种理论都不能对现实作出周延的解释,现实必然会在理论无法覆盖的地方透出光亮。

就我国的民事诉讼模式而言,1982 年的《民事诉讼法(试行)》基于当时的宏观背景,在民事诉讼模式上基本以苏联的民事诉讼模式为借鉴,形成了职权主义的诉讼模式。它强调:人民法院可以监督当事人处置自己的民事权利和诉讼权利,是否有效由人民法院决定。[①]

1991 年的《民事诉讼法》弱化了法院的职权行为,增强了当事人的处分权,主要表现为:1.缩小了法院依职权启动程序的范围,比如缩小了财产保全裁定的范围,缩小了法院依职权移送执行的案件范围;2.缩小了法院依职权调查取证的范围;3.缩小了上诉的审查范围,将二审对一审的全面审查缩减为对上诉请求的有关事实和法律的审查。所以,《民事诉讼法》是弱化了的职权主义诉

---

① 柴发邦、赵慧芬:《中华人民共和国民事诉讼法(试行)简释》,法律出版社 1982 年版,第 13 页。

讼模式。

2002 年施行的《最高人民法院关于民事诉讼证据的若干规定》①在《民事诉讼法》未作任何修改的前提下,以中国特色的民事诉讼"立法"行为(司法解释),对诉讼模式作出了重大调整。它强化举证责任,弱化依职权调查,②当事人无争议的事实原则上对法院具有拘束力,以上都是当事人主义诉讼模式的体现。此后我国的民事诉讼模式基本转换为当事人主义,这不仅体现在法律文本上,更深深烙印在法官的脑海中。从《民事诉讼证据规则》施行到现在已经二十余年了,当事人主义诉讼模式基本成了我国民事审判法官的共识。作为当事人主义诉讼模式的一个副产品,现实中出现了大量的虚假民事诉讼,这既与法院依职权调查不足相关,也与我国民事诉讼模式转换有着密切联系。

三、民事诉讼模式转换的原因

(一)宏观维度

两种不同诉讼模式的成因,一般都是从宏观的法律背景来探讨。当事人主义的成因为:"私权自治原则和市场经济的影响。"③而职权主义的成因有两点:一是当事人主导的民事诉讼容易造成权利滥用、诉讼迟延、程序费用增加,所以需要增强法院职权以提高诉讼效率;二是自 19 世纪末以来当事人主义的基础——自由主义思想被社会本位取代,当事人主义的宏观背景消退。④

就我国而言,民事诉讼模式的转换是我国四十年来社会经济巨大发展的结果。改革开放四十多年来,我国已经从计划经济模式转换为市场经济模式,同时市场经济的基本法——民法也得到了迅猛发展,民事主体的意思自治得到了充分尊重,民事权利的私权性得到了充分保护,而诉权作为保护民事权利的手

---

① 以下简称《民事诉讼证据规则》。
② 法院依职权行使调查权范围限制为:涉及国家、社会公共利益或者其他人合法利益的事实,或者涉及依职权追加当事人等程序事项。
③ 江伟主编:《民事诉讼法原理》,中国人民大学出版社 1999 年版,第 190 页。
④ 江伟主编:《民事诉讼法原理》,中国人民大学出版社 1999 年版,第 190 – 191 页。

段必然也要作出反馈。正是法院审判权对于当事人民事诉权从干预到尊重的转变,导致当事人在民事诉讼中的地位日益提高、占据主导,从而转换了诉讼模式。

(二)民事诉讼维度

当事人主义和职权主义的区别点或是焦点,主要体现在民事诉讼的启动或是进行,诉讼资料包括审理对象的确定、事实主张、认定事实所需要的证据三方面。如果三方面都由当事人主导,不允许法院依职权进行,则属于当事人主义,反之法院可以不受当事人行为拘束,可以依职权进行相应的诉讼行为,两种诉讼模式的本质区别在于诉权或审判权运行的主导性。当事人主导诉讼行为的逻辑基础在于民事诉讼保护的是私人利益,也就是私权利,私权利是实体法表述,在民事诉讼中表述为处分权。由于民事诉讼的目的就是保护当事人实体法上的权利,因而以上三点是诉讼法保护实体权利的要素或是节点。同理,之所以法院要依职权限制当事人的诉讼行为,也在于民事诉讼的目的虽然是保护私权利,但这种私权利不是无限扩张的,它存在权利边界,超出边界的权利必然要受到公权力的干预,这个边界就是公共利益。因此,在当事人主导的行为可能影响公共利益的情况下,法院有依职权来干预的责任。我国《民事诉讼证据规则》就法院依职权干预的情形进行了规定,基本都属于涉及公共利益的情形,也就是为私权利划定边界的行为。

1.3.2 职权主义诉讼模式对公益诉讼的意义

一、职权主义诉讼模式以公共利益为本位

鉴于民事诉讼的目的主要是保护当事人的民事权利,所以民事诉讼模式的基本形式应当是当事人主义,职权主义只是在保护公共利益方面作为一种修正力量而出现。由于大量的民事案件在诉讼过程中都涉及公共利益,或者说,大量的民事案件属于私益与公益混合的案件。基于公共利益的性质或是比例,法

院职权所发挥的作用与此呈正相关性,比如建筑工程纠纷案件,虽然属于合同纠纷,但是由于建筑工程关系社会公共安全且涉及公共利益,法院对此类案件不仅要遵循当事人意思自治的产物——合同,同时也要根据公共利益充分审查当事人合意、主张等诉讼行为的合法性。因此,可以认为当事人主义诉讼模式是以私益为本位的,而职权主义诉讼模式是以公共利益为本位的。

二、民事公益诉讼原告的固有缺陷需要法院的职权主义来矫正

由于公共利益具有不确定性的特征,也就是利益内容的不确定性和受益对象的不确定性,①这种不确定性导致的就是直接利害关系者的缺失,也就是按照私益诉讼标准是无法找到适格原告的,所以民事公益诉讼的原告与案件是无直接利害关系的人。民事公益诉讼原告是为了维护公共利益而由法律拟制的代表公共利益起诉的主体,它不具备私益诉讼主体的实体处分权,自然也不能自由处分诉讼权利。由于民事公益诉讼原告缺乏私益诉讼原告的实体处分权,所以与实体处分权相关联的当事人处分权原则和辩论主义若运用于民事公益诉讼,则缺乏运行的权力基础,也就丧失了正当性。正是由于民事公益诉讼原告只是形式上的适格原告,所以公共利益无法与其形成直接利害关系的关联性,民事公益诉讼的结果自然与其也无直接利害关系,这是民事公益诉讼原告相对于私益诉讼原告的天然缺陷。这种天然缺陷可能会导致民事公益诉讼原告怠于或是滥用诉权。如何避免发生此种情形,保障民事公益诉讼目的的实现?就现有的权力构架而言,需要民事诉讼法律关系中的公权力主体,主要是法院要发挥其职权性,发挥诉讼指挥权,目前司法解释中民事公益诉讼的特殊程序都是服务于此的。否则,将与实体处分权相关联的当事人处分权原则和辩论主义照搬于民事公益诉讼,必然会出现民事公益诉讼原告不当使用诉权从而损害公共利益的问题,为了避免这一问题的出现,职权主义诉讼模式复兴正当其时。

---

① 参见刘学在:《民事公益诉讼制度研究——以团体诉讼制度的构建为中心》,中国政法大学出版社2015年版,第48-50页。

1.3.3　民事公益诉讼模式的构建

一、现有公益诉讼的特殊程序折射出诉讼模式的转向

2012 年《民事诉讼法》修正,除了原告资格和起诉条件外,没有规定民事公益诉讼的特殊程序,对此,相关司法解释在一定程度上进行了弥补。[①] 根据相关司法解释,目前民事公益诉讼的特殊程序主要有:原告资格的法定性,检察机关起诉的职权性,公益诉讼与行政执法相衔接,其他有权提起公益诉讼的原告参与诉讼,对自认与反诉的限制,对和解和撤诉的限制,适用人民陪审制等。[②]这些公益诉讼特殊程序均是职权行为的体现,是对当事人权利的干预,是与当事人主义诉讼模式相背离的,比如其中对反诉、和解、撤诉的限制体现的就是职权干预主义,对自认的限制体现的是职权探知主义,而职权干预主义和职权探知主义是构成职权主义诉讼模式的两大支柱,这些特殊规定折射的是民事诉讼模式深层的转向——由当事人主义向职权主义的回归。除了以上私益诉讼中职权主义的特殊程序外,还有原告资格的法定性、检察机关起诉的职权性以及公益诉讼与行政执法相衔接,这三点在私益诉讼的职权主义模式中是不存在的,为民事公益诉讼职权主义特有。

二、民事公益诉讼模式的构成

民事诉讼模式主要围绕着当事人的实体请求、要件事实证据以及程序的推进等要件展开,主导权的不同决定着诉讼模式的不同,民事公益诉讼作为职权主义诉讼模式主要表现为:

(一)当事人实体的处分权受到法院职权的干预

虽然我国《民事诉讼法》中当事人处分原则一般包括实体处分与程序处分

---

① 它们主要是《环境公益诉讼解释》《消费公益诉讼解释》《民事诉讼法解释》《检察公益诉讼解释》等。
② 参见《民事诉讼法学》编写组:《民事诉讼法学》(第二版),高等教育出版社 2018 年版,第 220 – 227 页。

两部分,①但由于处分实体权利依据的是民事实体法,当事人不能依据诉讼法来处分实体权利,所以在诉讼法中规定处分实体权利是无意义的。但是,由于当事人对实体的处分,往往对程序运行有重大影响,所以需要在程序中作出讨论。一般而言,当事人处分实体权利,法院一般不予干涉。但是,在公益诉讼中,由于当事人处分的是公共利益,同时其作为原告是不具备实体处分资格的拟制主体,所以需要法院代表国家积极干预当事人对于实体权利的处分。例如法院可以超出或限制当事人的实体请求,法院的此种职权行为被称为职权干预主义。② 再如在环境民事公益诉讼中,基于环境修复的复杂性,根据司法解释,法院可以根据案件的现实情况而不仅仅是当事人的请求来作出判决,这实际已经超出或变更了当事人的实体权利。③ 同时,原告遗漏实体请求时,法院应当对原告释明,或者对应增加的实体请求直接作出判决。

(二)要件事实与证据:辩论主义让位于职权探知主义

辩论主义是当事人诉讼模式的核心,它包含:1. 要件事实必须由当事人主张、辩论,否则不得成为判决之事实基础;2. 当事人自认的事实法院应当采纳;3. 法院认定事实的依据应当由当事人根据举证责任提供,法院不能依职权主动调查收集证据。它体现了当事人诉权对于法院审判权的制约,有效防止法院审判权的滥用,保护当事人的实体权利和诉讼权利。

职权探知主义就是法院不受当事人辩论主义的拘束,可以在当事人辩论主义范围之外依职权主动调查或采用相关事实作为裁判依据。它包括:1. 对于要件事实,法院可以在当事人主张之外依职权主动调查;2. 当事人的自认必须经

---

① 《民事诉讼法》第十三条第二款规定:"当事人有权在法律规定的范围内处分自己的民事权利和诉讼权利。"

② 邵明、常洁:《民事诉讼模式重述——以公益和私益为论述角度》,《中国人民大学学报》2019 年第 6 期。

③ 《环境公益诉讼解释》第二十条第二款规定:"人民法院可以在判决被告修复生态的同时,确定被告不履行修复义务时应承担的生态环境修复费用;也可以直接判决被告承担生态环境修复费用。"

过法院的调查或是审查以确定其真实性;3.法院主动依职权调查当事人未提供的证据。之所以进行职权探知,原因在于民事公益诉讼原告拟制性所伴随的先天缺陷,比如可能出现原、被告串通而损害公共利益的情形,因此需要法院依职权就重要的案件事实主动进行调查。比如《环境公益诉讼解释》第十四条规定了法院依职权主动调查的权力,①第十六条规定了法院对于原告的自认不予确认的权力。② 通过考察以上两条司法解释,可以看到它们属于应当适用的强制规范,法院应作而未作将构成重大程序违法。

(三)程序事项:当事人进行主义被职权进行主义取代

由当事人占主导决定推进程序事项的属于当事人进行主义,它是当事人处分原则在民事诉讼程序上的体现,而由法院主导决定的属于职权进行主义。一般而言,民事诉讼中法院与当事人在程序推进上各司其职,法院基本上是消极的裁判者角色,而当事人则是积极的推动者角色。而在民事公益诉讼中,法院的角色发生了变化,法院依职权可以主动采取推进程序的行为,比如公益诉讼裁判生效后,法院依职权执行,而无需当事人申请,比如环境公益诉讼案件中法院负有对于环保行政部门通知的义务等。③ 同时,对当事人重要的诉讼行为由形式审查变为实质审查,比如对于原告撤诉的审查。

1.3.4　民事公益诉讼模式下的检察机关

就诉讼模式而言,无论是职权主义还是当事人主义,都是以原告是私权主体作为理论构建的基础,而在民事公益诉讼中,这一点是不存在的。检察机关

---

① 《环境公益诉讼解释》第十四条:"对于审理环境民事公益诉讼案件需要的证据,人民法院认为必要的,应当调查收集。"

② 《环境公益诉讼解释》第十六条:"原告在诉讼过程中承认的对己方不利的事实和认可的证据,人民法院认为损害社会公共利益的,应当不予确认。"

③ 《环境公益诉讼解释》第十二条规定:"人民法院受理环境民事公益诉讼后,应当在十日内告知对被告行为负有环境保护监督管理职责的部门。"

提起民事公益诉讼,是为了维护国家或公共利益,作为代表国家的专门诉权机关,基于其具备提起民事公益诉讼的主体身份而被授予权力。检察机关拥有的是诉讼权力而非权利,其不能像私益诉讼主体一般具有维护其自身利益的自主权,所以,检察机关的诉讼权力不仅受到实体法拘束,同时也受到程序法的严格限制。这种程序法的限制主要来自检察机关内部,①它既保障公权力的行使,同时也限制其滥用。

一、检察机关在民事公益诉讼中履行客观公正义务

由于检察机关诉权的公权力性,以及民事公益诉讼模式下法院的主导性,检察机关在民事公益诉讼中应当履行客观公正义务,也就是检察机关在履行检察职责中要坚持立场客观,忠于事实,维护公正。② 这对于检察机关而言是不言自明的,这是因为检察机关是代表国家公益的诉权机关,负有维护国家法制权威的法定职责,必须坚持客观公正义务。③ 这一义务对检察权的行使是具有普适性的,尤其对于公诉职能,"公诉只是实现其法律监督的一条途径或者一种方式,而且在公诉活动中既要追究犯罪,又要坚持客观公正的立场和实现维护司法公正的使命"。④ 而在民事公益诉讼中,检察机关拥有同样的职责,自然应秉持客观公正义务,具体而言:1.诉前应当全面客观地收集证据,不能根据证据是否有利于起诉而作取舍;2.诉讼中,应当全面客观地向法院提供证据,不能根据是否有利于胜诉而作取舍;3.诉讼中,根据证据客观全面地提出诉讼请求;4.一审判决后,依据判决全面客观地审查一审审判活动,以此来决定是否启动救济程序;5.二审诉讼过程中,上级检察机关应当全面客观地审查一审诉讼活动,并据此发表诉讼意见,不能因为一审检察机关胜诉而作出违反客观公正的意见;6.为了保证案件客观公正地审判,应当按照法官的标准来认定检察机关应

---

① 目前主要是《检察公益诉讼解释》《办案指南(试行)》《办案规则》。
② 朱孝清、张智辉主编:《检察学》,中国检察出版社2010年版,第470页。
③ 参见《人民检察院组织法》第二条第二款。
④ 朱孝清、张智辉主编:《检察学》,中国检察出版社2010年版,第475页。

回避的情形,出现应回避而未回避情形的,检察机关的诉讼行为自始无效;7.客观公正对于检察机关而言具有强制性,它是一种职责,如果检察官违反以上义务则要承担相应的司法责任。以上客观公正义务贯穿于诉讼全部过程,坚持客观公正义务是检察机关在履行民事公益诉讼职责过程中与其他原告的本质区别。

二、检察机关起诉顺位的意义

检察机关提起民事公益诉讼是基于法定民事公益诉讼权,是检察权在民事公益诉讼中的体现。这种体现最为直接的证明就是提起诉讼的顺位,将检察机关置于最后的顺位反映了检察机关民事公益诉权是一种权力而非权利,印证了其作为公权力介入民事公益诉讼的谦抑性。同时,这种顺位也体现了它是保护公共利益的"保险绳(最终保障)",这说明并印证了检察权的职权性(强制性)与诉权性。以上是职权主义诉讼模式在检察机关提起民事公益诉讼中的体现与折射,这种顺位安排证明了检察机关与其他民事公益诉讼原告存在形式上的差别是有着深刻诉讼法理基础的,其起诉属于职权行为而非权利行为。

三、检察机关与法院之关系

为了实现维护公共利益的目的,民事公益诉讼中法官不是消极的裁判者,它是以法官为主导的诉讼,法官依职权要发挥积极地干预作用,对此前文的诉讼模式已作了充分论述。法院的职权干预程度应当与起诉主体的资格相关,对社会组织而言,要考虑到社会组织的内部治理结构和诉讼能力,治理结构决定着社会组织维护公共利益的客观能力,而诉讼能力决定着社会组织维护公共利益的主观能力,法院应当根据社会组织以上两大能力的状况,并结合被告的诉讼能力,来决定职权介入的广度与深度。不同于社会组织,检察机关是代表国家的诉讼主体,具有最高的正当性,同时检察机关作为专门的国家诉权机关,完全具有进行民事公益诉讼的能力,因此,法院发挥职权应当维持最低限度。在提出诉讼主张和提供证据方面,法院的职权主义责任应当完全转移给检察机关,双方各司其职,法院在此发挥类似于私益诉讼的作用。但是,考虑到检察机关和法院是相互配合、互相制约的关系,法院对于检察机关的诉讼行为也有制约的义务,对于检察机关失职从而损害社会公共利益的诉讼行为,法院应当依职权进行干预,比如检察机关起诉遗漏重大诉讼请求,法院应当及时向检察机关释明。

第2章

检察机关提起民事公益诉讼制度的正当性

2.1 从历史维度审视检察机关提起民事公益诉讼制度的正当性

之所以要梳理我国检察机关提起民事公益诉讼的历史进程,从历史的维度来审视,是因为历史不是干瘪的故纸堆,排除细节和各种偶然因素后,可以从历史中提炼出基本线索,揭示出规律性与必然性。而这些规律性、必然性是与逻辑思维认识相一致的,这种统一就是逻辑与历史的统一,人们在科学研究和建立科学理论时,必须运用逻辑的与历史的统一的方法,揭示对象发展过程与认识发展过程的规律性。① 所以,对于检察机关提起民事公益诉讼历史的梳理,从中归纳出规律性,是用历史所揭示的规律来支撑检察机关提起民事公益诉讼制度的正当性。

2.1.1 清末(肇始阶段)

我国现代意义上的检察制度肇始于清末司法改革。光绪二十七年(1901年)一月,狼狈逃亡到西安的慈禧太后就以光绪皇帝的名义下诏变法,表示:

---

① 《哲学大辞典》(修订本),上海辞书出版社2001年版,第926－927页。

"法令不更,锢习不破,欲求振作,须议更新",①从而开启了清朝最后十年的变法新政大幕。第二年四月,沈家本、伍廷芳为修订法律大臣,修订法律馆作为办事机构随之设立。至清朝灭亡,该馆修订了《大清新刑律》《大清刑事诉讼律》《大清民事诉讼律》《大清法院编制法》等一系列重要法典,"基本建立起仿大陆法系的中国近代法律体系",②宣告传统的中华法系解体。与之相应的,司法体制改革也在同步进行。光绪三十二年颁布的《大理院审判编制法》,是具有近代意义的第一部法院和检察机关编制法,③宣告近代意义的检察制度之建立,其形式是各级审判衙门分别配属检察机关,但检察机关拥有独立的地位与机构。宣统元年十二月二十八日准奏颁行的《法院编制法》"是晚清制定颁行的一部较为全面、系统的法院组织法"。④《法院编制法》第九十条规定:"检察官之职权如下:一、刑事,遵照刑事诉讼律及其他法令所定,实行搜查处分,实行公诉,并监察判断之执行;二、民事及其他事件,遵照民事诉讼律及其他法令所定,为诉讼当事人,或公益代表人,实行特定事宜。"⑤对于该条检察官民事之职权,当时的通说认为:"此条第二款言实行特定为诉讼当事人,或公益代表人,而均以遵照民事诉讼律及其他法令为准,现在诉讼律尚未编订……要不出于民事诉讼、人事诉讼、商事事件等也。"⑥所以,在我国现代意义的检察制度建立之初,检察官作为国家或公共利益的代表出席法庭,其不仅垄断刑事公诉,同时也有权提起民事公益诉讼,民事公益诉权是检察制度初始职权。

---

① 《光绪朝东华录》(五),中华书局1958年版,第4655页。转引自张晋藩:《中国法制史》,商务印书馆2010年版,第421页。

② 张晋藩:《中国法制史》,商务印书馆2010年版,第432页。

③ 《大理院审判编制法》第十二条规定:"凡大理院以下审判厅局,须设有检察官,其检察局附属该衙署之内,检察官于刑事有提起公诉之责,检察官可请求用正当之法律,检察官监视判决后正当施行。"以上引自闵钐编:《中国检察史资料选编》,中国检察出版社2008年版,第3页。原文无标点,标点系笔者所加。

④ 张晋藩:《中华法制文明史(近、当代卷)》,法律出版社2013年版,第312页。

⑤ 闵钐编:《中国检察史资料选编》,中国检察出版社2008年6月版,第10页。

⑥ 王士林编纂:《法院编制法释义》,罗筱琦点校,商务印书馆(上海)宣统二年十一月出版。载陈刚主编:《中国民事诉讼法制百年进程(清末时期第一卷)》,中国法制出版社2004年版,第490页。

2.1.2 民国时期

一、北洋政府时期

辛亥革命虽然推翻了帝制,但是全面保留了清末修法和司法改革的成果,检察机关仍然拥有充当民事案件的诉讼当事人和公益代表人的权力,对于几类案件采取干涉主义态度,并以法律明文反映出来。① 其后就检察制度而言,因军阀政权更迭频繁而多次调整变动,扩充和集中了检察机关的镇压刑事犯罪的权力,逐步限制了检察官参与民事诉讼的职能,只允许检察官在明确法定的情况下才能行使该权力。

二、国民党政权时期

1935 年 7 月 1 日《中华民国民事诉讼法》实施后,废除了检察官参与婚姻、亲子案件中的权力,将原检察官的职权赋予法官来执行。但是,"同清末及北洋政府时期相比,国民党专政时期检察官的侦查权得到了强化,主要表现在放宽侦查限制、调动军警、扩大管辖等方面",②同时检察官的公诉自由裁量权扩大,对刑罚执行监督的权力加强,掌管刑事判决执行的指挥权,包括刑事自诉案件判决的执行。③ 同时,也加大了对民事违法活动的监督,增加了对法人事件的监督,也就是法人出现严重违法行为,作为公益代表人的检察官为维护公益可提起相应的非讼程序。④

三、革命根据地时期

1. 土地革命阶段

我国的人民检察制度发端于中华苏维埃共和国时期,中央工农检察人民委

---

① 参见曾宪义主编:《检察制度史略》,中国检察出版社 2008 年版,第 164 页。
② 张培田、张华:《近现代中国审判检察制度的演变》,中国政法大学出版社 2004 年版,第 275 页。
③ 参见张培田、张华:《近现代中国审判检察制度的演变》,中国政法大学出版社 2004 年版,第 277 - 279 页。
④ 例如《中华民国民法典》第三十六条规定:"法人之目的或其行为,有违反法律、公共秩序或者善良风俗者,法院得因主管官署、检察官或利害关系人之请求,宣告解散。"

员部和国家政治保卫局检察科承担部分检察职能,①有刑事诉讼监督、刑事案件的预审、提起公诉、出庭支持公诉等检察职能,②还未涉及民事诉讼的相关职能。

2. 抗日战争阶段

抗日战争时期,由于有了后方陕甘宁边区,我们的人民政权得到了巩固与发展,检察制度也是如此。陕甘宁边区的检察制度实行审检合署,法院内设检察机关,配置检察官。同时,检察官的职权也发生了变化,具有了代表国家的公益代表人身份,③开启了人民检察参与民事公益诉讼的大门。以此为典范,其他抗日革命根据地也纷纷效仿。④

3. 解放战争阶段

1946 年 10 月 19 日陕甘宁边区公布《陕甘宁边区暂行检察条例》,对检察机关的组织形式、职权范围、工作程序作出了全面系统的规定。它是首部人民政权的检察院组织法,对新中国检察立法具有深远的指导作用,⑤第一次全面系统规定人民检察在民事诉讼中公益代表者的身份,明确规定人民检察在民事公益诉讼中的职权及程序,以上规定为中华人民共和国成立后首部检察机关组

---

① 孙谦主编:《人民检察制度的历史变迁》,中国检察出版社 2009 年版,第 33 - 34 页。
② 参见孙谦主编:《人民检察制度的历史变迁》,中国检察出版社 2009 年版,第 34 页 - 35 页。
③ 1939 年 4 月 4 日的《陕甘宁边区高等法院组织条例》第 14 条:"检察官之职权如下:……四、提起公诉、撰拟公诉书;五、协助担当诉讼;六、为诉讼当事人或公益代表人。"引自闵钐编:《中国检察史资料选编》,中国检察出版社 2008 年版,第 232 页。
④ 例如 1941 年 11 月 15 日的《晋冀鲁豫边区高等法院组织条例》第十六条规定:"六、为诉讼当事人或公益代理人。"
⑤ 《陕甘宁边区暂行检察条例》第一条规定检察职权:"4. 关于一般民事案件内之有关公益事项,如土地出租,公营事业,婚姻等。……8. 担当自诉。"第八条规定:"关于第一条第四款所定一般民事案件中之有关公益事项,其办理程序如左列:1. 土豪恶霸,欺压佃农,逾期收租或无理夺佃,佃户畏势不敢声称者,检察员应实施检察。如涉及刑事范围者,按照通常刑事诉讼程序办理,如仅属民事者,按照通常民事诉讼程序办理。2. 公营企业,垄断、操纵,妨害大众生计,或舞弊贪污,无人声诉者,检察员应实施检察。如涉及刑事范围者,按照通常刑事诉讼程序办理,如涉及行政处分者,按照第七条第四款、第五款之规定办理。"第十条规定:"关于第一套第八款所定担当自诉之程序,如作所列:1. 刑事自诉案件……2. 民事案件,受不利益人,畏势不敢声称者,检察员担当诉讼。3. 检察员担当诉讼,执行在审判中所得之诉讼行为。"以上引自孙谦主编:《人民检察制度的历史变迁》,中国检察出版社 2009 年版,第 96 页。

织法全面继承。①

四、结论

通过对民国两个时期三种政权下检察机关民事公益诉讼的梳理,②可以看到:虽然时代不同,各个政权之间存在着冲突对立,但是检察机关拥有民事公益诉权的职责基本一致。

2.1.3　建国初期

我国的人民检察制度继承了新民主主义革命时期的检察工作传统,是以人民民主专政理论为基础,借鉴苏东国家检察制度建立起来的。正是由于苏东国家在制度与理论上的影响,建国之初的人民检察职权中就包含民事公益诉权。

一、提起民事公益诉讼的法律制度

从建国初期首部组织法《中央人民政府最高人民检察署试行组织条例》,③到 1954 年首部《人民检察院组织法》,④均规定了检察机关参与民事公益诉讼的权力。

二、参与民事公益诉讼的具体实践

在人员组织上,1949 年 11 月最高人民检察署的编制表上,第三处(主管民事行政业务)的人员编制为:正副处长 2 人,检察员 5 人,秘书 3 人,书记科正副科长 2 人,科员 5 人,办事员 7 人,执行员 6 人,共 30 人。⑤ 虽然当时处于土地改革、镇压反革命等政治运动的高潮中,检察机关处理刑事案件的任务已经相

---

① 《中央人民政府最高人民检察院察署试行组织条例》。
② 两个时期是指中华民国分为北洋政府和国民政府两个时期;三种政权指北洋政府时期的北洋政权,国民政府时期的国民党政权、共产党人民政权。
③ 《中央人民政府最高人民检察署试行组织条例》规定职权的第三条第五项规定:"对于全国社会与劳动人民利益有关之民事案件及一切行政诉讼,均代表国家参与之。"以上引自闵钐编:《中国检察史资料选编》,中国检察出版社 2008 年版,第 390 页。
④ 1954 年《人民检察院组织法》第四条:"地方各级人民检察院,依照本法第二章规定的程序行使下列职权:……(六)对于有关国家和人民利益的重要民事案件有权提起诉讼或者参加诉讼。"
⑤ 参见孙谦主编:《人民检察制度的历史变迁》,中国检察出版社 2009 年版,第 160 - 161 页。

当繁重,但仍然对参加民事诉讼活动采取了积极态度。工作上,提出先从民、刑案件做起,逐步推进。[①] 在《人民检察院组织法》颁布后,各地检察院拓展了这项工作。[②]

在程序上,虽然缺乏相关规定,但是检察机关仍然进行了积极的探索实践,实践中的案件办理分为两个工作阶段:

(一)出席法庭前的工作,具体分为三个步骤。第一步,案件受理,多数是由申诉人申诉,要查明申诉人有无请求权、有无根据和理由,也有检察机关从法院、法律顾问处以及公证处等有关部门了解后受理的,还有法院主动通知参与的;第二步,审查申请人的证据和理由,认为存在缺陷可以要求其补充,或由检察机关自行调查;第三步,查明案件后进行研究,决定是否提起诉讼或者参加诉讼,提起诉讼的制作民事起诉书,连同案卷移送法院,并拟写发言提纲,对于不提起诉讼的,即以书面驳回。

(二)出席法庭的工作。检察机关出席法庭的权利义务:第一,因提起诉讼而出席一审法庭,作为诉讼当事人履行原告义务,并与被告在平等地位上辩论;第二,因参加诉讼而出席一审法庭,主要协助公判审理,也有权提出某些请求或证据,向法庭提出解决争议的意见,身份是法制监护人;第三,依审判监督程序而出席二审法庭,在审判长报告案情后,应首先作补充陈述,辩论亦是首先发言,论证所作之抗议,身份是法制监护人;第四,因参加诉讼而出席二审法庭,则如同在一审法庭上不参加辩论,只在当事人相互辩论后,向法庭提出对于一审判决的意见,身份是法制监护人。

在法庭的具体活动:第一,参加案件的实体审理工作,及协助法院查明案情,这主要是帮助询问;第二,参加辩论,这是检察机关提起诉讼或者抗议的案

[①] 王桂五:《检察机关参加民事诉讼的今昔和有关问题探讨》,载《王桂五论检察》,中国检察出版社2008年版,第349页。

[②] 如1956年云南省人民检察院制定了《关于开展对重要民事案件的审判监督工作的初步意见》。参见孙谦主编:《人民检察制度的历史变迁》,中国检察出版社2009年版,第258页。

件,辩论时检察官发表意见支持所提起的诉讼或论证所提的抗议;第三,发表评论意见,这是在当事人双方辩论终结后,以法制监护人的身份发表评论性意见;第四,监督审判活动是否合法,主要是监督有无违反诉讼程序和侵犯当事人的诉讼权利等的行为。[①]

在最高人民检察院推动下,各级检察机关积极探索,取得了佳绩。1954年,辽宁、安徽等9省检察机关共办理民事案件2352件。[②] 1956年5月南京市人民检察院探索民事诉讼活动经验,截至1956年11月15日"共受理民事案件23件,办结17件。所受理的23件案件的类型为:违反合同纠纷7件,债务、银行贷款、欠缴国家地租和其他欠款等6件,租赁5件,赡养2件,租地、损害赔偿及析产各1件。在这些案件中,涉及国家和公共利益的14件,占61%,公民个人之间的诉讼9件,占39%"。[③]

2.1.4 改革开放时期

一、民事检察制度恢复时期

1978年3月5日通过的《宪法》,恢复了人民检察制度。但检察机关的职权仅限于刑事,取消了检察机关的一般监督职责和民事检察权。1986年起检察机关开始了民事诉讼活动监督的调研和试点。1989年4月4日通过的《中华人民共和国行政诉讼法》,规定了检察机关对于生效行政裁判的抗诉权。1990年9月3日,最高人民法院和最高人民检察院下发《关于开展民事、经济、行政诉讼法律监督试点工作的通知》,规定了检察机关抗诉监督的程序。1991年4月9日通过的《民事诉讼法》,将民事抗诉权法定化。

---

① 参见最高人民检察院《关于江苏省南京市人民检察院参与民事诉讼活动总结的通报》(57 高检通字第 2 号),载最高人民检察院民事行政检察厅编:《民事行政诉讼检察参考资料》,1989 年,第 71 – 80 页。
② 柯汉民主编:《民事行政检察概论》,中国检察出版社 1993 年版,第 34 页。
③ 柯汉民主编:《民事行政检察概论》,中国检察出版社 1993 年版,第 34 页。

二、检察机关探索时期

正是由于检察机关成立了专门的民事监督职能部门,检察机关开展民事公益诉讼得到了切实的组织保障。自20世纪90年代开始,一些地方检察机关开始了民事公益诉讼的探索。首先从保护国有资产的案件入手,1997年5月河南省方城县人民检察院以原告身份起诉县工商局擅自处分房地产致使国有资产流失,①是检察机关恢复以来第一起民事公益诉讼案件。② 此后,各地均出现此类维护国有资产的民事公益诉讼案件,保护范围也开始从国有资产保护领域向环境公益诉讼拓展。2003年4月山东省乐陵市检察院起诉乐陵市金鑫化工厂范金河停止环境侵害案是第一起检察机关环境民事公益诉讼案。③ 此时期,检察机关环境民事公益诉讼案件的诉请以停止侵权和恢复原状为主,没有涉及损害赔偿问题。

2006年以后,我国的环境民事公诉制度进入了实施阶段。④ 自2007年10月26日贵州省清镇市率先在全国设立专门的环境保护审判庭以来,环境民事公益诉讼得以有序推进。这一期间,检察机关主要专注于环境民事公益诉讼,各地也先后制定了支持检察机关环境民事公益诉讼的相关地方规范。⑤ 这一

---

① 崔伟、李强:《检察机关民事行政公诉论》,中国检察出版社2010年版,第365－366页。

② 基本案情:方城县人民检察院向县人民法院起诉,认为该县独流镇工商所违反规定,擅自将划拨取得的一处房屋及土地使用权低价出售给个体户汤卫东,致使国有资产流失,请求法院判决房屋买卖协议无效。1997年12月3日,方城县人民法院作出(1997)方民初字第192号民事判决认为,工商所房产属于国有资产,未经法定程序批准,双方买卖房契约无效,原告检察院依法实施法律监督,为维护国资不受侵犯的起诉行为是正确的,支持了检察机关的诉讼请求。判决后,两被告均未上诉。

③ 2003年群众向检察机关举报,该地居民范金河开办的金鑫化工厂有严重污染环境问题,检察机关经调查以原告身份向法院提起民事公益诉讼。同年5月26日法院一审判决:被告范金河将其经营的金鑫化工厂自行拆除,停止对社会公共利益的侵害,排除对周围群众的妨碍,消除对社会存在的危险,并承担诉讼费500元。

④ 2005年12月3日国务院发布的《国务院关于落实科学发展观 加强环境保护的决定》提出:"研究建立环境民事和行政公诉制度。"

⑤ 例如2008年9月8日无锡市中级人民法院和无锡市检察院联合发布《关于办理环境民事公益诉讼案件的试行规定》指出:"环境民事公益诉讼是指法院、检察院为了遏制侵害环境公益的违法行为,保护环境公共利益,根据职能分工,通过支持起诉、督促起诉、提起民事公益诉讼案件3种方式所实施的诉讼活动。"参见杨雅妮:《检察民事公益诉讼制度研究》,社会科学文献出版社2020年版,第48页。

时期比较典型的案例有 2008 年湖南省望城县检察院诉长沙平塘水泥有限公司停止噪声、振动和空气污染侵害案。该案检察机关最终与被告达成和解。① 这一期间,检察机关环境民事公益诉讼的诉讼请求增加了赔偿环境损失。据不完全统计,1995—2014 年全国各级法院共受理环境公益诉讼案件 72 件。从原告类型看,检察机关提起的环境公益诉讼案件最多,达到了 25 件,占比 33%。②

2.1.5　结论

通过梳理百余年检察机关提起民事公益诉讼制度发展的历史,可以看到检察机关与民事公益诉权始终是伴生关系,无论是在清末还是民国,无论是在国民党政权还是我党的革命根据地政权时期,这种关系都未改变。特别是中华人民共和国成立后,检察机关提起民事公益诉讼的开展曾出现欣欣向荣的景象,当然这一切中止于 1958 年,此后检察机关不仅不再开展民事公益诉讼,其自身的正当性也日益削弱直至被取消。改革开放后,检察机关虽已重建,但是法制宏观环境的重构则是漫长艰辛的,与之相关的检察机关职权也需要水到渠成才能发展。以上检察机关百余年提起民事公益诉讼发展史可以证明这一制度产生是正当的,是符合我国国情的,是与正当性的论证相契合的。对检察机关民事公益诉权而言,它爆发的节点就是 2012 年修订《民事诉讼法》建立民事公益诉讼制度,检察机关提起民事公益诉讼的宏观法律构架已经具备,其后就是党的十八届四中全会的东风,借助东风之力,检察机关提起民事公益诉讼正式重返历史舞台。

---

① 该案在和解协议中约定被告自愿对受污染村民予以补偿,并在协议签订 15 日后补偿到位。参见最高人民检察院民事行政检察厅编:《检察机关提起公益诉讼实践与探索》,中国检察出版社 2017 年版,第 36 页。

② 李楯主编:《环境公益诉讼观察报告》(2015 年卷),法律出版社 2016 年版,第 257 页。

2.2 从比较法维度审视检察机关提起民事公益诉讼制度的正当性

我国的检察制度并非本土产物,而是来源于制度移植,是学习借鉴的产物。就学习借鉴而言,法国是现代检察制度的发祥地,也是大陆法系检察制度的样板典范;而苏联是苏东欧法系的发祥地,也是我国人民检察制度建立发展主要借鉴的方向,尽管苏东巨变、苏联解体,但其后的俄罗斯检察制度依然对我国有重要的借鉴价值;美国是英美法系检察制度的主要代表,当今大量的制度创新都发源于美国。因此,以上三国可以成为分析检察制度的典型样本,审视其检察机关提起民事公益诉讼制度的历史脉络,从中寻求规律。

2.2.1 法国

之所以首先考察法国,是因为现代检察制度肇始于法国。[①] 作为法国大革命的产物,其检察制度所具有的开创性、先进性,使其成为鲜明的时代引领者,此后大陆法系国家均以法国为典范建立了各自的检察制度。学术界一般认为,法国检察制度源于中世纪国王代理人制度,1789 年法国大革命爆发,大革命处死了国王,废除了君主专制制度,同时"旧制度的检察官制度……被废除"。[②]

一、现代检察制度之建立

法国现代检察制度的建立源于拿破仑时期。为了巩固政权,恢复国内秩序,发展资本主义,拿破仑主持开展了一系列重大立法活动,制定了《民法典》《民事诉讼法典》《刑事诉讼法典》《刑法典》等。以上法典是资产阶级取得全面胜利后,第一次大规模立法运动的结晶。以上立法的科学性及开创性,使得它

---

① 王桂五主编:《中华人民共和国检察制度研究》,法律出版社 1991 年版,第 4 页。
② 甄贞等:《检察制度比较研究》,法律出版社 2010 年版,第 8 页。

们并没有伴随拿破仑的倒台而被扫入历史的垃圾堆,相反大多数法律经过修订一直实施到 20 世纪下半叶。[①] 由于这是世界范围内资产阶级取得政权后第一次大规模立法,所以它不仅深刻影响着法国社会,而且为此后全世界资产阶级立法提供了范本,深刻影响了 19 世纪的欧洲大陆,以及亚洲和美洲的立法活动,其中也包括中国。对于检察制度而言,以上四部法律均赋予检察机关相应的职权,1810 年的《司法组织法律》又规定了检察机关的组织形式,共同奠定了法国现代检察制度。

二、检察机关提起民事公益诉讼之起源

法国检察机关提起民事公益诉讼制度是与法国现代检察制度同步产生的。在法国现代检察制度诞生前,旧时代的检察机关就作为社会公共利益的代表垄断公益诉权,"从 13 世纪始,共和国检察官的前身,即'国王的人'(gens du roi)就有介入'公共利益'的传统,以在所有领域贯彻法治和公正原则,而不论争端的性质如何"。[②] 在法国大革命后,除了拿破仑主持制定的民法典规定了检察官的民事公益诉权外,对于检察机关提起民事公益诉讼制度具有总结性与纲领性的规定是 1810 年 4 月 20 日出台的《司法组织法律》,该法第 46 条规定:"在民事方面,检察机关在法律规定的情形下依职权行为。检察机关监督法律、裁定和判决的执行:在涉及公共秩序时,检察机关依职权进行该执行。"[③]

资产阶级第一部民法典建立了检察机关提起民事公益诉讼制度。目前理论界一般认为,检察机关提起民事公益诉讼制度起源于 1806 年的《法国民事诉

---

① 1806 年的《民事诉讼法典》直到 1975 年才被《法国新民事诉讼法典》取代,1807 年的《刑事诉讼法典》直到 1959 年才被新《刑事诉讼法典》取代,1810 年的《刑法典》直到 1992 年才被新《刑法典》取代。

② Marin, Le Rôle du Ministère Public Dans Les Affaires Civiles et Commerciales。转引自魏武:《法德检察制度》,中国检察出版社 2008 年版,第 94 页。

③ Mikalef-Toudic, Le ministère public, p. 23, 转引自魏武:《法德检察制度》,中国检察出版社 2008 年版,第 95 页。

讼法典》。① 经考察,1804 年的《法国民法典》,也就是拿破仑主持制定的资产阶级第一部民法典,历史上被称为《拿破仑法典》,该法典就创立了检察机关提起民事公益诉讼制度。它不仅赋予检察机关民事公益诉权,而且规定了相关的民事诉讼程序。之所以会在《拿破仑法典》中包含程序规定,是因为《拿破仑法典》时期属于资产阶级法典化初期,当时的法典形式还未完全摆脱实体法和程序法混合的旧法体系,未在民事领域真正做到程序与实体的彻底分离,真正实现程序法与实体法彻底分离的是 75 年后的《德国民事诉讼法典》及其后的《德国民法典》。《拿破仑法典》规定检察机关作为主当事人,②可以提起:1. 婚姻无效之诉(第 184 条、190 条、191 条、200 条);2. 启动失踪人财产管理程序(第 123 条);3. 离婚后有权提出变更监护权请求(第 302 条);4. 提出宣告成年人为禁治产人的请求(第 491 条)等。而检察官作为从当事人参加诉讼的程序就更加繁多,其目的主要是为了保护国家、社会利益以及未成年人的利益,如:1. 参与失踪人财产管理程序(第 126 条);2. 参与离婚诉讼案件(第 239 条、240 条、248 条、250 条、253 条、256 条);3. 参与法院审理的协议离婚(第 288 条、289 条、293 条);4. 参与离婚诉讼监护权的认定程序(第 302 条);5. 参与亲权中父母拘留子女的诉讼(第 377 条、382 条);6. 参与监护人的管理程序(467 条);7. 未成年人解除亲权的诉讼(第 483 条);8. 成年人禁治产的诉讼(496 条);9. 生存的配偶及国家财产管理人占有遗产的诉讼(第 770 条)等。③

　　此后,1806 年的《法国民事诉讼法典》进一步巩固了检察机关提起民事诉讼制度,特别是第 112 条规定:"应以诉讼报知于检事之场合,应于审察之席,听

---

　　① 参见柯汉民主编:《民事行政检察概论》,中国检察出版社 1993 年版,第 13 页;李忠芳、王开洞主编:《民事检察学》,中国检察出版社 1996 年版,第 27 页。
　　② 所谓主当事人与从当事人并不是《拿破仑法典》的概念,而是借用了当代的《法国新民事诉讼法典》的概念,这样有利于比较。
　　③ 以上均为《拿破仑法典》的法条,其相关资料均来自《拿破仑法典(法国民法典)》,李浩培、吴传颐、孙鸣岗译,商务印书馆 1979 年版。

其检事之说",①这里检察机关作为从当事人参与民事诉讼,其目的主要是发表法律意见,保护国家、社会利益,这点与当代制度如出一辙。

所以,现代检察制度肇基之始,检察机关就有代表国家提起民事公益诉讼的权力,检察机关提起民事公益诉讼制度自然也是同时出现。

三、法国当代的检察机关提起民事公益诉讼制度

(一)法国当代的检察制度

自法国建立现代检察制度以来,该制度始终保持着稳定性,未发生重大变化,即使经历了二战后最重大的宪法改革,"但检察制度仍基本保持了 19 世纪初的原貌"。② 检察机关是刑事诉讼领域发挥重要作用的司法机关,它拥有:1. 有关犯罪的信息权;2. 对司法警察调查的领导权;3. 启动公诉的权力;4. 追诉程序选择权;5. 出席刑事审判法庭的权力;6. 法律救济权(上诉或是提起撤销之诉等)。除了民事诉讼领域以外,检察机关在行政领域也发挥作用,"检察机关尤其具有司法行政管理的职权。在某种程度上,它是司法部长的地方代理人,并且介入多种领域"。③ 就民事公益诉讼而言,其案件较之 200 年前没有发生根本性改变,主要是传统的对于婚姻、家庭等人身权的保护,增加了作为公共利益代表提起或参与商事行为的诉讼,尤其是破产阶段。

(二)检察机关在民事公益诉讼中的地位与权力

民事诉讼法规定检察官在民事诉讼中代表社会主体,④是社会公共利益的代表,这从诉权来源上将代表社会公共利益的诉权赋予检察机关。特别需要指出的是,这种概括性的赋权是 1976 年《法国新民事诉讼法典》特别增加的条款,

---

① 李秀清、陈颐主编:《法国六法(清末民国法律史料丛刊·汉译六法)》,商务印书馆编译所编译,邓建鹏典校,上海人民出版社 2013 年版,第 232 页。
② 魏武:《法德检察制度》,中国检察出版社 2008 年版,第 10 页。
③ 魏武:《法德检察制度》,中国检察出版社 2008 年版,第 11 页。
④ 1976 年实施的《法国新民事诉讼法典》第 421 条规定:"检察院得作为主当事人进行诉讼,或者作为从当事人参加诉讼。在法律确定的情形下,检察院代表社会。"以下如不特别注明,文中所引的《法国新民事诉讼法典》版本为《法国新民事诉讼法典(附判例解释)》,罗洁珍译,法律出版社 2008 年版。

这一概括性的赋权条款是具有开创性的,它将之前检察机关在民事诉讼的各项职权进行了逻辑归纳并确定升华为原则,为检察机关基于公共利益扩大参与民事诉讼提供了坚实的法律原则依据。

检察机关作为主当事人享有当事人全部的权力,这一般分为三种情况:一是"检察机关对案件具有专属性起诉权力(例如在有关国籍的诉讼中)";[1]二是检察机关可以与其他拥有诉权的主体一同诉讼(例如宣告婚姻无效诉讼),也可以在其他主体不起诉时根据法律依职权起诉;三是概括性的授权,为维护公共秩序可以提起诉讼,[2]这一规定直接扩大了检察机关的诉权范围,而无需以具有直接的利害关系为由起诉。

检察官作为主当事人参加诉讼,既可以作为原告,也可以作为被告。在旧民事诉讼法中,检察机关民事公益诉权保护的对象主要是弱势群体的人格权、身份权和婚姻关系,然而当代法国已经将检察机关干预的范围大为扩展,不仅在人身亲属关系上扩大了保护,而且在范围上"扩展到经济案件,特别是企业破产法领域",[3]主要法律依据是《司法重整与司法清算法》。

四、结论

通过对于法国检察机关提起民事公益诉讼制度的简要梳理,可以得出以下结论:1. 从法国现代检察制度建立以来,检察机关在国家体系中的地位是国家的诉权代表人,拥有公诉权和民事公益诉权。2. 当今法国检察机关提起民事公益诉讼之特点:一是参与范围广泛;二是参与方式多样;三是检察机关的民事公益诉权不仅源于民事诉讼法,更多地来自实体法,这说明越来越多的实体法将

---

① [法]洛伊克·卡迪耶:《法国民事司法法》(原书第三版),杨艺宁译,中国政法大学出版社2010年版,第129页。

② 《法国新民事诉讼法典》第423条规定:"除法律有特别规定之情形外,在涉案事实妨碍公共秩序时,检察院得为维护公共秩序提起诉讼。"

③ [法]洛伊克·卡迪耶:《法国民事司法法》(原书第三版),杨艺宁译,中国政法大学出版社2010年版,第129页。

检察机关民事公益诉权视为维护社会公共利益的重要手段;四是不厌其烦地列举大量人事诉讼,既说明法国检察机关提起民事公益诉讼制度的长期稳定性,也说明法国检察机关对于人权保护的重视。3.由于法国检察制度在大陆法系国家中所具有的示范与引领作用,它的民事公益诉讼制度也成为各国效仿的样板,日本检察机关提起民事公益诉讼制度就是以法国作为滥觞的。

2.2.2　苏联及俄罗斯

不论我们承认与否,就检察制度而言,苏联检察制度对我国的影响是深刻和久远的。它是我国人民检察制度借鉴的来源,我国先后生效的几部检察机关的组织法,①都大量参考了苏联检察制度,特别是在检察机关宪法地位和性质上更具有深刻的苏氏烙印。

一、苏联时期

(一)检察机关的宪法地位

1977 年 10 月 7 日,苏联最高苏维埃通过了新的《苏联宪法》取代了 1936 年宪法。对于检察制度而言,首次以一个专章(第 21 章)规定检察机关的法律地位(第 164—168 条)。第 164 条规定,检察机关对是否准确一致地遵守法律实施最高监督,它的任务是巩固统一的法制,保护法律的不可动摇性。最高监督只是为了强调对检察机关在保障国家统一法制方面活动的高度重视,以确定这种活动是国家活动的一种独立形式:②一是指这种监督是以国家权力机关的名义,并根据法制原则、集中原则、不受地方机关干涉原则实施的;二是与其他国家机关、主管部门和组织的监督相比,检察机关监督的效力具有最高性;三是苏

---

① 从最早的 1949 年《中央人民政府最高人民检察署组织条例》,到现行的 1979 年《人民检察院组织法》等多部组织法。

② [苏]К.Ф.斯克沃尔佐夫等:《苏联东欧国家的检察长监督》,梁启明译,中国检察出版社 1990 年版,第 193－194 页。

联总检察长的宪法地位体现了检察监督的最高性。①

（二）检察机关的职权

在苏联,根据列宁主义原则,检察长监督是国家活动的一种独立形式,反映了社会主义社会政治组织的特殊性。这里的检察长是集合名词,"是依照检察机关法规定程序录用的,长期地或临时地在检察机关里任职的,并履行检察机关法或上级检察长命令所规定职责的自然人"。② 1979 年《苏联检察院组织法》细化了 1977 年《苏联宪法》关于最高监督的规定。检察长享有广泛的职权,他们行使这些职权以保证完成他们承担的任务,例如检察长实行一般监督时可以调取或要求被监督主体提供相应文件以便审查,同时还可以传唤相应的人员,检察长有权对不合法的法律文件提出抗议或书面建议,有关单位必须在收到检察长抗议十日内审查抗议,并将结果通知检察长。如果抗议是针对侵犯公民权利和自由的文件,该文件应在审查检察长抗议之前停止执行。③

（三）苏联时期检察机关提起民事公益诉讼

1.不受限制的起诉范围

为了实现检察机关维护社会主义法制的基本任务,检察机关积极参加民事诉讼。《俄罗斯苏维埃社会主义联邦共和国民事诉讼法典》第 41 条规定:"如果检察长认为对保护国家或社会利益,或保护公民权利及合法利益有必要,他有权提起诉讼或在诉讼的任何阶段上参加案件。"④换言之,苏联检察机关的诉权是全面的,不仅具有民事公益诉权,而且可以干预到涉及私人利益的诉讼。当然,这种私人利益是有限制的,主要是为保护因为某种原因自己不能提起诉

---

① 参见何家弘主编:《检察制度比较研究》,中国检察出版社 2008 年版,第 216 - 217 页。

② ［俄］IO. E. 维诺库罗夫主编:《检察监督》(第七版),刘仁文译,中国检察出版社 2009 年版,第 3 页。

③ ［苏］K. Ф. 斯克沃尔佐夫等:《苏联东欧国家的检察长监督》,梁启明译,中国检察出版社 1990 年版,第 203 - 210 页。

④ 《苏俄民事诉讼法典》,梁启明、邓曙光译,刘家辉校,法律出版社 1982 年版,第 14 - 15 页。

讼(残废、孤老、未成年)的公民的权益时,才可以提起,①这一点类似于我国的支持起诉制度。

2. 参加诉讼的程序

检察长参加诉讼的方式有两种:"1. 通过对诉讼程序的案件提起诉讼和对非诉讼程序案件发表声明而提起诉讼;2. 参加已经由他人提起而开始的诉讼。"②参加诉讼既可能是检察院主动行为,也可能是法院认为检察长有必要参加该案件,检察长必须参加民事案件的审理。③

3. 参加诉讼的地位

由于苏联检察机关一方面具有一般监督权,另一方面它对审判机关也进行全面监督,检察长在参加诉讼时,是苏维埃国家的代表者和法律的守护者。因此,检察长提起诉讼,还要履行法律监督职责。对其在民事诉讼中的地位如何界定,有些观点认为提起诉讼的检察长是当事人;还有观点认为检察长不是当事人,居于法制监督的地位;还有观点认为检察长只是诉讼上的原告人,也要发挥法律监督的作用,最后一种意见是苏联学界的主流。④ 这种对于检察机关在诉讼中法律地位的争议,也对我国产生了深远影响,并持续至今。

(四)结论

尽管苏联检察机关具有崇高的宪法地位和广泛的监督权,但是代表国家提起公诉或是民事公益诉讼仍然是其基本权力,而所谓监督权的行使方式也主要是提出抗议等类似诉权的形式。就民事公益诉讼而言,苏联民事诉讼属于超职

---

① 谢鹏程选编:《前苏联检察制度》,中国检察出版社 2008 年版,第 142 页。

② [苏]阿.阿.多勃罗沃里斯基等:《苏维埃民事诉讼》,李衍译,常怡校,法律出版社 1985 年版,第 75 页。

③ 《俄罗斯苏维埃社会主义联邦共和国民事诉讼法典》第 41 条 2 款规定:"如果法律有规定,或者法院认为检察长有必要参加该案件,检察长必须参加民事案件的审理。"引自《苏俄民事诉讼法典》,梁启明、邓曙光译,刘家辉校,法律出版社 1982 年版,第 14 - 15 页。

④ [苏]A. A. 多勃罗沃里斯基等:《苏维埃民事诉讼》,李衍译,常怡校,法律出版社 1985 年版,第 76 - 77 页。

权主义模式,即检察机关和法院均具有广泛的干预权力,干预性不仅仅体现在法院的超职权主义上,同时也体现在检察机关的民事公益诉权上。

二、俄罗斯时期

(一)检察机关的宪法地位

俄罗斯独立后,开始了政治制度转型,其司法制度亦随之转型。苏联解体一月后,《俄罗斯联邦检察机关法》就出台了。对检察机关的性质,目前有两种观点,一种观点认为检察机关独立于三权体系之外,是一种特殊的国家护法机关,检察机关属于其中之一。另一种观点认为检察机关属于司法权力机关。对此,笔者持检察机关属于司法机关的观点。这是因为,对于护法机关的说法,按照该观点、护法机关外延十分庞杂,它既包括法院这种典型的司法机关,也包括内务部等典型的行政机关,护法机关不是能够区别于传统三权的一个概念,定义检察机关为护法机关并不能解决检察机关性质问题,只是用一个含混不清的概念掩盖了矛盾。之所以认为检察机关属于司法机关,还是应从宪法规定入手,宪法将检察机关和法院规定在同一章——《司法权》,从宪法体系上反映二者在三权分立体系中的司法权性质,而且这种安排也是沿袭了苏联时期的传统。尽管在宪法规定上,法院的规定更为全面,检察机关所占比重较小,但这不能作为否定检察机关司法权性质的依据,这只能说明检察机关作为司法机关的典型性逊于法院。

(二)检察机关提起民事公益诉讼

1.任务

根据《俄罗斯联邦检察机关法》第35条第3款规定:"为了保护公民的权利,捍卫由法律予以保护的社会利益或国家利益,检察长有权依照俄罗斯联邦诉讼立法的规定,向法院提出申请或在诉讼程序的任何阶段介入案件审理。"检察长在民事诉讼中的目的就是维护公民权利以及国家、社会利益,在《俄罗斯联邦民事诉讼法典》第 45 条第 1 款又对检察机关提起民事诉讼的目的做出了重申。①

2. 内容

（1）范围。其内容与苏联时期并无本质差别，俄罗斯检察长可以行使两类管辖权：在相关法律有直接规定或法院认为检察长有必要参加的情况下必须参加或者提起诉讼的义务性管辖；按照俄罗斯总检察长指示自行酌定提起或者参加诉讼的选择性管辖。②

（2）程序。检察长起诉时，应当按照法院的审判管辖执行，遵守民事诉讼的管辖规定。检察长应当书面提交起诉状，起诉状符合形式与内容的要求，并提出具体请求以及提交相关证据。

（3）诉讼权利。《俄罗斯联邦民事诉讼法》第 45 条第 2 款规定："提出请求的检察长，享有原告人的全部诉讼权利和承担原告人全部诉讼义务，但订立和解协议的权利和交纳诉讼费用的义务除外。如果检察长放弃已经提出的维护他人合法利益的请求，而该人及其法定代表人不声明放弃诉讼请求，则案件的实体审理应继续进行。当原告人放弃诉讼请求时，只要不违反法律或不侵害他

---

① 《俄罗斯联邦民事诉讼法典》第 45 条第 1 款："检察长有权请求法院维护公民、不确定范围的人的权利、自由和合法利益或者维护俄罗斯联邦、俄罗斯各联邦主体、地方自治组织的利益。维护公民权利、自由和合法利益请求仅在公民由于健康状况、年龄、无行为能力和其他正当原因不能亲自向法院提出请求时才能由检察长提出。"以上译文来自《俄罗斯联邦民事诉讼法典》，黄道秀译，中国人民公安大学出版社 2003 年版，第 32 页，以下《俄罗斯联邦民事诉讼法典》的相关译文均出自该文本。

② 具体而言：1. 将不应承担刑事责任的未成年人安置于专门的、封闭的学习（感化）机构；2. 认定婚姻无效；3. 剥夺或限制父母的权利；4. 认定关于侵害被赡养人利益的赡养费支付协议无效；5. 撤销收养关系；6. 维护没有父母监管的孤儿和孩子的权利；7. 在劳动争议委员会的判决不符合法律和其他法律文件的情况下，发生的个人劳动争议；8. 认定罢工非法；9. 侵犯工会的权利；10. 中止或禁止与俄罗斯联邦宪法、俄罗斯联邦主体宪法、联邦法律相违背的工会活动；11. 确定由地方自治组织章程规定的地方自治代表机关代表的选举结果和地方自治选任公职人员的选举结果；12. 确认全民公决、关于举行全民公决有争议的决定和在全民公决中所作的有争议的决定；13. 维护俄罗斯公民的选举权和参加全民公决的权利；14. 取缔社会联合组织；15. 取缔或禁止社会联合组织或宗教联合组织的活动；16. 终止大众新闻媒体的活动；17. 追究恐怖组织的责任。参见［俄］IO. E. 维诺库罗夫主编：《检察监督》（第七版），刘仁文译，中国检察出版社 2009 年版，第 308 - 309 页。

人的权利和合法利益,法院应当终止案件的审理。"所以,提起民事诉讼中检察长所处的诉讼地位在很多时候类似于原告在诉讼中的地位,除非原告人明确放弃诉讼请求,否则检察机关享有原告人的全部诉讼权利和承担原告人全部诉讼义务,同时检察长还要行使其他法律监督权,例如抗诉权。①

(三)检察机关参加仲裁法院的审理②

仲裁法院在苏联时期不属于司法体制的范围,它具有护法机关和国家管理部门的双重职责。苏联解体后,为适应向市场经济过渡的发展需要,俄罗斯通过了《俄罗斯联邦仲裁法院法》和《俄罗斯联邦仲裁诉讼法》,1995 年又对两个文件进行了部分修改与补充。根据以上法律,俄罗斯仲裁机构被赋予司法机关的职能。③《俄罗斯联邦仲裁诉讼法典》第 2 条规定:"仲裁法院诉讼的任务是:1. 维护从事经营活动和其他经济活动的人受到侵犯或被提出争议的权利和合法利益,以及维护俄罗斯联邦、俄罗斯联邦各主体、地方自治组织在经营活动和其他经济活动领域的权利和合法利益,维护俄罗斯联邦国家权力机关、俄罗斯联邦各主体国家权力机关、地方自治机关、其他机关、公职人员在上述领域中的权利和合法利益;2. 保证经营活动和其他经济活动领域中活动公正司法的可能性;3. 在经营活动和其他经济活动领域中加强法制和预防违法行为,……促进

---

① 除了以上宏观性的权力外,俄罗斯检察机关还有:1. 自行回避和回避的申请权;2. 调取证据申请权,检察长有权对难于提交必要的证据,申请法院协助收集和调取或是保全。除了提交申请以外,检察长还应当说明证据的特征以及证据的意义;3. 参与易坏证物的勘验和审查,法官有义务将时间地点通知检察长;4. 庭审中的优先权,《俄罗斯联邦民事诉讼法典》第 174 条规定,庭审开始时,参加案件的检察长有权首先就案件的实质问题进行解释,第 189、190 条规定,法院审理完所有证据后,检察长有权就案件结论优先发言,在之后的法庭辩论中,检察长同样拥有优先发言权;5. 申请中止案件诉讼和了解法院审理笔录权。

② 俄罗斯联邦仲裁法院是解决企业之间与商务纠纷的专门法院。仲裁法院对企业提出的针对其权利和利益的各种诉讼请求进行审议,其中包括由税收、土地及其他行政、财政等法律关系产生的纠纷。俄罗斯仲裁法院还同时负责审理涉及外国企业者的经济和商务纠纷。近年来,经俄罗斯各级仲裁法院审理的各种经济纠纷案件每年多达几十万件,其中主要涉及买卖合同、企业所有权、企业申请破产、信贷合约、保险以及税收等。由于俄罗斯仲裁法院审理案件的类型绝大多数属于我国民事诉讼法研究范畴,所以也将其列入本书的考察范围。具体参见王公义主编:《中外司法体制比较研究》,法律出版社 2013 年版,第 188 – 189 页。

③ 王公义主编:《中外司法体制比较研究》,法律出版社 2013 年版,第 188 页。

商业伙伴关系的形成和发展,促进交易习惯和交易道德的形成。"①由于仲裁法院具有解决经济纠纷的司法职能,根据检察机关法第 1 条第 3 款规定,检察长有权参加仲裁法院的审理。"例如,仅在 2005 年上半年,检察长就向仲裁法院提出 6000 起以上的起诉和申请,其中包括对下述重要问题提出的起诉和申请:1.认定能源组织限制向诚实消费者提供能源行为的违法性;2.对承运人通过城市交通向老战士运送货物不提供优惠的行为提出异议;3.认定恶意串通行为违法;4.追究个体企业家和法人的行政责任。"②

检察长在仲裁程序中的目的:根据《俄罗斯联邦检察机关法》第 35 条第 3 款规定,为了保护公民权利,捍卫由法律保护的国家利益与社会利益,检察长有权按照俄罗斯联邦诉讼立法的规定,向法院提出申请或者在诉讼程序的任何阶段介入案件审理。所以,检察长参加仲裁的目的与参加民事诉讼的目的一致:保护公民利益、社会利益、公共利益。

检察长向仲裁法院提出起诉和申请,但他并不是实质原告人,因为他是以俄罗斯联邦的名义实施活动,捍卫的是社会公共利益,在诉讼中检察长是形式原告人,享有原告的权利,并承担原告的诉讼义务。在实践中,检察长起诉时通常会指出捍卫何人的利益,也就是实质原告人的利益,检察长和实质原告人的权利存在区别。根据《俄罗斯联邦仲裁诉讼法典》第 52 条第 4 款规定,如果还有原告人参加案件,则提出请求的检察长放弃他所提出的诉讼请求,不剥夺原告人要求对案件实体进行审理的权利;第 138 条规定,双方当事人和解中没有授予检察长签订和解协议的权利;第 49 条规定,原告人有权完全地或部分地放

---

① 《俄罗斯联邦仲裁程序法典》,黄道秀译,中国人民公安大学 2005 年版,第 2 - 3 页。以下如不特殊注明,引用《俄罗斯联邦仲裁程序法典》均出自黄道秀译本。

② [俄]IO. E. 维诺库罗夫主编:《检察监督》(第七版),刘仁文译,中国检察出版社 2009 年版,第 324 页。

弃诉讼请求,法院可以据此终结审理,检察长无权干涉。[①] 当然检察长还有庭审中的优先权:庭审开始时,参加案件的检察长有权首先就案件的实质问题进行解释;法院审理完所有证据后,检察长有权就案件结论优先发言,在之后的法庭辩论中,检察长同样拥有优先发言权。总之,其优先权与民事诉讼中的检察长权利基本一致。

(四)结论

通过以上分析,相对于苏联民事诉讼的超职权主义模式,俄罗斯的民事诉讼模式向当事人主义倾斜,但对于检察权而言并无实质的变化。就民事公益诉讼而言,苏联时期主流观点认为,检察机关从诉讼的含义上讲是原告人,同时还要发挥法律监督的职能,在俄罗斯时期,检察机关的地位亦未变化,"一般认为提起诉讼的检察长居于原告地位……同时还履行监督法制的职责"。[②] 主要的变化发生在监督法制的职能上,检察机关只能对其参加的案件进行抗诉,与苏联时期检察机关可以对其认为符合抗诉条件的案件提出抗诉相比范围受到了压缩。

2.2.3 美国

一、美国检察机关的性质

美国的检察机关包括两部分——联邦系统和地方系统,二者平行设立,各自独立。联邦检察机关隶属于行政部门,主要职能是保障法律得到施行。

二、刑事职权

在刑事司法体系中,检察官享有是否对刑事案件起诉的决定权。[③] 同时基

---

① [俄]IO. E. 维诺库罗夫主编:《检察监督》(第七版),刘仁文译,中国检察出版社 2009 年版,第 333 页。

② 肖建国:《民事程序构造中的检察监督论纲——民事检察监督理论基础的反思与重构》,《国家检察官学院学报》2020 年第 1 期。

③ 甄贞等:《检察制度比较研究》,法律出版社 2010 年版,第 280 页。

于起诉权,检察官具有指挥和引导侦查的权力,"侦查工作不仅要服从于公诉的需要,而且从事侦查工作的警察也要作为控方的重要证人出庭作证"。① 除了以上侦查权和指挥侦查权、起诉权以外,在法院审理前,检察官还有参加预审听证的权力,辩诉交易权,证据展示权,参加审前会议权。进入审理程序,检察官享有参与选定小陪审团的权力、开场陈述权、举证权、交叉询问权、终结辩论权、反质辩论权、量刑建议权等。判决后,检察官还有上诉权与参与上诉审的权力。②

三、美国检察机关提起民事公益诉讼制度

分权制导致的检察系统的双轨制,造成了美国检察机关提起民事公益诉讼制度的双轨制。例如,学界一般认为,1890 年美国国会通过《谢尔曼法》(Sherman Antitrust Act of 1890)规定了民事检察制度,检察机关在提起刑事诉讼外,还可以提起民事反垄断公益诉讼。③ 这种观点对美国联邦检察制度而言无疑是正确的,但是实际在此之前,自 19 世纪下半叶开始,美国一些州的检察机关就已经根据各州的立法开展了反垄断的民事公益诉讼,在《谢尔曼法》之前,艾奥瓦州、堪萨斯州、缅因州、密歇根州、密苏里州、内布拉斯加州、田纳西州、南达科他州八个州在反托拉斯法中规定检察机关提起反垄断民事公益诉讼制度。④

四、诉讼的特点

(一)扩大的民事诉讼

不同于大陆法系具有独立的行政诉讼体系,美国没有独立的行政诉讼制度,相关制度都涵盖在民事诉讼中。所以,某些民事公益诉讼,按照我国的法律分类,其性质就属于行政公益诉讼。⑤

---

① 甄贞等:《检察制度比较研究》,法律出版社 2010 年版,第 282 页。

② 参见甄贞等:《检察制度比较研究》,法律出版社 2010 年版,第 320 - 344 页。

③ 参见樊崇义、吴宏耀、钟松志主编:《域外检察制度研究》,中国人民公安大学出版社 2008 年版,第 79 页;甄贞等:《检察制度比较研究》,法律出版社 2010 年版,第 345 页。

④ 参见陈兵:《19 世纪下半叶美国州反托拉斯法研究——以制定法和判例法为分析材料》,华东政法大学 2009 年博士学位论文,第 127 - 131 页。

⑤ 例如《清洁空气法》等环保法中的公民诉讼条款的被告就包括联邦政府机构(主要是联邦环保局)。

（二）灵活的起诉方式

1.检察官直接起诉,也就是检察官在辖区内直接提起诉讼。①

2.代表诉讼,联邦检察机关代表美国,州检察机关代表州或是州内的自然人提起诉讼。②

3.作为共同原告,在环境法中的公民诉讼条款中规定了联邦政府、州政府可以作为共同原告,对此专门规定了原告有义务将起诉书副本送达美国司法部长。③

（三）广泛的诉讼权利

1.调查取证权。美国检察官具有广泛的调查取证权,不仅其自身可以开展调查,而且可以得到联邦其他机构的协助,必要时可以签发民事调查令。④

2.优先审理权、优先发出禁令。对于检察官提起的民事公益诉讼,法院有义务优先审理,以此来优先保护公共利益。⑤

3.和解权和审查和解的权力。在民事诉讼中,检察官可以和被告就案件的

---

① 例如《克莱顿法》第15条规定:"授权美国地区法院具有管辖防止和限制违反本法的司法权,各地区的检察官,依据司法部部长的指示,在其各自辖区内提起衡平诉讼,以防止和限制违反本法的行为。"

② 《克莱顿法》第4条A款规定:"美国政府可以在联邦法院管辖范围内对该管辖区内的被告或者其代理人提起诉讼",C款规定:"州司法部长作为州政府的监护人,代表其州内自然人的利益,可以本州的名义,向对被告所在地的美国联邦地区法院提起民事诉讼,以确保其自然人因他人违反《谢尔曼法》所遭受的损失而获得金钱救济。"

③ "《反欺骗政府法》规定,公民个人对欺骗政府的任何行为有权提起诉讼。但公民个人提起诉讼时,需将诉状密封后送交美国司法部,司法部受到诉状后60日内必须作出是否参与并成为主要原告的决定。"以上引自甄贞等:《检察制度比较研究》,法律出版社2010年版,第347页。

④ 所谓民事调查令,根据《反托拉斯民事程序法》第3条规定:"司法部部长或者负责司法部反托拉斯局的司法部部长助理,任何时候都有理由相信有人占有、保管或者控制文件资料,或者拥有与反托拉斯民事调查有关的信息或者根据1994年《国际反托拉斯执行协助法》第3条授权的调查权,他可以先于美国提出民事或刑事诉讼,发布令状,并根据此理由给此人发传票,发出民事调查令,要求此人将这些文件资料制作副本,以备检查,回答书面咨询,制作与文献资料或者信息有关的口头证词,或者一并提供这些资料、答复或者证言。"以上译文引自美国司法部反托拉斯局编:《美国反托拉斯手册》,文学国、黄晋等译,知识产权出版社2012年版,第34-35页。

⑤ 例如《谢尔曼法》第9条:"……提起诉讼是美国检察官的职责,该诉讼以起诉状形式提出,要求禁止当事人的违法行为。一旦通知书送达被起诉人后,法院应尽快予以受理、听证、并作出判决,在诉讼中及最后禁止令作出之前,法院可随时发出暂时的限制令或禁止令。"

处理结果和诉讼费用的分担达成和解,微软公司案就是以和解的方式结案的。和解协议必须经过法官核准,在提交法官之前必须经过 60 天公示,在《联邦登记》公告发布。如果公告期内公众未提出异议,法院应当审核并发布一个"同意令"。除了检察机关直接参与的公益诉讼外,对于其未参与诉讼的和解协议,检察官拥有审查权,涉及公益诉讼的法律一般都规定了该条款。①

2.2.4　结论

作为具有广泛代表性的三国检察制度,它们具有巨大差异性,就检察机关的性质而言,美国检察机关属于行政属性,法国检察机关属于司法属性,而俄罗斯检察机关也是司法属性。就检察权的具体内容而言,三国的差异更大,比如民事公益诉权,俄罗斯和法国侧重于传统意义的民事公益诉权,而美国则更侧重于新型民事公益诉讼。但是,排除差异性后,三国检察制度也存在基本的共性:检察机关都拥有刑事诉权和民事公益诉权,而且这两种权力也是它们先天性的检察权,与检察制度相伴生,并发展至今。这种共性证明了检察机关拥有公诉权和民事公益诉权的普遍性与规律性,在世界范围内检察机关普遍是作为代表国家行使公诉权(广义)的主体而存在的,检察机关提起民事公益诉讼制度是具有普遍意义的。②

---

① 例如《清洁空气法》第 7604 条(c)款(3)项:"……对于美国政府不是当事人的诉讼,在美国司法部部长和环保局局长收到诉讼和解建议稿副本之日起 45 日内(在此期间美国政府可以向法院或当事人提交对该建议稿的意见或者基于其权利参加诉讼),法院不得对该诉讼和解作出判决。"以上参考陈东:《美国环境公民诉讼研究》,中国人民大学出版社 2014 年版,第 225 – 226 页。

② 公诉权分为狭义和广义两种,目前法律术语的公诉权也就是狭义公诉权是指刑事公诉权,广义则指三大诉讼法领域的公益诉权,本书不作特殊说明的公诉权指狭义公诉权,广义的公诉权用公诉权(广义)来表示。

2.3　检察权与民事公益诉权

2.3.1　宪法维度

我国《宪法》规定:检察机关是国家的法律监督机关。法律监督是宪法术语,所以检察机关就是法律监督机关,检察权就是法律监督权,"检察权和法律监督权是一体的"。① 所以,在我国,检察权和法律监督权常常被混同使用。

一、宪法只是在形式上确认了检察权的独立性

我国的根本政治制度是以人民代表大会为核心的制度,包括行政、检察、审判等国家机关的一套组织制度体系。② 鉴于宪法的至上性和法源性,宪法文本的宣示就可以作为特定国家机关独立性的根本依据。对此,我国宪法用五个条文证明了检察机关作为专门国家机关的独立性,规定了检察机关性质(第一百三十四条)、组织系统和领导体制(第一百三十五、一百三十七条)、检察独立的原则(第一百三十六条)、检察机关和人大的关系(第一百三十八条)。我国宪法的这种表述是借鉴苏联宪法的产物,③与西方国家对检察机关的表述截然不同。就检察机关的地位而言,西方国家宪法一般从不涉及,它们"有的把检察机关的机构设置规定在法院组织法中,如德国;有的把检察机关的机构设置规定在刑事诉讼法中,如英国;有的虽然有独立的检察机关组织法,如日本,但都没有把检察机关的机构设置作为一个独立的国家机关规定在宪法中"。④ 我国检

---

① 朱孝清、张智辉主编:《检察学》,中国检察出版社 2010 年版,第 326 页。
② 《中国大百科全书》(法学修订版),中国大百科全书出版社 2006 年版,第 421 页。
③ 我国现行的宪法是在 1982 年作出重大修订的,在此之前 1977 年《苏联宪法》在第 164 - 168 条规定了检察院职权、组织、检察独立原则、检察机关和最高苏维埃的关系,《苏联宪法》对我国 1982 年宪法具有重要的借鉴价值。
④ 朱孝清、张智辉主编:《检察学》,中国检察出版社 2010 年版,第 172 页。

察机关产生依据的至上性,以及其在宪法中的独立性,宣示并证明检察机关是具有独立宪法地位的国家机关,其权力(法律监督权)在形式上和性质上完全不同于其他国家机关。

二、检察权定性为法律监督权的困境

(一)法律术语之分析

所谓的法律监督是从权力的目的来确定权力性质的。从词源上分析,"监督"在我国的词汇中含有"监察督促"①"察看并督促"的意思,②还有将监督定义为相对独立的检查、审核、评议、批评、督促、纠正和惩戒活动。③ 所以,监督的外延模糊,内涵意义广泛,缺乏法律概念所应具备的明确与清晰。

就西方法律而言,作为监督的对应词汇"supervise"或"superintend"也都是有着丰富含义的词汇,它们不属于英美法的专业法律词汇。④"supervise"或"superintend"均有上级对于下级进行监督控制的内容,⑤这二者内涵要比中国"监督"含义狭隘得多,中文的"监督"是一个含义十分宽泛的词汇,不只含有上级对于下级监督控制的含义:就监督主体与客体关系而言,它包括上级对下级,平等主体间、下级对上级,而不局限于上级对下级。监督的主体不同,监督的目的和功能也就不同,如果认为监督就必须凌驾于被监督者之上,是把监督的某种含义绝对化的结果,⑥或者说是对监督的理解受到了英语词汇语境的干扰。对于法律监督,在西方法律术语中也不存在等价的概念,考察基础性英美法律

---

① 《辞海》(第 7 版),上海辞书出版社 2020 年版,第 2039 页。

② 《现代汉语词典》(第 7 版),商务印书馆 2016 年版,第 633 页。

③ 尤光付:《中外监督制度比较》,商务印书馆 2013 年版,第 1 页。

④ 在《Merriam-webster's Dictionary of Law》,中国法制出版社 2014 年版,与《BLACK'S LAW DICTIONA-RY 11th Edition》中均不含以上两词汇。

⑤ Superintentd 的英文意思是:to be in charge of something,and control how it is done;supervise 的英文含义:to be in charge of an activity or person,and make sure that things are done in the correct way。以上引自《朗文当代高级英语词典 英英、英汉双解》(第五版),外语教学与研究出版社 2014 年版,第 2554、2555 页。

⑥ 孙谦主编:《中国检察制度论纲》,人民出版社 2004 年版,第 55 页。

辞书都未列有法律监督的词条。① 同样,苏联法律中曾大量使用监督的词汇,但是也从未将法律监督连用成为一个专门性的概念。所以,这折射出"监督"不是一个具有稳定内涵的法律术语。

目前主流的观点认为该术语系我国特有的法律术语,反映的是我国特有的法律制度,"法律监督"是一个中国化的概念。② 而所谓的中国化,其来源依据也仅仅是 1982 年宪法,而 1954 年宪法则没有"法律监督"的概念,这种中国化缺乏足够的历史积淀。

以上说明,"法律监督"作为法律术语存在外延模糊、内涵不稳定的缺陷,容易造成词语歧义,不能表述检察权的根本性质,不能体现出检察权区别于国家其他权力的特征,这对于法律术语来讲是一个致命缺陷。

(二)权力运行之分析

目前法律监督的主流含义是"指为了维护国家法制的统一和法律的正确实施,专门的国家机关根据法律授权,运用法律规定的手段对法律实施情况进行检查督促并能产生法律效力的法律行为"。③ 基于此概念,在我国宪法体制下,具有法律监督性质的权力并不为检察机关垄断,它是各级国家机关普遍拥有的权力。在我国,具有法律监督性质的权力,除了检察权,至少还有法院内部监督权、行政监督权、司法审查权、监察权等。法院内部监督包括审级监督和行政监督。所谓审级监督就是根据程序法的规定,上级法院通过二审、再审,或本级法院的审监部门,对原审案件的裁判进行的监督。行政监督就是法院上级或是其内部行政管理部门,对审判人员和司法行政人员进行的监督。行政监督权包括

---

① 主要参考了 Black's Law of Dictiongary,The Oxford Companion to Law,The blackwell Encyclopaedia of Political Science。其中,《牛津法律大辞典》(The Oxford Companion to Law),北京社会与科技发展研究所组织翻译,光明日报出版社 1989 年版。邓正来主编:《布莱克韦尔政治学百科全书(修订版)》,中国政法大学出版社出版 2002 年版。

② 樊崇义主编:《检察制度原理》,法律出版社 2009 年版,第 120 页。

③ 朱孝清、张智辉主编:《检察学》,中国检察出版社 2010 年版,第 184 页。

两类:一类是基于行政权,行政主体对行政相对人是否遵守法律进行监督;另一类是行政系统内部的监督,主要是上级对下级,组织对个人的监督。以上两类法律监督,除了监督的主体不是检察机关以外,其方式、内容、效果与检察机关的法律监督并无本质区别。至于司法审查权,主要是通过行政审判来对行政行为进行监督,审判权审查行政权合法性,是司法权对于行政权的监督。这种监督无论从程序的价值意义,还是实践中的案件数量来看,都比检察机关对于行政机关的监督更为重要。特别是在我国宪法框架内新成立了国家监察部门,它合并了检察机关反贪污贿赂、反渎职的侦查权,成为专门的反腐败机构,是对所有行使公权力的人员进行监督的机关。① 如果从法律监督权行使的目的和效力来讲,监察部门的宪法性质归于法律监督似乎更为适合。有鉴于此,将法律监督权表述为我国检察权确实存在名实不符的问题。

总之,虽然宪法将检察权定位为法律监督权,但该术语在名与实上确实存在不可克服的缺陷,不能体现出检察权的性质。

2.3.2　司法权维度

就检察权的性质而言,法律监督虽然具有宪法渊源,但是其只是形式上确立了检察机关在宪法上的独立性,并不能因此揭示出检察权的性质,更不能证明检察权在宪法中实质的独立性。这就需要降维来分析,从司法权维度入手。从司法权入手是因为我国的检察权运行的场域实际只是在三大诉讼法领域,也就是司法领域,除此之外,检察机关一般不参与其他的法律关系。因此,要考察检察权的性质应当以其实际运行的状况为切入点。

---

① 《中华人民共和国监察法》第三条规定:"对所有行使公权力的公职人员进行监察,调查职务违法和职务犯罪,开展廉洁建设和反腐败工作,维护宪法和法律尊严。"

一、公诉权之意义

(一)检察权是司法权

从清末司法改革至中华人民共和国成立,我国的检察机关始终和法院分享司法权,检察机关始终代表国家在刑事和民事诉讼领域行使公诉权(广义)。中华人民共和国成立以来,尽管宪法经过多次修订,但始终将检法两家并列为司法机关,这是宪法形式上的确定。从检察权运行来讲,我国检察权运行的场域就是三大诉讼法,检察权与法院审判权相辅相成发挥作用,除此之外检察机关没有其他的实质性权力。基于此,就可以认定检察权的司法权属性。

(二)检察权的性质是公诉权(民事公益诉讼建立前)

如果进一步分析,在民事公益诉讼制度建立前,检察机关作为唯一公诉主体,代表国家行使"对犯罪的追诉权,亦即实体判决请求权"。[1] 公诉权既是检察机关取得独立地位、发挥独特作用的基础,也可以从中揭示检察权的性质。公诉权是检察机关作为司法机关区别于法院的本质特征,也是检察权区别于行政权的本质特征。除此之外,检察机关再无其他本质性的权力,检察机关其他重要权力基本与其他国家机关处于共享状态:侦查权与公安等侦查部门共享;逮捕权和法院共享;诉讼监督权也和法院共享。当然这种共享尽管在行使条件等方面存在差异,但是共享的权力在性质实质上是一致的。而所谓性质是从内部本质角度区分两种不同事物的标志,而特征则是从外部表征来区分两种不同事物的标志,二者互为表里。因此,检察机关的公诉权是对内代表检察权性质,对外代表检察机关特征的权力。在民事公益诉讼制度建立前,检察权的性质就是公诉权。当然,检察权还包括一系列其他性质的权力,比如不起诉权,它具有一定裁判权的性质,但是并不能因此而否定检察权是公诉权的性质。这是因为没有任何一种公权力是只拥有符合其特征性质纯而又纯的权力,比如行政权中

---

[1] 王新环:《公诉权原论》,中国人民公安大学出版社2006年版,第1页。

就包含复议、复核等不同于行政权的裁判性质权力。从方法论上,这种确定国家机关性质的方式是普适的,比如法院权力的性质是审判权,就是因为审判权是其他国家机关所不具有的,是法院独立享有的权力。而事实上,法院不仅享有审判权,还享有大量如执行权等非审判权性质的权力。

(三)公诉权与其他检察权

1. 分析的意义

在检察机关提起民事公益诉讼制度建立前,判断公诉权是否为检察权的性质,还要看公诉权与其他检察权的关系,也就是它们与公诉权是否相关联、相协调。如果关联密切,公诉权可以把它们统率起来,形成以公诉权为中心的权力体系,这可以为检察权公诉权性质提供充分支撑,否则就难以自圆其说。

2. 公诉权和其他检察权的关系

我国的检察权主要有:侦查权、批准和决定逮捕权、公诉权、诉讼监督权。[1]其中侦查权、批准和决定逮捕权虽然属于独立的检察权,但它们的独立性是基于其司法实践的角度而不是逻辑定位,从公诉权视角,它们是不具有实质独立性的,它们都属于公诉权的辅助性权力,服务并服从于公诉权的需要,属于公诉权的范畴。而诉讼监督权,就是对诉讼活动实行监督,也就是对于司法机关(广义)的执法活动进行监督,每个诉讼阶段都有监督权与之相应。以诉讼权能为视角,诉讼监督权可以分为抗诉权、检察建议权、检察纠正权。[2] 以上权力虽然名称各异,运行的诉讼阶段各异,但其本质都是向司法机关提出纠正意见,由司法机关自行改正。它们实际是公诉权的变体,这是因为公诉权是检察机关向法院提出的请求权,要求法院追究违法主体的法律责任,而诉讼监督权也是检察机关向司法机关(广义)提出建议(请求权),要求其自行查找并纠正诉讼违法行为,也是一种请求权,可以看作是公诉权的变体。在刑事诉讼中,它们也服务

---

① 参见朱孝清、张智辉主编:《检察学》,中国检察出版社 2010 年版,第 336 - 422 页。
② 参见朱孝清、张智辉主编:《检察学》,中国检察出版社 2010 年版,第 399 页。

并服从于公诉权。通过对于以上各类型检察权的分析可以发现,其都与公诉权密切相关,从诉讼权能和表现形式上不是公诉权的变体,就是公诉权的附属。所以,从检察权的具体类型归纳分析,公诉权作为核心可以统率以上检察权,形成服务于公诉权力的体系,检察权的性质为公诉权。

3. 对于民事和行政检察权的分析

当然这里有一个问题,就是检察机关提起民事公益诉讼制度建立前,检察机关在民事诉讼和行政诉讼中行使监督权的问题。这本来不成问题,这是因为建国前后检察机关均拥有民事和行政公益诉权。① 由于我国法制建设在中华人民共和国成立初期出现了断裂,改革开放以后,在法制重建的宏观背景下,相比刑事诉讼制度,民事和行政诉讼制度建设严重滞后,未建立公益诉讼制度而导致的体系不完整就是滞后的突出表现之一。② 对于检察制度而言,作为公诉权变体的抗诉权先行出现,以及长期以来形成的民事诉讼就是私益诉讼的制度惯性,造成民事检察权所谓监督属性的尴尬局面。建立了公益诉讼制度,实际也就是完善了民事和行政诉讼中的检察权。基于公诉权的分析,在民事公益诉讼制度中,检察机关的民事公益诉权可以将民事检察制度统率起来,形成理论的自洽。

总之,在公益诉讼制度建立前,检察权的性质就是公诉权,就是专门(垄

---

① 《中央政府最高人民检察署试行组织条例》第三条第五项规定:"对于全国社会与劳动人民利益有关之民事案件及一切行政诉讼,均得代表国家公益参与之。"1954 年的《中华人民共和国人民检察院组织法》在第四条第六项规定:"对于有关国家和人民利益的重要民事案件有权提起诉讼或者参加诉讼。"

② "从 1979 年开始起草民事诉讼法的过程中,立法机关就检察机关参与民事诉讼问题,曾组织多次讨论。从民事诉讼法初稿到全国人民代表大会颁布的试行稿,共计 7 稿,其中前 6 稿都有检察机关参与民事诉讼的条款,其中第 6 稿规定最为具体、全面共有 15 个条款,内容包括检察机关可以提起和参加诉讼,可以调查案件和出席法庭,可以提出抗诉等。在第 6 稿征求意见时,各方面看法基本一致,但检察机关内部却出现了不同观点,主导意见是:检察机关人力不足,忙于打击刑事犯罪,无暇顾及民事监督,以及检察机关从来没有参加过民事诉讼等。这样一来,在《民事诉讼法(试行)》通过时,便删掉了第 6 稿中的一些具体条款,只保留了第十二条的原则性规定,即'人民检察院有权对人民法院的民事审判活动实行法律监督'。"以上参见李忠芳、王开洞主编:《民事检察学》,中国检察出版社 1996 年版,第 264 页。

断)代表国家追诉犯罪的请求权,[1]是一种程序权力。[2] 特别指出的是,检察权的这种定性是具有普遍性的,比较法的维度已经证明了这种普遍性,这种普遍性反映了检察权公诉权性质的科学性。所以,在国家扩大保护范围,用民事和行政诉讼的方法来保护公共利益的趋势下,谁代表国家来行使民事或行政公益诉权? 基于检察权的性质,检察机关应当是义不容辞的适格主体,其他公权力主体是不适格的。这种扩充只是检察权保护范围的扩大,也就是将公诉权的内涵由狭义变为广义,属于检察权性质基于国家职能的自然延伸。所以,公益诉讼制度建立后,检察权性质变为公诉权(广义)。

二、法律监督权与公诉权是名与实的关系

在检察机关提起民事公益诉讼制度建立前,将检察权定性为公诉权,这种定性并不与我国目前的法律监督权理论相矛盾。法律监督权理论就是以公诉权为蓝本构建的,法律监督权是名,公诉权是实,或者说法律监督权就是公诉权。

(一)从法律监督的概念内涵分析公诉权

按照法律监督权的主流理论,它的概念内涵包括四个方面[3]:1.法律监督是对严重违法行为进行监督,这里强调监督对象,而公诉权是对最为严重的违法犯罪行为进行监督;2.法律监督是一种国家监督,这里强调的是监督主体的国家性,手段的法定性,对此公诉权也是符合的;3.法律监督是一种程序性监督,就是启动追诉程序,公诉权就是启动国家对犯罪的追诉程序;4.法律监督是一种事后监督,也就是违法行为发生后的监督,公诉权追究的是犯罪行为,自然也是犯罪行为发生后的追究。所以,公诉权完全符合法律监督权内涵的要求,

---

① 笔者认为,行政机关行使民事公益诉权,虽然具有便宜的优势,但是由于诉权和行政权在权力属性上存在冲突,行政机关行使民事公益诉权存在诸多弊端(具体分析详见后文)。所以,对行政机关拥有民事公益诉权持否定态度。

② 朱孝清、张智辉主编:《检察学》,中国检察出版社 2010 年版,第 376 页。

③ 参见朱孝清、张智辉主编:《检察学》,中国检察出版社 2010 年版,第 184 – 186 页。

法律监督权包含公诉权。

(二)从法律监督的概念内涵分析其他检察权

以法律监督权含义的四方面来分析其他检察权:就侦查权而言,其具有手段意义,必须附属于某种权力,为该权力服务,不具有独立性;就批准和决定逮捕权而言,其是对侦查活动的监督控制,是对公权力的监督,它不符合内涵的第一方面——法律监督是对严重违法行为进行监督;就诉讼监督权而言,其是对审判权的监督,也不符合内涵的第一方面。所以,除公诉权外,检察机关其他主要权力均不能完全符合法律监督权的含义。

综合以上分析,由于法律监督权含义实际只包含公诉权一个子项,所以二者是等同的,是名与实的关系。所以,用法律监督权的维度来分析检察权与公诉权是否兼容,也是可以得到肯定的答案的。

2.3.3　结论

基于宪法的至上性,宪法文本宣示了检察机关宪法地位的独立性,但是这只是形式独立,检察机关若要保持实质的独立,就要具备宪法意义的实质独立权力,也就是要证明法律监督权是一种具有不同于行政权、审判权等的独立宪法权力。但是,由于术语内涵不稳定容易造成词语歧义的内在缺陷,及法律监督性权力的运行并不为检察机关垄断的现实状况,以法律监督权涵盖检察权确实力所不逮。那么,就从检察权运行的实际状况来入手分析,检察权目前只在三大诉讼法中运行,属于司法权。罗列各项具体的检察权后发现,只有公诉权无论从权力地位的重要性,还是从权力性质的独特性上,都满足检察权外部特征和内部性质的要求。对于其他检察权而言,在公益诉讼制度建立前,侦查、逮捕虽然是重要的检察权,但其不具有独立性,它们服务并服从于公诉权的需要。而诉讼监督权实质也是一种诉权,一种请求权,它从属于公诉权,是公诉权的变体。公诉权可以将以上权力统率起来,成为一个自洽的体系。所以,检察权的性质是公诉权。

我国检察权公诉权性质,即检察机关垄断了为维护公共利益代表国家提起诉讼的权力,检察权就是代表国家的诉权,当国家扩大保护诉权范围时,检察权也自然顺理成章地延伸至相应范围。这种扩充不只是检察权保护范围的扩大,也是将公诉权的内涵由狭义变为广义的扩大,属于检察权基于国家职能的自然延伸。特别是从比较法维度,检察机关代表国家提起刑事公诉和民事公益诉讼是具有普遍性的,这种普遍性反映了一定的科学性。所以,我国的检察权是包含民事公益诉权的。

另外,由于我国的法律监督含义是以公诉权为蓝本设定的,其他检察权均不能完全符合法律监督的含义,法律监督与公诉权从包含关系变为同一关系,这样二者就是名与实的关系。所以,从法律监督权维度分析民事公益诉讼权与检察权的兼容也是成立的。

2.4　民事诉讼法维度

2.4.1　当事人适格理论

由于民事诉讼程序也就是私益诉讼程序,是以保护私权利为目的而设计的,在诉讼主体资格设定上也是以私权利主体为蓝本考虑的,自然不会考虑民事公益诉讼主体的问题。尽管如此,民事公益诉讼毕竟是以民事诉讼为基础框架的,一些基础性构建对于民事公益诉讼仍然是具有支撑作用的,对诉讼主体而言,民事公益的可诉性以及诉讼主体的适格性仍然可以从私益诉讼理论中找到支撑,相关理论具有普适性,可以扩大适用到民事公益诉讼。

一、当事人适格理论含义及理论价值

当事人适格也称为正当当事人,是就特定诉讼,当事人以自己的名义成为

原告或被告,并受该案判决拘束的资格。① 作为民事诉讼正当性的基础制度,它的价值与意义在于:

1. 保护适格当事人的合法权利,排除不适格当事人的作用。这是由于民事诉讼的目的就是要保护当事人的诉权,使得当事人合法民事权利得到国家权力的最终保护。在国家积极扩大保护私权主体合法诉权的同时,也会伴生出私权主体滥用诉权的问题,致使诉讼的相对方无端增加讼累,损害其合法权利,甚至成为某些恶意主体敲诈勒索的手段。② 同时,人为增加了法院的诉讼案件量,无端占用并浪费大量司法资源,不仅阻碍了法院职能的发挥,而且严重损害了司法的权威性。为了避免这一问题,当事人适格理论应运而生,它可以在起诉阶段或是诉讼初始阶段,就将不具备正当当事人主体资格的形式当事人排除出诉讼,在诉讼的入口处解决了滥诉问题。

2. 在利害关系人之外增加形式正当当事人,合理扩张司法救济功能。"正当当事人的概念,主要用实体利害关系来界定,但也并不完全依实体利害关系的主体确定具体案件的适格当事人。后者主要包括两种情况:第一种情况是实体法上的权利义务主体不能成为民事诉讼的适格当事人,因为诉讼实施权由他人依法行使,而实体权利义务的归属人却无诉讼实施权,如破产案件中,破产清算人有诉讼实施权,但破产人并不能实施诉讼;第二种情况是,实体法上的利益主体自愿将诉讼实施权授予他人获得诉讼救济,如代表人诉讼等。这两种情况表明当事人适格是一个在利害关系人之外不断扩张的诉讼概念,它扩大了权利

---

① 江伟主编:《民事诉讼法学原理》,中国人民大学出版社1999年版,第400页。
② 比如潼关肉夹馍系列商标侵权案件:潼关肉夹馍协会于2015年12月注册了方便食品类"潼关肉夹馍"商标。该协会委托一家北京律师事务所自2020年12月开始做全国商标维权。2021年11月21日开始,河南等地多家带"潼关"字样的小饭店被诉涉嫌商标侵权,要求赔偿损失3万至5万元,若继续使用"潼关肉夹馍"商标需缴纳费用99800元。后国家知识产权局指出,"潼关肉夹馍"是作为集体商标注册的地理标志,其注册人无权向潼关特定区域外的商户许可使用该地理标志集体商标并收取加盟费,也无权禁止潼关特定区域内的商家正当使用该地理标志集体商标中的地名。2021年11月26日,潼关肉夹馍协会就"潼关肉夹馍"商标进行维权一事发表致歉信,向全国人民道歉,随后撤诉。

救济的范围,既为程序当事人的概念提供实体法上的依托,也为司法救济功能的扩张提供了可能性。"①

根据当事人适格理论,适格当事人包括两类:1.实质正当当事人,即讼争法律关系的实体权利义务主体,理论依据是诉讼实施权与诉的利益;2.形式的正当当事人,即实质正当当事人由于自身原因无法行使诉权,为了保护其利益,讼争法律关系之外的主体代其行使诉讼权利,理论依据是诉讼担当理论。

二、理论基础

(一)实质正当当事人理论

1.诉讼实施权理论

该理论将适格当事人所需要具备的实体要件抽象为诉讼实施权,②认为诉讼标的涉及的实体权利义务关系主体都是本案的适格主体。这种理论将诉讼主体的资格建立在实体法基础上,先有实体权利,再有诉讼权利,它的优点在于清晰、明了,便于实践操作,而且适用于多数的诉讼主体。但是,该理论过于保守,它是旧有的诉讼法,是实体法工具化的产物,使得诉讼法永远匍匐于实体法的面前。

2.诉的利益理论

由于实体法具有滞后性,这种滞后性与现实社会的发展必然存在矛盾,这种矛盾的集中体现就是现实中产生了大量缺乏实体法依据的民事纠纷亟须救济解决。突出表现就是 20 世纪以来,民事纠纷的类型日益复杂多样,特别是涌现了大量现代型诉讼。为了适应这种诉讼爆炸的需要,民事诉讼必须摆脱实体法仆人的地位,发挥其政策形成功能,为此亟须扩大民事诉讼保护范围,通过司法诉讼的方式来创设权利,进而解决纠纷,这种权利成熟后再被立法确认而实体法化。这种通过诉讼产生权利已经成为通过实体法创设权利的重要补充,它

---

① 江伟主编:《民事诉讼法学原理》,中国人民大学出版社 1999 年版,第 401 页。
② 汤维建主编:《民事诉讼法学》(第二版),北京大学出版社 2014 年版,第 121 – 122 页。

有效地缓和了实体法的滞后与现实诉讼需求的冲突,为此,诉的利益理论应运而生。它就是当民事纠纷发生时,需要用诉讼救济之必要性。[1] 这里的利益既包括民事主体的私权利益,也包括国家社会的公共利益,特别是对于公共利益的保护,该学说对于扩大民事诉讼保护功能,特别是创设保护公共利益的新诉权意义重大。

该学说与诉讼实施权理论的关系在于诉的利益是诉讼实施权的基础,拥有诉讼实施权必然有诉的利益,诉讼实施权是对诉的利益的实体法化,也就是权益成文法化。而拥有诉的利益则未必拥有诉讼实施权,不具有诉讼实施权的诉的利益是正在形成的权利,就私权而言它们都应得到保护,只是成文法自身的局限造成法律保护滞后于权益的需要。在民事权益演变成权利的过程中,成文法化是目的与追求,而通过民事诉讼个案来创设权利,进而推动立法往往成为重要的推手。就民事公益诉讼而言,其诉讼主体资格的形成路径完全印证了以上过程。

诉的利益理论是对诉讼实施权的补充,现实中绝大多数适格主体问题是可以依据诉讼实施权理论解决的,它发挥的是解决既有纠纷的功能。但是,在遇到保护形成中的权利时,诉的利益就发挥补充作用,它拓展民事诉讼机能,推进政策形成。[2]

3. 诉的利益之价值

与私人利益相比,公共利益在主体和内容上往往都具有不确定性,这导致了公共利益中不能像私益诉讼有一个明确的权利主体与权利范围。所以,民事公益诉讼面临的首要问题是诉讼的可能性问题,诉的利益理论在民事公益诉讼中发挥了革命性的作用,由于其不受成文法的限制,发挥了"保护公民正当权

---

① 江伟、邵明、陈刚:《民事诉权研究》,法律出版社 2002 年版,第 216 页。
② 江伟、邵明、陈刚:《民事诉权研究》,法律出版社 2002 年版,第 225 页。

益、扩大司法保护范围的积极价值"。① 其为解决民事公益诉讼的可诉性问题提供了理论支撑。目前诉讼实践已经证明越来越多种类的公共利益根据诉的利益理论被民事公益诉讼所接纳,具备了诉的必要性及可能性,解决了民事公益诉讼的可诉性问题。

（二）形式正当当事人理论

形式正当当事人指为了维护特定主体的利益,非直接利害关系主体以当事人的身份进行诉讼,发生此类情况的原因在于实体权利主体基于主客观原因无法进行诉讼。支持形式正当当事人的理论是诉讼担当。

1. 私益诉讼的诉讼担当理论

在私益诉讼中之所以产生诉讼担当,是因为民事实体权利主体因自身原因无法行使诉讼权利,出于保护其实体权利的需要,由法律规定或当事人约定,由案外第三人以诉讼主体的身份起诉或应诉,享有当事人完全的诉讼权利,是诉讼权利主体与实体权利主体完全的分离的情形。由于诉权是民事主体的基本权利,为了保护这种权利不因滥用诉讼担当而被非法剥夺,一般多以法律特别规定的形式来确定诉讼担当,也就是法定诉讼担当。法定诉讼担当的要件有两点:民事实体权利主体需要诉讼担当的情形,一般是实体权利主体虽然还保留主体形式,但其实质已经丧失了民事行为能力,比如破产人;还有的民事权利主体已经消亡,为了维护与其相关的权益,比如死者的名誉权益,担当诉讼的主体。诉讼担当必须由特定的主体来承担,比如担当破产人诉讼的主体是破产清算组,维护死者名誉权的是其近亲属,这些诉讼主体取得资格的原因在于其与实体权利主体存在着自然身份关系,或是依职权其对实体权利主体的财产存在管理权等,这使得他们作为诉讼主体具有最优性。我国的诉讼担当目前主要以法定的诉讼担当为主。当然,还存在当事人通过约定形成的任意诉讼担当,比

---

① 汤维建主编:《民事诉讼法学》(第二版),北京大学出版社 2014 年版,第 51 页。

较具有代表性的是日本选定当事人制度,[①]它的特点是由当事人以及具有共同利益但未成为当事人的人来进行选定,被选定人为诉讼中的当事人之一,由其代表全体实施诉讼,其他成员则退出诉讼。[②] 我国的代表人诉讼具有任意的诉讼担当的成分,但是原当事人并没有退出诉讼,任意诉讼担当的最大问题在于容易被滥用,成为诉讼牟利的手段。

在私益诉讼中,形式正当当事人在当事人理论中属于例外情形,它是实质正当当事人的补充,是在实质正当当事人不能行使诉讼实施权的情形下,合理扩张诉讼当事人范围的产物。它的要件包括:需要诉讼担当的情形是实质权利人无法行使诉讼实施权;诉讼担当的主体,诉讼担当人基于特定身份取得诉讼实施权。正是基于这两个要件,合理扩大了诉讼当事人的范围,保护了实质当事人的合法权利。就这一理论而言,将其作出合理的延伸,对于民事公益诉讼确属十分必要,它在理论上解决了由于公共利益的主体不定性导致的无法确定诉讼权利主体的问题,即民事公益诉讼主体的资格问题。

2.民事公益诉讼中的诉讼担当理论

就诉讼担当而言,虽然它设立的直接目的是保护私益诉讼中实质当事人的合法权利,但是其中也蕴含了保护公共利益,涉及公益诉讼的因素,比如对死亡自然人权益的保护,对遗产、破产财产的保护。由于诉讼担当理论已经天然含有公益诉讼的基因,所以,将该理论主要是法定的诉讼担当扩展适用到民事公益诉讼中,对该理论而言,只是一种量的扩展,不存在质的障碍。

具体就诉讼担当的两个要件而言,要件一是发生条件,也就是需要诉讼担

---

① 〔日〕新堂幸司:《新民事诉讼法》,林剑锋译,法律出版社2008年版,第557页。

② 该制度法律依据是《日本民事诉讼法》第30条,该条规定:"(一)多数人有共同利益,且不属于前条款规定的情形,该多数人可选定一人或者数人,为了选定人与被选定人全体而成为原告或者被告。(二)诉讼系属后,依前项规定选定了应作为原告或者被告之人时,其他当事人自动退出诉讼。(三)与诉讼系属中的原告或被告具有共同利益但未成为当事人的人可以选定该原告或被告为自己的选定当事人。(四)第1项以及第3项规定的选定人可以撤销或者变更选定当事人。(五)选定当事人中若有死亡或者其他事由而丧失资格的人时,其他选定当事人仍可以为全体作出诉讼行为。"

当的情形,对私益诉讼而言是实体主体不能行使诉讼实施权,为维护其利益需要其他主体来行使,而民事公益诉讼基于公共利益的特性,其实体权利主体是分散的、多元的,无法具象为一个单一主体。虽然民事公益诉讼中诉讼担当发生条件与私益诉讼不同,一个是没有实质当事人主体,另一个是实质当事人不具备诉讼能力,但就其造成的后果对于诉讼的意义而言是完全一致的,为了保护他们的利益都必须由特定主体来代替其行使诉讼实施权。要件二就是主体要件,它或由身份权等而产生,或由特定财产管理权而产生,①这种确定一般要由法律明确规定,而不是由当事人来自由意定。这是因为除了保护当事人利益的直接原因外,其深层目的还在于以上情形均涉及公共利益,不是民事当事人可以自由约定选择的,所以要由法律作出直接干预。

通过以上分析,可以看到诉讼担当理论已经包含了民事公益诉讼的因素,诉讼担当主体的要件完全可以扩大适用到民事公益诉讼,考虑到维护公共利益的需要,其主体也应由法律明确限定。由于公共利益本身具有主体不特定性的特征,所以代表公共利益起诉的主体也都不是实质正当当事人,而只是形式正当当事人。参照之前的诉讼担当对于诉讼主体条件的设定,为了最佳地维护公共利益,能够担当民事公益诉讼原告的主体,应当是履行公益保护功能的社会组织等私权主体或是职权与公共利益相关的公权主体。鉴于私益诉讼的诉讼担当主体一般由法律明确规定,对于更为重要的公益诉讼,自然也应当由法律规定得更加严格。诉讼担当适用于民事公益诉讼,这已不仅是理论问题了,司法实践中大陆法系国家公益诉讼就是以该理论为基础确定诉讼担当人的,例如

---

① 参见江伟主编:《民事诉讼法》(第五版),高等教育出版社 2016 年版,第 83－84 页。

瑞典的群体诉讼制度。①

2.4.2 诉讼担当与检察机关

一、检察权的性质是代表国家行使维护公共利益的诉权

作为一种公法制度,各国的检察制度各具特色,其建立与发展都与其特定的国情密不可分。与其他国家相比,我国检察制度在性质、类型和内容等方面都是具有明显差异的。尽管如此,检察制度作为一种各国普遍拥有的国家制度,自然还应该具有规律性的共同属性。

检察制度产生的背景:国家机关权力的分工细化,司法权从由法院集控审一体的纠问式诉讼模式,转化为控审分离的对抗制诉讼模式,将代表国家提出控告的权力从法院的职权中独立出来,由专门的机关——检察机关行使。检察机关的设置,正体现了反对法院自纠自审、反对法官专制和擅断的意义,是用一个外在检察权对审判权进行限制,体现了控审分离、权力制约的思想。② 同时,如果从更为宏观的维度来观察,以检察权为代表的诉权从审判权中分离,体现的是国家权力的科学分工,是国家对社会管理日益精密的产物。以上检察机关产生的背景,反映出检察权至少有如下两点共同的属性:1. 国家性(公益性),检察权是代表国家与社会公益的;③2. 诉权性,检察权是一种司法请求权,诉权

① 瑞典《群体诉讼程序法》第 1 条规定群体诉讼包括:"私人群体诉讼、组织诉讼或者公共群体诉讼。"《群体诉讼法》第 5 条规定:"根据章程,在消费者与经营者就经营者提供给消费者的产品、服务或者其他商品发生争议时,组织诉讼可以由保护消费者利益或者雇员利益的非营利性团体提起。"第 6 条规定:"考虑到诉讼标的的情况,公共群体诉讼可以由作为群体成员代表的机关提起。政府决定哪些机关被允许提起公共群体诉讼。"这两种诉讼主体资格的取得就是诉讼担当的体现,组织诉讼中非营利团体为了保护消费者权益或雇员利益可以提起诉讼,非营利团体诉讼实施权不是消费者或是雇员的授权,而是法律基于非营利组织章程直接授权。同样,公共群体诉讼是与诉讼标的的性质相关的机关来取得诉讼实施权,它的权利来源同样是法律,诉讼担当在理论上解决了民事公益诉讼主体的正当性的问题。以上法条译文引自吴泽勇:《欧洲群体诉讼研究》,北京大学出版社 2015 年版,第 306 页。

② 陈国庆:《检察制度原理》,法律出版社 2009 年版,第 51 页。

③ 樊崇义主编:《检察制度原理》,法律出版社 2009 年版,第 55 页。

并非实体处分权,它是一种单纯的程序性权力,集中体现为要求司法机关裁判并提出裁判建议的权力,是一种代表国家的诉权。在国家权力机构中,检察机关的性质就是代表国家与公共利益的诉权主体。

二、检察监督原则的修订为检察机关主体适格提供制度支撑

我国《宪法》规定检察机关是国家法律监督机关,检察权为法律监督权,对于民事公益诉权和法律监督权的兼容问题前一章已经进行了阐释,在此不再赘述。将问题延伸到《民事诉讼法》,在检察机关提起民事公益诉讼制度正式立法前,对于其作为公益诉讼主体的正当性是否可以在《民事诉讼法》得到支撑?

首先,《民事诉讼法》第二条立法任务就包含制裁民事违法、保护公益之内容,而民事公益诉讼就是制裁民事违法行为、保护公益的诉讼,其符合《民事诉讼法》的立法任务,为该法所统摄。所以,民事公益诉讼作为与私益诉讼具有同等程序地位的诉讼制度,将其纳入我国民事诉讼法体系,不会对现有的民事诉讼制度产生颠覆性影响。

其次,2012 年《民事诉讼法》修订前,民事检察监督是对民事审判活动监督,其无法涵盖检察机关作为公共利益代表提起诉讼的情形。2012 年《民事诉讼法》修订,将监督范围从审判扩展到民事诉讼活动,这次修订的特征是:第一,监督范围全面性;第二,监督形式多样性;第三,监督的时间全程性。[①] 检察监督原则的这次修订,就监督范围而言,监督的客体不仅包括法院,也包括当事人;就监督形式而言,监督的形式不仅包括抗诉,也包括提起民事公益诉讼;就监督时间而言,不仅包括诉中、诉后监督,也包括诉前监督。通过这次修订,检察监督原则统摄了检察机关提起民事公益诉讼制度,为其建立提供了民事诉讼原则位阶的支撑。

三、以诉讼担当为理论基点考察检察机关的正当性

在民事公益诉讼中,诉讼担当是代表公共利益提起诉讼正当性的诉讼法基

---

① 江伟主编:《民事诉讼法》(第五版),高等教育出版社 2016 年版,第 27 页。

础。而诉讼担当确定民事公益诉讼正当主体的标准有两点:该主体的职能,也就是能否可以代表公共利益提起诉讼;该主体的诉讼行为能力,也就是其是否具备进行民事公益诉讼的相关诉讼能力。基于以上标准,检察机关的诉讼身份是代表国家提起诉讼的,在主体职能上是完全具备的;同时就诉讼能力而言,检察机关的诉讼能力也是毋庸讳言的。所以,以诉讼担当理论为基础,检察机关是完全具备民事公益诉讼主体资格的。

2.5 检察机关与其他适格主体之比较

检察机关提起民事公益诉讼制度的正当性与检察机关作为诉权主体的最优性具有密切的关联,而最优性是基于比较而来,也就是检察机关和其他适格主体之比较。根据《民事诉讼法》和相关涉及民事公益诉讼的法律,①除了《英雄烈士保护法》规定英烈的近亲属可以作为英烈保护民事公益诉讼原告外,也包括检察机关,适格的民事公益诉讼原告还有行政机关与社会组织。

2.5.1 检察机关与行政机关之比较

一、行政机关提起民事公益诉讼的实践考察

(一)民事公益诉讼立法前行政机关的探索

在《民事诉讼法》修订前,行政机关作为民事公益诉讼的原告,也开展了大量民事公益诉讼(生态环境领域)探索。2007 年 12 月 20 日贵阳市"两湖一库"管理局向贵州省清镇市人民法院起诉贵州天峰化工有限责任公司废渣污染红枫湖上游,12 月 27 日主审法官当庭判令被告贵州天峰化工有限责任公司立即

---

① 主要有《环境保护法》《消费者权益保护法》《英雄烈士保护法》《海洋环境保护法》《安全生产法》《个人信息保护法》《军人地位和权益保障法》等。

停止废渣场的使用,并限期采取措施,排除对环境的妨碍,消除危险,①这是第一例行政机关提起的环境民事公益诉讼案件。② 此后,各级地方行政机关开展了大量生态环境民事公益诉讼,一些地方法院对此持积极态度,也出台了规范性文件,如无锡市中级人民法院出台的《环境公益民事诉讼的审理规则(试行)》。除了生态环境等领域外,行政机关也开展了其他类型的探索,如著作权。③ 2012 年《民事诉讼法》修订,确立了民事公益诉讼制度,同时也概括确认了行政机关的民事公益诉讼原告地位。鉴于行政机关属于公法主体,根据依法行政的基本原则,行政机关是否可以提起民事公益诉讼不能仅以《民事诉讼法》为依据,还需要在相关法律明确授权的情况下,行政机关才有权提起民事公益诉讼。

(二)类型

1. 海洋环境

《海洋环境保护法》在 1999 年修订时,④在第九十条第二款赋予具有海洋环境监管职责的行政机关⑤代表国家对破坏海洋环境资源的行为提出损害赔偿诉讼。此后,相关的行政部门开展了一系列涉及海洋保护的环境公益诉讼,例如截至 2009 年 12 月广州海事法院和中山大学课题组就收集到广州海事法

---

① 详见罗斌:《两庭护绿水 双剑守青山——贵阳法院环保审判专业化之路》,《人民法院报》2011 年 7 月 7 日第 5 版。

② 傅贤国:《环境民事公益诉讼制度研究——以贵州省贵阳市"生态保护两庭"司法实践为中心的分析》,法律出版社 2016 年版,第 16 页。

③ 2004 年黑龙江省饶河县四排赫哲族乡人民政府起诉郭颂、中央电视台、北京北辰购物中心侵害民间文学艺术作品著作权纠纷案,一审北京市第二中级人民法院认可了四排赫哲族乡人民政府民事公益诉讼的主体地位。

④ 《海洋环境保护法》经 1982 年 8 月 23 日第五届全国人民代表大会常务委员会第二十四次会议通过,后该法又经过 1999 年 12 月 25 日修订、2013 年 12 月 28 日修正、2016 年 11 月 7 日修正、2017 年 11 月 4 日修正、2023 年 10 月 24 日修订。

⑤ 1999 年修订的《海洋环境保护法》第九十条第二款规定:"对破坏海洋生态、海洋水产资源、海洋环境保护区,给国家造成重大损失的,由依照本法规定行使海洋环境监督管理权的部门代表国家对责任者提出损害赔偿要求。"

院审理的涉及海洋污染的民事公益诉讼案件 14 件,其中行政机关提起诉讼 12 件(另 2 件为检察机关提起),其中"海洋渔业主管部门起诉了 8 件(其中一件与海洋行政主管部门联合提起),海洋行政主管部门提起了 2 件,其他部门——环境保护行政主管部门、环境卫生行政主管部门、政府派出机构各提起了 1 件",①时间跨度为 1998 年至 2009 年。②

2. 生态环境损害赔偿

在《海洋环境保护法》修法之后的二十年,2019 年最高人民法院在《民事诉讼法》第 58 条的基础上,通过司法解释赋予相关资源管理等部门作为提起生态环境损害赔偿的诉讼主体。③ 由其与造成生态损害的民事主体进行磋商,若未达成一致,或者无法磋商的,可以作为原告提起生态环境损害赔偿民事公益诉讼。而生态环境损害赔偿制度起源于 2015 年,④经过两年试点工作,2017 年 12 月中共中央办公厅、国务院办公厅印发《生态环境损害赔偿制度改革方案》,部署从 2018 年 1 月 1 日起全国试行生态环境损害赔偿制度。这有利于提高生态环境损害赔偿和修复的效率,能够有效地破解"企业污染、群众受害、政府买单"的困局,推进实现生态文明目标。⑤ 根据该方案,所谓"生态环境损害,是指

---

① 广州海事法院和中山大学课题组:《广州海事审判中水域污染公益诉讼案件调研报告》,载刘年夫、李挚萍主编:《正义与平衡——环境公益诉讼的深度探索》,中山大学出版社 2011 年版,第 4 页。

② 参见广州海事法院和中山大学课题组:《广州海事审判中水域污染公益诉讼案件调研报告》,载刘年夫、李挚萍主编:《正义与平衡——环境公益诉讼的深度探索》,中山大学出版社 2011 年版,第 3 – 24 页。

③ 2019 年 6 月 5 日,《最高人民法院关于审理生态环境损害赔偿案件的若干规定(试行)》开始实施,该规定第一条规定:"具有下列情形之一,省级、市地级人民政府及其指定的相关部门、机构,或者受国务院委托行使全民所有自然资源资产所有权的部门,因与造成生态环境损害的自然人、法人或者其他组织经磋商未达成一致或者无法进行磋商的,可以作为原告提起生态环境损害赔偿诉讼:(一)发生较大、重大、特别重大突发环境事件的;(二)在国家和省级主体功能区规划中的重点生态功能区、禁止开发区发生环境污染、生态破坏事件的;(三)发生其他严重影响生态环境后果的。前款规定的市地级人民政府包括设区的市,自治州、盟、地区,不设区的地级市,直辖市的区、县人民政府。"

④ 2015 在吉林、山东、江苏、湖南、重庆、贵州、云南 7 个省(市)开展生态环境损害赔偿制度改革试点工作。

⑤ 高敬:《我国从 2018 年起试行生态环境损害赔偿制度》,载新华网 2017 年 12 月 17 日,网址:http://www.xinhuanet.com//politics/2017-12/17/c_1122124235.htm,访问时间:2021 年 10 月 28 日。

因污染环境、破坏生态造成大气、地表水、地下水、土壤、森林等环境要素和植物、动物、微生物等生物要素的不利改变,以及上述要素构成的生态系统功能退化"。该方案规定了生态环境损害赔偿磋商制度及民事公益诉讼制度。①

二、价值:诉讼操作上的便宜主义

(一)代表国家的行政管理权是行政机关取得主体资格的基础

行政机关代表国家来管理社会公共事务,是社会公共利益的主要维护者,其拥有管理社会公共事务的广泛职能。行政机关的这种职能与民事主体行使处分权高度近似,基于这种行政管理权,将之延伸至民事公益诉讼,由其代表公共利益提起民事公益诉讼,这两者之间是存在契合的。

(二)诉讼操作上的便宜主义

行政机关根据法律对社会事务具有广泛的组织和管理权力,这种权力转化为诉讼权能就是广泛的调查取证权和线索发现能力,这是行政机关在民事公益诉讼中的优势所在。由于行政机关具有以上诉讼权能的优势,在不考虑权力异化和权力冲突的前提下,仅从实用便宜的角度,行政机关作为民事公益诉讼原告具有如下优势:

1.诉讼效率高

相对于司法机关,就代表国家来管理公共事务、维护公共利益的职能而言,行政机关具有全面性和主动性的特征。基于全面性,损害公共利益的各种行为一般都属于行政机关的管理范畴,与行政机关的执法权密切相关;基于主动性,发现违法行为后,行政机关都有责任第一时间通过行政权来进行处理,以防止

---

① 《生态环境损害赔偿制度改革方案》规定:"开展赔偿磋商。经调查发现生态环境损害需要修复或赔偿的,赔偿权利人根据生态环境损害鉴定评估报告,就损害事实和程度、修复启动时间和期限、赔偿的责任承担方式和期限等具体问题与赔偿义务人进行磋商,统筹考虑修复方案技术可行性、成本效益最优化、赔偿义务人赔偿能力、第三方治理可行性等情况,达成赔偿协议。对经磋商达成的赔偿协议,可以依照民事诉讼法向人民法院申请司法确认。经司法确认的赔偿协议,赔偿义务人不履行或不完全履行的,赔偿权利人及其指定的部门或机构可向人民法院申请强制执行。磋商未达成一致的,赔偿权利人及其指定的部门或机构应当及时提起生态环境损害赔偿民事诉讼。"

扩大社会利益损失。同时,如果行政机关进而行使民事公益诉权,则这种民事公益诉讼往往是反应最为及时迅速的诉讼,这里不仅仅是时间成本低,而且行政主体身兼二职避免了其他主体的介入,从诉讼成本考虑也具有合理性。

2. 举证能力强

民事公益诉讼一般都面临特定的技术壁垒,特别是环境民事公益诉讼,[①] 折射于公益诉讼就是被告查找难和诉讼举证难,需要强大的调查权能和科技取证权能。对此,行政机关基于其社会管理者的角色,天然具有调查取证和科技取证的优势,从克服技术壁垒的维度而言,行政机关是最佳的诉讼主体。正是由于行政机关的以上优势,如果仅考虑浅层的操作便宜性,而不考虑深层的行政权与司法权的关系,则行政机关具有最优地位。

三、弊端:行政权与诉权存在结构性冲突

(一)历史:国家权力发展规律是代表国家的诉权应独立于行政权

人类社会发展的规律之一就是社会组织化、组织专业化,这里最为重要的社会组织就是国家,最为典型的组织专业化就是国家机关权力的分工发展。随着人类社会的现代化发展,"这一时期大多数国家审判制度最大的变化是审判机关从行政机关分离出来,司法权与行政权分离"。[②] 其后,一方面为了防止司法权过分集中而导致权力滥用、限制警察机关的权力,另一方面也为了保证审判中立,就决定了控审分离,[③]由检察官代表国家行使刑事公诉权和民事公益诉权,现代检察制度孕育于法国大革命时期,于拿破仑统治时期基本定型并成为各国仿效的样板。[④] 我国现代意义的司法肇始于清末司法改革,参照大陆法

---

① 环境损害具有:"1. 损害结果的广泛性和保护法益的局限性……2. 加害主体的多元性与被害人的不确定性……3. 侵害行为的行政合法性和追究民事责任的主观过失性……4. 侵害行为的单一性和因果关系的复杂性。"参见温登平:《环境法学讲义》(总论),法律出版社 2020 年版,第 383 – 384 页。

② 陈业宏、唐鸣:《中外司法制度比较》(上册),商务印书馆 2015 年版,第 324 页。

③ 参见陈业宏、唐鸣:《中外司法制度比较》(上册),商务印书馆 2015 年版,第 176 – 177 页;谢祐平:《刑事程序法哲学》,中国检察出版社 2010 年版,第 48 – 59 页。

④ 陈业宏、唐鸣:《中外司法制度比较》(上册),商务印书馆 2015 年版,第 179 页;

系国家,我国初步实现司法权和行政权的分离、检察权和审判权的分离。从以上国家权力发展轨迹可以看到,随着社会分工的日益复杂,国家权力分工也要日益细化,先是司法权独立于行政权,其后是司法权分化,代表国家的诉权(刑事公诉权、民事和行政公益诉权)独立于审判权,这是具有规律性的。考察世界各国,代表国家的诉权基本为检察机关所垄断,只有个别国家地区(例如俄罗斯和我国台湾地区)的个别行政机关具有某些民事公益诉权,[①]行政机关具有民事公益诉权不具有普遍性。

(二)现实:行政机关拥有民事公益诉权的深层弊端

就行政主体而言,其民事公益诉权的基础源于相应的行政权,它是行政权派生出来的。当公共利益受损时,在民事公益诉权与行政权之间,行政权是第一顺位的权力,是维护公共利益的主导性手段,而民事公益诉权只是辅助与间接的手段。现在将民事公益诉权这种异质性权力赋予行政机关,表面上是增加了其维护公共利益的手段,有利于保护公共利益。但是,无论从法律规定还是实践操作方面,这两种权力之间存在大量交集的部分、模糊地带,比如环境保护法责令恢复被破坏环境和资源的行政处罚方式,[②]与民事公益诉讼中的"恢复原状"民事责任在事实效果上是一致的。[③] 这就存在两种权力相互交叉、干扰的问题,对此基于其行政主体的性质,行政机关自然会从行政本位出发来考察判断,其表现是:

1. 行政责任民事化

就国情而言,我国行政机关是拥有广泛、强大行政权的,这种权力同时也意

---

① 俄罗斯行政机关为了保护他人的利益、权利和自由可以提起和参与民事公益诉讼,例如为了维护未成年人利益、保护消费者、保护环境等。我国台湾地区"消费者保护法"规定:消费者保护官可以提起保护消费者的民事公益诉讼。参见潘申明:《比较法视野下的民事公益诉讼》,法律出版社 2011 年版,第 199 – 209 页。

② 例如《固体废物污染环境防治法》第八十五条规定:"造成固体废物污染环境的,应当排除危害,依法赔偿损失,并采取措施恢复环境原状。"

③ 参见《环境公益诉讼解释》第十八条。

味着责任,相对于西方有限政府、有限责任的理念,我国行政机关承担的是近乎无限的责任。面对这种无限的行政责任,也就是压力,行政机关在行政法律关系中调整转圜的余地越来越有限,而在行政法律关系之外增加民事公益诉权则会成为其减少自身压力、转移社会注意力的选项。行政机关可以通过将其行政职责履职不力转换为民事公益诉权的方式来转移其压力,使得一些应当通过行政执法来维护的公共利益转变为民事公益诉讼。先不论这种操作是否正当,就及时性、彻底性而言,诉讼都是逊于行政解决的。例如根据《环境保护法》保护优先、预防为主、综合治理的基本原则,以及相关具体的法律规定,环保部门要履行大量的环境预防保护职责,大量的环保事项需要其事先审批、事中与事后监督,环保部门业务繁重、责任重大。现实中大量的破坏生态、污染环境的事件,与环保部门执法不力有着密切的关联。鉴于行政主体及其职责是明确具体的,相关责任无法转移推脱。如果将民事公益诉权赋予环保部门,则环保部门可以将一些行政执法不力的行政案件转化为民事公益诉讼,通过这种方式排减了行政执法的压力,转移社会对其执法不力的注意力。这种选择并非痴人说梦,它是行政机关基于自主理性的一种选择,这种选择不仅会造成民事公益诉权被滥用,更为严重的是减轻了行政机关的职责压力和执法动力,损害了行政执法的实际效能,最终不利于社会公共利益的保护。

2. 民事公益诉权边缘化

就效率效能而言,行政法律关系主体比较简单,是行政机关和行政相对人,而诉讼法律关系的主体则要复杂得多,同时诉权只是一种请求权,是一种间接性权力,维权时间长、成本高、风险大,远远不及行政权直接与高效。所以,对于行政机关而言,诉权的权力价值要远逊于行政权。就数量而言,行政机关行使民事公益诉权的情形极为有限,其数量与其行使行政权的情形相比判若云泥。《海洋环境保护法》赋予海洋环境监督管理部门民事公益诉权,但三十年来相关案件寥寥无几,这种现实状况必然影响行政机关民事公益诉讼的实际开展。

再考虑到行政机关长期行使行政权所形成的路径依赖,其自然要排斥异质性的民事公益诉权。以上因素累加,必然阻碍行政机关开展民事公益诉讼,驱使民事公益诉权从辅助性权力沦为边缘性权力。

3.内部责任外部化

行政责任是推动行政主体严格执法的动力,它不仅包括行政主体的责任,也包括执法人员的责任,也就是内部责任,就推动行政执法的内部动力而言,后者实际更具有决定性意义。例如《环境保护法》除了规定行政相对人的各种责任外,还规定了对于环保执法人员违法失职的各种行政处分。① 如果行政机关还具有民事公益诉讼权,为了规避行政处分,相关执法人员可以将大量行政违法问题转化为民事公益诉讼,通过将行政责任民事司法化来排除转移。这就掏空了行政内部责任,减少了行政执法人员的压力与动力,不利于公共利益的保护。

4.诉讼手段武器化

在行政法律关系中,为了保障行政的效率,行政机关处于强势地位,充当着调查者和裁决者的角色。为了保护行政相对人的合法利益,行政诉讼为其提供了司法救济手段,同时也保障了司法权对行政权的监督。鉴于行政主体的强势地位及行政诉讼的价值定位,行政诉讼中规定行政机关的被告地位是恒定的,其不能作为原告起诉,也就是在行政诉讼中行政机关只能防御性应诉,不能具有起诉等进攻方式。而民事公益诉权则为行政机关提供了一种替代性的反制武器,在行政相对人提起行政诉讼时,行政机关也可以提起与之相关的民事公益诉讼,以此作为一种反制对方诉讼的工具,增加了行政相对人提起行政诉讼的风险,不利于实现行政诉讼的目的。

---

① 《环境保护法》第六十八规定:记过、记大过、降级处分、撤职、开除、引咎辞职六种行政处分;第六十九条规定了:构成犯罪的,依法追究刑事责任。

四、结论

就权力的基础而言,检察机关与行政机关两者都是代表国家的公权力主体,只是权力的性质不同,一为司法权,一为行政权。作为提起民事公益诉讼的主体,由于行政机关具有全面广泛的行政管理权,这种权力和调查取证能力存在着正相关性,行政机关在调查取证能力上存在优势。而检察机关由于始终是代表国家的诉权主体,其在诉讼权力的运用上存在优势。特别是行政机关无论从组织规模,还是介入社会的深度,都要远远高于检察机关。因此,仅从诉讼的便宜角度出发,行政机关是优于检察机关的诉讼主体。但检察机关的优势在于其诉讼的中立性,其与民事公益诉讼无实质利害关系,这样有利于客观公正地处理纠纷事宜。而行政机关提起的民事公益诉讼,往往与行政机关之前的行政行为密切相关,其与民事公益诉讼具有实质的利害关系,不具有中立性。所以,行政机关的优势只具有表象的意义,鉴于民事公益诉权与行政权在权力性质上是相排斥的,由行政机关提起民事公益诉讼具有不可克服的缺陷,因此,行政机关不应成为拥有民事公益诉权的主体。

2.5.2 检察机关与社会组织之比较

一、实践考察

社会组织提起民事公益诉讼是以环境保护领域为切入点的,[①]2009 年 7 月 3 日,中华环保联合会代表江阴市 80 余位居民起诉江阴港集装箱有限公司环

---

① 2005 年 12 月 3 日国务院发布了《关于落实科学发展观加强环境保护的决定》,该决定第二十七条规定:"发挥社会团体的作用,鼓励检举和揭发各种环境违法行为,推动环境公益诉讼。"

境污染案,被认为是社会组织民事公益诉讼第一案,①其后各地环保组织也开展了相关环境民事公益诉讼。

(一)环境民事公益诉讼

2012 年《民事诉讼法》修订将"有关组织"列为民事公益诉讼原告,有关组织如何界定? 主要是考察社会组织设立的目的和实践与公共利益是否有关。目前,法律主要从社会组织设立登记的级别,以及其从事活动是否与公共利益相关来作出规定,②具体就是登记在设区的市级以上政府民政部门,且专门合法从事环保活动五年以上的社会组织。

(二)消费民事公益诉讼

2013 年修订的《消费者权益保护法》第四十七条规定了消费者协会是消费民事公益诉讼的原告,③2021 年的《个人信息保护法》第七十条规定了个人信息保护民事公益诉讼,消费者协会和国家网信部门确定的组织,可以提起个人信

---

① 2004 年上半年,江阴港集装箱公司(以下简称集装箱公司)未经环境保护行政主管部门环境影响评价和建设行政主管部门立项审批,自行增设铁矿石(粉)货种接卸作业。在作业过程中,造成了周边环境大气污染、水污染,严重影响了周边地区空气质量、长江水质和附近居民的生活环境。2009 年 7 月 6 日,朱正茂作为周边居民代表与中华环保联合会共同提起诉讼,请求判令集装箱公司停止侵害,使港口周围的大气环境符合环境标准,排除妨碍;对铁矿粉冲洗进行处理,消除对饮用水源地和取水口产生的危险;将港口附近的下水道恢复原状,铁矿粉泥做无害化处理。江苏省无锡市中级人民法院(以下简称无锡中院)一审认为,集装箱公司自行增设铁矿石(粉)港口接卸作业,属违法行为,对周边大气环境和地表、水域造成了污染侵害,影响了周边居民的正常生活。鉴于集装箱公司在诉讼前已采取了一定的污染防治措施,在本案审理过程中又采取了一系列治理措施,并提出调解申请。经法院依法主持调解,双方当事人达成协议,由集装箱公司限期补办相关的行政许可审批手续,限期内未获得行政许可的,必须立即停止相关业务;在申办期内,必须做到无尘化装卸作业,不得向周边河流、水域排放任何影响水体质量的污染物,不得产生超过国家规定标准的噪声;每 30 天书面报告本协议履行情况,并附当地环境保护行政主管部门的环境监测报告。无锡中院于 2009 年 9 月出具民事调解书,对上述协议依法予以确认。

② 2014 年 4 月 24 日修订的《环境保护法》第五十八条规定:"(一)依法在设区的市级以上人民政府民政部门登记;(二)专门从事环境保护公益活动连续五年以上且无违法记录。"2014 年 12 月 8 日《最高人民法院关于审理环境民事公益诉讼案件适用法律若干问题的解释》第二条规定:"依照法律、法规的规定,在设区的市级以上人民政府民政部门登记的社会团体、民办非企业单位以及基金会等,可以认定为环境保护法五十八条规定的社会组织。"

③ 2016 年 2 月 1 日《最高人民法院关于审理消费民事公益诉讼案件适用法律若干问题的解释》第一条规定:"中国消费者协会以及在省、自治区、直辖市设立的消费者协会……适用本解释。法律规定或全国人大及其常委会授权的机关和社会组织提起消费民事公益诉讼,适用本解释。"

息保护民事公益诉讼。

二、正当性

（一）社会组织的产生和目的维度

就社会组织的起源而言,其与市民社会、民法是密不可分的。在市民社会的理想状态下,国家基本发挥一个"守夜人"的作用,那么大量的社会公共利益由谁来代表和维护? 社会组织便是重要的公益代表主体,它们代表社会来发挥维护公共利益的作用。社会组织起源于近代,最初是为维护其成员利益而设立的。随着社会的发展,社会分工日益精细,民法立法的基点也从个人本位转向社会本位,在此立法理念和社会思潮的影响下,社会组织逐渐从维护小团体的利益,转向追求维护社会公共利益,成为以维护社会公共利益为目标或追求的组织。

我国社会组织的产生与发展有着特殊的逻辑与历史起点。在改革开放前,我国基本处于国家本位状态,国家作为公共利益的唯一代表支配着社会,或者说只有国家而无社会。我国的改革开放,首先是从国家放权开始,它是社会主义市场经济建立和发展的过程,是市民社会逐步建立发展的过程,也是国家权力开始退出诸多领域的过程。在这一宏观背景下,社会组织为了服务于公共目的或公共利益而设立,并逐步从萌芽开始发展壮大。正是社会组织自身设立目的宗旨与民事公益诉讼的契合性,决定了其适宜作为民事公益诉讼的原告。

（二）民事公益诉讼功能维度

从功能上,民事公益诉讼有利于保障公众权利的实现,具有公共政策引导功能。[①] 就保障公众权利而言,社会组织就是公众组织,其代表公众提起诉讼,是保障公众权利的现实手段和最佳的组织形式。同时,民事公益诉讼在司法层面提供了社会组织参与社会治理的入口,通过诉讼可以对社会治理和公共政策

---

① 　江伟主编:《民事诉讼法》(第五版),高等教育出版社 2016 年版,第 112 页。

形成一定的影响或引导,通过司法裁判案例的形式为今后公共政策的形成提供范例。其中社会组织作为联系桥梁,通过民事公益诉讼,转达民情、反映民意,以法制化的形式来参与公共治理,以及公共政策的形成。另外,由于社会组织一般是在特定领域发挥维护社会公益职能的,也就要求其具有一定的专业性,这种专业性的体现就是要有相应的专业技术人员及相关的经验。而在民事公益诉讼中,这种专业性是提起诉讼所必备的,就诉讼能力而言,社会组织的诉讼能力是具有专业优势的。

(三)社会组织的民事公益诉讼实践维度

应该讲,在 2012 年《民事诉讼法》修订前,社会组织和检察机关是民事公益诉讼的主要探索与推动者。[1] 伴随着最高人民法院相关司法解释的适用,阻碍公益诉讼实现的最后一公里被打通,社会组织提起的民事公益诉讼数量出现爆发增长。从 2015 年到 2016 年,全国法院系统受理社会组织提起环境民事公益诉讼案件共 112 起,占全部案件数量的 59.26%。[2] 根据《环境公益诉讼观察报告》(2016 年卷)统计,2015 年其收录了 37 件案件,2016 年收录了 59 件案件,涉及社会组织 14 家,比 2015 年增加 5 家。[3] 以上数据证明作为民事公益诉讼的原告,我国的社会组织确实正在发挥维护公共利益的重要作用。

三、现实困境

(一)天然缺陷

在私益诉讼中,原告一般都是讼争实体法律关系的主体,其诉讼职能是从实体法律关系中派生而来的,而公益诉讼的原告不具有实体权利,其诉讼职能

---

[1] 据不完全统计,1995—2014 年,全国各级法院共受理环境公益诉讼案件 72 件,环保组织和个人起诉的环境公益诉讼案件仅占三成,分别为 17 件(22%)和 6 件(8%)。参见王社坤、马荣真:《环境公益诉讼观察报告》,载李楯主编:《环境公益诉讼观察报告》(2015 年卷),法律出版社 2016 年版,第 257 页。

[2] 参见刘婧:《最高法发布十件环境公益诉讼典型案例》,载中国法院网:https://www.chinacourt.org/article/detail/2017/03/id/2573898.shtml,最后访问时间 2021 年 12 月 14 日。

[3] 葛枫、王琪、马荣真:《2016 年度环境公益诉讼观察报告》,载李楯主编:《环境公益诉讼观察报告》(2016 年卷),法律出版社 2018 年版,第 335 页。

是法律拟制的,而非实体权利派生的。由于公益诉讼原告不享有实体权利,其就缺乏私益诉讼原告所具有的与诉讼标的直接的利害关系,而这种直接利害性是推动私益诉讼原告尽到勤勉义务的内在动力。缺乏内在动力必然会对公益诉讼原告保持勤勉、尽到诉讼义务造成不利的影响。为此,就需要相应的制度来辅助与监督公益诉讼的原告,帮助其尽到勤勉诉讼义务。

(二)现实缺陷

首先,信息反馈滞后。公共利益通常具有公共性和集合性的特点,[1]这说明公益诉讼原告不会像私益诉讼原告一般对诉讼标的具有实质管领权,这就使得公共利益受损信息无法像私益受损一般能高效及时地反馈给诉权主体。其次,诉讼行为能力不足。社会组织虽然被法律赋予了维护公共利益的诉权,但是其内部的治理结构能胜任这一职能往往是存疑的。就我国社会组织的现状而言,存在着准入门槛高、独立性差,组织不成熟、监管不到位,与有关组织合作欠缺,相关法律法规不健全等问题。[2] 这些现实问题无疑会影响社会组织诉讼能力的实现,既可能出现主观上不愿诉讼,也可能出现客观上无力诉讼。据报道,全国大概有 700 余个社会组织符合法律和有关司法解释规定,具备环境公益诉讼起诉资格。然而,2015 年仅有 9 家社会组织成为环境公益诉讼的原告。[3] 最后,监督与激励机制匮乏。鉴于公益诉讼原告缺乏诉讼的内在动力,就需要在外部对其职权是否存在滥用或是怠于行使进行监督。目前主要的方式是在准入资格上进行限制,缺乏对于诉讼过程整体的监督。除了缺乏监督外,还缺乏对社会组织的激励,目前立法中根本未考虑社会组织自身的利益问

---

① 参见张艳蕊:《民事公益诉讼制度研究 兼论民事诉讼机能的扩大》,北京大学出版社 2007 年版,第 29 – 31 页。

② 史学瀛、樊婷丽、刘晗:《基于环境保护的我国非政府组织的现状、问题与完善》,《怀化学院学报》 2016 年第 7 期,第 71 – 72 页。

③ 李楯主编:《环境公益诉讼观察报告》(2015 年卷),法律出版社 2016 年版,第 262 页。

题,激励机制的匮乏实际也影响了公益诉讼的开展。①

四、检察机关与社会组织的比较

(一)诉权来源的基础

社会组织是代表社会公共利益提起民事公益诉讼的,维护的是社会公共利益;而检察机关是代表国家提起民事公益诉讼的,维护的是国家、社会公共利益。所以,两者的权利来源及所依托的主体身份不同,所代表的利益不同,检察机关代表的利益更加广泛,社会组织代表的利益更加专业。

(二)诉讼程序

1.案件范围而言。社会组织进行诉讼的案件范围一般是与其从事的公益事业的专业性相关,比如环保组织有权提起环境民事公益诉讼,而不能提起消费民事公益诉讼。而检察机关提起民事公益诉讼的案件范围,往往与维护利益的重大性或是损害利益的国家性相关,因此范围更广。

2.诉讼能力而言。社会组织的优势在于民事公益诉讼案件在性质上与其社会组织的专业性相关,而民事公益诉讼案件又往往需要大量专业知识,所以社会组织在举证能力上存在优势。检察机关是专门的法律监督机关,而民事公益诉讼又是程序复杂的诉讼,所以检察机关在诉讼程序驾驭运用上存在优势。

3.诉权性质而言。社会组织的优势在于其拥有的是诉讼权利,权利的行使具有一定的自由度,不似公权力要受到实体和程序的双重限制,所以优势就是运用灵活、诉讼效率高,同时也容易出现滥诉或怠诉的问题。检察机关拥有的是公权力性质的诉讼权力,诉讼权力的行使要符合实体与程序的双重标准,所以优势在于诉讼成功率高,但是效率要落后于社会组织。

---

① 《环境保护法》第五十八条第三款规定:"提起诉讼的社会组织不得通过诉讼谋取经济利益。"最高人民法院《关于审理环境民事公益诉讼案件适用法律若干问题的解释》第三十四条第一款对此进而规定:"社会组织有通过诉讼违法接受财物等牟取经济利益行为的,人民法院可以根据情节轻重依法收缴其非法所得、予以罚款;涉嫌犯罪的,依法移送有关机关处理。"这些规定仅在一定程度上限制了社会组织滥用权利,但是没有解决激励机制问题。

（三）问题

社会组织面临的问题主要是内部治理结构的问题,也就是目前新兴的社会组织在内部治理结构上往往无法适应民事公益诉讼的需要,主要是缺乏内部激励机制和外部监督机制。缺乏内部激励机制导致社会组织怠于行使诉权,缺乏内部监督机制容易导致社会组织通过诉讼牟利。检察机关面临的问题主要是地方保护问题,由于检察机关提起诉讼的案件往往是涉及重大社会利益的案件或是国家利益受损的案件,而造成此类问题的加害者往往是大企业、大公司,它们对于地方政府而言都是重点扶持的对象,检察机关提起诉讼往往会面临地方政府的压力。

（四）结论

通过比较两种主体的优势与劣势,为使民事公益诉讼更好开展,使公益诉讼目的更多地实现,检察机关应当充分尊重社会组织的民事公益诉权,保持权力的谦抑性,积极履行诉前通知义务,让更多的社会组织参与民事公益诉讼,从而提高其诉讼能力。同时,检察机关还可以通过支持起诉制度来监督和帮助社会组织提起民事公益诉讼,帮助其履行诉讼义务,监督其实现诉讼目的。

第3章

检察机关在民事公益诉讼中的地位

诉讼中的地位问题之所以重要,是因为诉讼地位是诉讼权力的基础,诉讼地位的不同导致了诉讼权力与义务的不同,进而对民事公益诉讼程序塑造产生基础性影响。

3.1 检察机关在民事公益诉讼中地位的学理分析

3.1.1 代表性观点的梳理

对诉讼地位问题,学术界的研究是具有前瞻性的。目前,在中国知网上查到最早的文章是"普通原告说",①此后,陈桂明提出了"法律监督者说"。② 随着诉讼理论及实践的发展,就检察机关的地位出现了诸多学说,其中的一些学说由于时代的原因已经与现实完全脱节,在此就不做介绍了,目前具有现实借鉴价值的观点有:

一、"普通原告说"

该说认为,检察机关是基于国家和社会公共利益代表人的身份提起诉讼追

---

① 刘家兴、江伟提出:"检察官应处于原告地位,享有原告的诉讼权利。"参见刘家兴、江伟:《试论人民检察院参加民事诉讼》,《法学研究》1981年第3期,第39页。

② 参见陈桂明:《检察机关参与民事诉讼浅探》,《西北政法学院学报》1987年第2期,第57页。

究侵害者,检察机关只能是原告人,处于原告的诉讼法律地位。① 除了"普通原告说"外,还有"当事人说",该学说认为检察机关作为诉讼当事人,在民事公诉中的诉讼权利与一般诉讼当事人基本一致。这里包含两层意思:一方面是检察机关享有诉讼当事人的一切诉讼权利,另一方面是检察机关不得享有超过当事人的诉讼权利,不得享有诉讼监督意义上的诉讼权利,②其实质还是"普通原告说"。这种观点是从民事诉讼法的维度来考察分析检察机关地位的。

二、"民事公诉人说"

该说认为,法律监督权难以引出民事公益诉权,民事公益诉权的权力基础源于公诉权。从起源上来看,检察机关的公诉权并不仅仅是刑事公诉权,其中也包括民事公诉权,只不过近代更多的是发挥刑事公诉职能;就本质而言,公诉就是检察机关代表国家追究侵害国家和社会利益责任者的追诉行为,所以检察机关的地位就是国家的公诉人。③ 因此,检察机关的诉讼地位与传统的民事原告不同,属于一种特殊身份的主体,不能称之为原告,其作为监督者,有法律监督的权利。④ 根据刑事诉讼法,出庭公诉人员不能以法律监督者身份监督庭审活动,所以检察机关提起民事公益诉讼也不能以监督者身份出席法庭,出庭公诉人员不能当庭监督法院庭审活动,只能在开庭后以人民检察院名义向人民法院提出书面意见。

三、"公益代表人说"

该说认为,检察机关代表公益参与民事行政诉讼,是世界上绝大多数国家和地区的普遍做法,在我国所有的国家机关中,检察机关是最适合的代表国家

---

① 廖中洪:《检察机关提起民事诉讼若干问题研究》,《现代法学》2003 年 6 月,第 135 页。
② 常英、王云红:《民事公诉制度研究》,《国家检察官学院学报》2002 年 8 月,第 58 页。
③ 廖永安:《论检察机关提起民事诉讼》,《湘潭大学社会科学学报》2001 年第 2 期,第 63 页;何燕:《检察机关提起民事公益诉讼之权力解析及程序构建》,《法学论坛》2012 年第 4 期,第 134 页。
④ 王红建、韩子祥:《论检察机关在公益诉讼中的公诉人地位》,《河南工程学院学报(社会科学版)》2020 年第 4 期,第 57 页。

和社会公益的诉讼主体。①

四、"双重身份说"

该说认为,由于检察机关是国家的法律监督机关,其在诉讼中,不可能是简单的原告身份,同时它还具有法律监督者的特殊身份。② 或认为,检察机关以国家公诉人的身份提起民事诉讼,既是诉讼参加人,也是法律监督机关,具有双重身份。③

五、"法律监督者说"

该说认为,检察机关在民事诉讼中只能是法律监督者,在任何意义上都不能被视为案件原告,诉权是完成法律监督任务所必须的诉讼权利。④

3.1.2 评价

以上学说从多维度探讨了检察机关在民事公益诉讼中的地位,有助于我们全方位立体地理解。

一、就"原告说"而言,它有利于从诉讼结构上理解检察机关与被告的关系,强调保护当事人之间诉讼权利的平等、诉讼地位的平衡。但是,其最大的问题是仅仅从民事诉讼,也就是私益诉讼维度理解原告,没有考虑到民事公益诉讼程序与私益诉讼程序存在着本质差别。对于"原告说"而言,其最根本的缺陷就是民事公益诉讼中的原告都是不具备实体处分权的形式诉讼主体,也就是其只有诉讼权利而无实体权利,其取得民事公益诉权的权利基础完全不同于私益诉讼的原告,所以仅仅根据私益诉讼原告地位框架来构建民事公益诉讼中检察机关的地位是南辕北辙的。

---

① 参见公益诉讼课题组:《检察机关提起和参与民事行政公益诉讼资格探讨》,《华东政法学院学报》2004 年第 3 期,第 104 – 106 页。
② 汤维建:《论检察机关提起民事公益诉讼》,《中国司法》2010 年第 1 期,第 20 页。
③ 韩大元主编:《中国检察制度宪法基础研究》,中国检察出版社 2007 年版,第 194 页。
④ 陈桂明:《检察机关参与民事诉讼浅探》,《西北政法学院学报》1987 年第 2 期,第 57 页。

二、其余四种学说虽说存在差异,但本质上并不存在冲突,它们从不同维度分析论证了检察机关的诉讼地位,都具有局部的真理性。

1."法律监督者说"从最高层级的宪法来论证检察机关的诉讼地位,但是,正是由于宪法的至上性,其一般只作为宏观法律制度的依据,例如检察权,而检察机关民事公益诉权不具备这一宏观地位,它属于检察权下一位阶的权力。如果现有法律制度可以涵盖推演出民事公益诉权,则应当以此类制度为推演起点,否则就会泛化宪法作用,而这种泛化只能造就浅显的理论基础,无法为具体的制度提供坚实的支撑。就现有制度而言,以诉讼法和检察院组织法作为制度支点是完全具有可行性的。

2."公益代表人说"的优势和问题与"法律监督者说"类似,检察机关是国家和社会公共利益的维护者,这基本是一个公理性的知识了,而且体现在诉讼法和检察官法中。但是,由于可以充当公益诉讼人的主体是多元的,该学说没有体现出检察机关的独特性。

3."公诉人说"和"双重身份说"是一个问题的两个方面,也就是一体两面。作为公诉人身份的样板和逻辑起点的是刑事诉讼中的公诉人,该学说认为在刑事诉讼中检察机关具有双重身份,一方面其代表国家起诉犯罪,另一方面其也代表国家实施诉讼中的法律监督,就此《刑事诉讼法》第二百零九条作出了相关规定。① 检察机关在行使民事公益诉权时,也具有法律监督权,似乎也具有双重身份,因此公诉人说和双重身份说是名与实的关系。它的问题是将诉讼监督权从诉权中分离,认为其是不同于诉权的异质权力,权力的不同导致了检察机关身份的不同。

---

① 《刑事诉讼法》第二百零九条规定:"人民检察院发现人民法院审理案件违反法律规定的程序,有权向人民法院提出纠正意见。"

3.1.3　结论

一、目前学理观点的共同缺陷

通过梳理相关的学理观点,发现它们共同的缺陷是分析的维度主要从私益诉讼当事人制度或检察职权来分析入手,方法虽然深刻,但是维度过于单一,缺乏系统性,造成了认知的片面性。如果从私益诉讼当事人制度出发考察,这种考虑的维度是以私益诉讼程序为出发点,没有考虑民事公益诉讼的特殊性,所以其考察的立场和出发点就存在偏差。分析民事公益诉讼主体的问题,就应当在民事公益模式下来讨论,这是因为民事公益诉讼模式是对民事公益诉讼制度的抽象与概括,反映了民事公益诉讼制度的本质,是分析公益诉讼制度最为有效便捷的手段。同时,也要考虑检察权性质是公诉权(广义),考虑到其是代表国家的主体特殊性,在民事公益诉讼中要充分考虑检察机关的国家属性。

二、分析

(一)在民事公益诉讼模式下的考察

作为系统工程,民事公益诉讼与私益诉讼的差别集中表现为诉讼模式的差别。民事公益诉讼的模式是职权主义,法院的职权在诉讼中占主导地位,这也是其与私益诉讼的本质差别所在。在职权主义诉讼模式下,一方面法院应当积极发挥职权作用,它不再是一个消极的裁判者,而是一个积极的诉讼推动者;另一方面,提起民事公益诉讼的主体根据客观公正原则来行使诉讼权利,诉权与审判权之间的对抗性要远远逊于私益诉讼,就检察机关而言,其与法院应当是协同关系,这尤其体现在事实主张和证据收集上。

(二)提起民事公益诉讼的主体与私益诉讼原告之本质区别

两者的本质区别在于:1. 从诉讼目的上看,民事公益诉讼是为了保护公共利益,私益诉讼是为了保护私权的利益;2. 从权力基础看,提起民事公益诉讼的主体缺乏实体处分权,私益诉讼的原告一般具有实体处分权;3. 从诉讼资格看,是法律赋予相关主体民事公益诉讼资格,私益诉讼原告的资格是基于其实体权利取得的;4.从诉讼遵循的原则看,提起民事公益诉讼的主体应当遵循客观原则,特别是检察机关更要严格遵循客观公正原则,而私益诉讼的原告遵循维护自身合法权益的原则。所以,作为提起民事公益诉讼的主体,它们与私益诉讼的原告是有着本质区别的,用原告来界定其诉讼地位实际模糊了民事公益诉讼与私益诉讼的界限。为此,首先应在称谓上作出区分,借鉴目前已有概念可以将其称为公益诉讼起诉人,对此检察机关已经先行一步了,下一步需要的是社会组织在主体称谓上得到尊重。

(三)检察权在民事公益诉讼中的特殊性

民事公益诉讼起诉主体的资格是法律赋予的,是基于其主体身份代表性与特异性所取得的诉权,所以目前的三种主体(社会组织、行政机关、检察机关)的诉权范围和诉讼权利均有差异,这在民事公益诉讼中具有普遍意义。因此,按照私益诉讼当事人整齐划一的标准来要求民事公益诉讼原告是不妥当的。就检察权而言,其具有公诉权(广义)的性质,而这种公诉权具有国家属性,对此在诉讼中已经有所体现,例如诉前通知程序、支持起诉制度,前者体现的是检察权的谦抑性,后者体现的是检察权的最终保障性。基于这种公诉权(广义)性质,与其相关的诉讼监督权等也应当在诉讼中有所体现,检察机关在民事公益诉讼中具有不同于其他适格主体的地位与权力并不违反民事公益诉讼法理。

通过以上分析,民事公益诉讼在宏观诉讼模式上是不同于私益诉讼的,法院在其中起主导作用,其以保护公共利益为目的,依职权可以干预辩论主义和处分权原则。法院在民事公益诉讼中的地位与作用近似刑事诉讼中法院的地位与作用。而检察机关在其中的法律地位也是不同于私益诉讼当事人的,基于民事公益诉讼程序的特征与检察权的公诉权(广义)性质,检察机关无论是诉讼权力取得还是诉讼,都要遵循客观公正原则,其在民事公益诉讼中的诉讼地位与作用与刑事诉讼基本近似,也就是民事公诉人说。同时,检察机关在民事公益诉讼中无须具有双重身份就拥有诉讼监督权,这种权力是民事公益诉权的附属权力。

3.2 检察机关在民事公益诉讼中诉讼地位的现状:当事人化

在当前的制度中,检察机关虽然名义为公益诉讼起诉人,但是在诉讼权力上与私益诉讼的当事人基本一致,称之为当事人化。所谓当事人化只是在称谓上体现了检察机关公益诉讼人身份,但在地位和权利上将检察机关完全视为私益诉讼的当事人,按照当事人的权利义务关系来处理,核心是认为检察机关不应具有诉讼监督权,直接体现就是起诉的检察机关通过上诉而非抗诉引起二审程序,并且其作为当事人参与二审诉讼。支持当事人化的理由是认为只有如此才能够体现民事诉讼当事人地位完全平等。①

一、当事人化的问题

(一)诉讼模式

当事人化所运行的场域与依赖的基础是当事人主义诉讼模式,而民事公益诉讼的模式并非当事人主义。忽视诉讼模式的差异,就是漠视民事公益诉讼的特殊性,漠视法院及当事人权利义务的特殊性。

(二)权力来源基础

当事人化根本的问题在于没有认识到检察机关诉权取得与私益诉讼原告诉权取得有着本质差别。两者的本质差别就是实体处分权,检察机关是没有实体处分权的主体。诉权来源不同的意义在于:1.检察机关是按照公权力的程序取得的诉权,其行使也是按照公权力的方式来行使。而公权力在行使上是有程序阶段性和监督性要求的,它不能像私益诉讼原告般,基于当事人恒定主义,作为同一主体参与诉讼程序始终,检察机关需要根据诉讼阶段来变更行使诉权的主体;2.由于检察机关是按照公权力的程序取得诉权的,这种诉权的公权力性

---

① 参见最高人民法院环境资源审判庭编:《最高人民法院 最高人民检察院检察公益诉讼司法解释理解与适用》,人民法院出版社 2021 年版,第 80 页。

导致其遇到其他适格主体行使诉权时要具有谦抑性,同时在无适格主体起诉时检察机关要发挥诉权的最终保障性,及时高效地行使诉权。

二、对支撑当事人化两大观点之分析

(一)对于诉讼监督权

当事人化观点认为检察机关作为民事公益诉讼人不能拥有诉讼监督权,否则会破坏诉讼结构平衡。这其实是缺乏对于诉讼监督权的基本认识所致。首先,要明确检察机关诉讼监督权的具体内容,而不是望文生义。检察机关的诉讼监督权与民事公益诉权并不是两种相互独立的权力,在检察机关提起民事公益诉讼中诉讼监督权是从属于民事公益诉权的,它在程序上为诉权提供保证,一般处于引而不发的备用状态,只有出现法定情形,为保护诉权行使才需要行使。它具体分为两种:一种是对法院裁判结果的监督,就是抗诉监督;另一种是最为常用的对于诉讼程序的监督,目前对于诉讼程序的监督适用的是民事诉讼中对审判人员违法行为的监督。对于诉讼程序监督的依据是《民事诉讼法》第二百一十九条第三款,它主要是一种事后监督,其监督的条件理由是审判人员程序违法但未严重到引起抗诉,监督的方式是制发检察建议,监督的结果是法院自行纠正。所以,它是对法官程序违法的监督,是一种请求权,是一种柔性监督,由法院最终审查决定,它不像抗诉般必然启动相关程序,不会损害到司法独立。即使所谓刑事诉讼中的诉讼程序监督权的依据是《刑事诉讼法》第二百零九条,①但它也是一种建议,其监督内容仍然是审判人员违法行为的监督,其结果也是法院自行纠正,仍是柔性监督。就监督而言,特别是党的十八大以来,

---

① 2013年1月1日最高人民法院、最高人民检察院、公安部、国家安全局、司法部、全国人大常委会法制工作委员会《关于实施刑事诉讼法若干问题规定》第三十二条规定:"刑事诉讼法第二百零三条(现第二百零九条)规定:'人民检察院发现人民法院审理案件违反法律规定的诉讼程序,有权向人民法院提出纠正意见。'人民检察院对违反法定程序的庭审活动提出纠正意见,应当由人民检察院在庭审后提出。"最高人民法院2021年3月1日《关于适用〈中华人民共和国刑事诉讼法〉的解释》第三百一十五条:"人民检察院认为人民法院审理案件违反法定程序,在庭审后提出书面纠正意见,人民法院认为正确的,应当采纳。"

"越来越强调监督,要求建设严密的法治监督体系"。① 所以,我国的监督是普遍的、全面的,任何一种执法行为都要接受多主体、多维度的监督,检察机关的诉讼监督只是其中的一种。另外,作为被告或其他当事人除了民事诉讼权利外,为了辅助诉权,其也拥有类似诉讼监督性权利,不仅监督法院,同样也监督检察机关,比如对于法院、检察官的违法行为向其所在单位或是专门的监察部门申诉,这是当前当事人大量采用的方式,经常被滥用于对法官施加压力。

(二)权力与权利是否可以平等对抗

当事人化观点认为检察机关的权力必须变成权利,否则无法与当事人权利形成平等对抗关系,其论证的背景基础就是权力自然要高于权利,两者不能形成平等对抗的状态。这其实是不周延的,在民事公益诉讼中强调检察机关的权力,是为了体现其公权力性,强调其来源的合法性,强调其行使要受到实体法和程序法的双重约束,缺一不可,强调这是一种完全依法的职权性行为,它不像权利般可以基于自由意志来判断行使,这与其在诉讼中与权利之间的对抗无关。

权力与权利是否可以平等对抗,应当从主张、举证和法院审判权的保护三方面来看。目前我国的法律在以上三点上并未给予检察机关任何优于当事人的权力,相反赋予了不对称的义务,要求检察机关的民事公益诉权应当谦抑和最终保障公共利益。所以,所谓不言自明的背景基础是不成立的。至于权力是否大于权利,由于民事公益诉讼中当事人地位是平等的,检察机关在诉讼中与被告是平等对抗的关系,其权力并不高于当事人的权利。

---

① 《习近平法治思想概论》编写组:《习近平法治思想概论》,高等教育出版社 2021 年版,第 166 页。

3.3 对检察机关在民事公益诉讼中地位现状的审视

3.3.1 一审程序

一、现行制度的梳理

（一）试点期间

1. 检察机关的立场

检察机关称谓实际是其诉讼地位的折射。试点期间，最高人民检察院《试点方案》明确检察机关的身份为公益诉讼人，其同时拥有诉讼监督权。① 这是以公诉人的蓝图来规划公益诉讼人，与《刑事诉讼法》规定基本一致，是以刑事诉讼制度为借鉴。

2. 法院的立场

法院的意见在《人民法院实施办法》中得到集中体现，其认可检察机关公益诉讼人身份，但在诉讼权利义务方面则参照原告权利义务的规定，②法院认为检察机关就是民事公益诉讼的原告当事人。对这种观点最为明确的支持来自《最高人民法院关于进一步做好检察机关提起公益诉讼案件登记立案的通知》，其中规定，立案时检察机关应当按照当事人的标准提交组织机构代码、法

---

① 《试点实施办法》第二十五条规定："地方各级人民检察院认为同级人民法院未生效的第一审判决、裁定确有错误，应当向上级人民法院提出抗诉。"第二十二条第二款规定："检察人员发现庭审活动违法的，应当待休庭或者庭审结束后，以人民检察院的名义提出检察建议。"

② 《人民法院实施办法》第四条规定："人民检察院以公益诉讼人身份提起民事公益诉讼，诉讼权利义务参照民事诉讼法关于原告权利义务的规定。"

定代表人身份证明、授权委托书,检察人员参加诉讼活动时应当出具授权文书。① 法院对于检察机关在民事公益诉讼中是否有权对诉讼活动进行监督则没有回应。

(二)《检察公益诉讼解释》中"两高"的共识与评价

2018 年 3 月 2 日"两高"《检察公益诉讼解释》开始施行,它是目前检察机关提起民事公益诉讼的第一部司法解释,反映了"两高"对于检察机关提起民事公益诉讼的基本共识。

1.检察机关的身份称谓

该司法解释认为检察机关的身份为"公益诉讼起诉人"。修改的原因是:普遍认为"公益诉讼人"的称谓不够准确,从字面理解,其指的是所有参加公益诉讼的人。②

评价:应该讲,这一理由有些牵强,因为在民事诉讼中,在检察机关使用"诉讼人"的称谓之前,对诉讼主体是没有"诉讼人"称谓的,而所有诉讼参加人有明确称谓的就是"民事诉讼参加人",所以适用"诉讼人"是不会造成歧义的。至于现行"公益诉讼起诉人"称谓,相比前者确实要更为恰当,因为其保持了试点期间检察机关称谓的延续性,突出了检察机关的诉讼地位与诉讼阶段,有效地区别于其他适格主体。

2.权力与义务

除了具有私益诉讼中原告的权利外,检察机关还具有以下权力与义务:

---

① 《最高人民法院关于进一步做好检察机关提起公益诉讼案件登记立案的通知》第二条第四项规定:"检察机关出具的委派工作人员办理登记手续的介绍信以及相关工作人员的工作证、身份证等身份证明材料;……人民法院登记立案时,可以不要求检察机关提交组织机构代码、法定代表人身份证明和指派检察机关参加诉讼活动的授权文书。"第三条:"检察机关指派检察人员参加诉讼活动,需要另行出具载明检察人员姓名、法律职务以及参加本案审前程序、庭审等活动的授权文书。检察人员能否实施承认、放弃、变更诉讼请求,进行和解、提起上诉等诉讼活动,应当在上述文书中载明;没有载明的,被指派检察人员参加诉讼活动的权限为一般授权。"
② 最高人民法院环境资源审判庭编:《最高人民法院 最高人民检察院检察公益诉讼司法解释理解与适用》,人民法院出版社 2021 年版,第 78 页。

1.诉前公告通知义务,检察机关提起民事公益诉讼应当履行通知适格主体诉讼的诉前公告程序;2.豁免诉讼公告权,检察机关起诉后,因其已履行诉前公告义务,法院只需向被告发送起诉状副本,无须再履行案件受理的公告程序,这样做提高了诉讼的效率;3.豁免提交身份证明权,检察机关无须像其他原告一般提交组织机构代码、法定代表人身份证明和授权委托书,这修正了法院原有规定;4.其他保障性权力,法院通知的方式,法院应当在开庭三日前向人民检察院送达出庭通知书,这种通知方式不同于法院向一般当事人发传票,与检察机关在审判监督抗诉程序中规定是一致的,同时检察机关在民事公益诉讼庭审中出庭称为"履行职责",不同于其他当事人;5.刑事附带民事公益诉讼案件由同一法院审理,由于刑事附带民事多在基层法院一审,而民事公益诉讼案件一般应在中级以上法院一审,这就降低了审理层级,提高了诉讼效率。

评价:虽然相比其他原告,检察机关具有一定的"特权",但是这些权力都是基于诉讼效率及必要性的考虑,[1]只在形式上确认了检察机关主体的特殊性。

3.对于诉讼监督权

检察理论一般认为,检察机关对于民事诉讼的监督主要分为两种类型:对于诉讼结果(生效判决、裁定、调解书)的监督,也就是抗诉;对于诉讼程序的监督,就是对审判人员违法行为的监督,其方式是制发检察建议。

(1)诉讼结果的监督

检察机关是通过上诉启动二审的,[2]这说明检察机关放弃了通过抗诉启动二审程序的方式。

---

[1]　效率性及必要性的体现:比如检察机关在诉前已经履行了诉前公告程序,法院在诉讼中不再进行公告;取消相关手续是确实必要的,因为起诉的检察机关和受理案件的法院,二者是长期相互配合的司法机关,让检察机关再像一般原告一样每次提供相关组织证明纯属叠床架屋。

[2]　《检察公益诉讼解释》第十条规定:"人民检察院不服人民法院一审判决、裁定的,可以向上一级人民法院提起上诉。"

评价:虽然是一字之变,但是干系重大,它反映的是检察机关通过行使当事人的权利提出上诉引起二审,而不是行使诉讼监督权通过抗诉来引起二审,这是地位当事人化的直接体现。然后,基于当事人化的设定,根据当事人恒定原则,一审检察机关作为上诉人或被上诉人参加二审诉讼,这样做最大的优势在于保持了现有民事诉讼程序的稳定性,问题是放弃了诉讼监督职责,也就放弃了对法院诉讼结果的监督。因此,检察机关提起民事公益诉讼不包括诉讼结果监督的职能,该职能单独由检察机关民事检察部门适用民事诉讼监督程序来履行。

(2)诉讼程序的监督

对于程序监督权,《检察公益诉讼解释》中第九条[1]检察机关一审诉讼职权的规定与《试点实施办法》第二十二条第一款几乎完全一致,但是未采用该条第二款也就是诉讼程序监督的规定。

评价:对此最高人民法院的观点认为:"出庭检察官对审判程序的合法性享有'监督权利',而不是'监督权力',这一权利与被告当事人及其代理人的普通监督权利是一样的。"[2]对此,最高人民检察院的相关观点也认为,出庭的检察官不具有诉讼程序监督权,如果其发现了审判程序法官的违法行为,只能作为线索提交,由检察机关通过诉讼监督程序中的审判人员违法来实现监督,而非在民事公益诉讼程序中。[3]

4.结论

《检察公益诉讼解释》也就是"两高"的共识认为:检察机关是民事公益诉

---

[1] 《检察公益诉讼解释》中第九条规定:"出庭检察人员履行以下职责:"(一)宣读民事公益诉讼起诉书;(二)对人民检察院调查收集的证据予以出示和说明,对相关证据进行质证;(三)参加法庭调查,进行辩论并发表出庭意见;(四)依法从事其他诉讼活动。"

[2] 最高人民法院环境资源审判庭编:《最高人民法院 最高人民检察院检察公益诉讼司法解释理解与适用》,人民法院出版社 2021 年版,第 151 页 。

[3] 张雪樵:《检察公益诉讼比较研究》,载周洪波、刘辉主编:《公益诉讼检察实务培训教材》,法律出版社 2019 年版,第 007 页。

讼的当事人,其拥有当事人权利,也拥有与检察机关提起民事公益诉讼相适应的权力,但是不拥有诉讼监督权。这个共识基本是以法院的观点为蓝本,而检察机关则由坚持按照刑事公诉模式来构建检察机关主体地位的立场,逐渐向法院方向转化,基本接受了法院对检察机关诉讼地位当事人化的安排。目前,检察机关变通的方式是,将诉讼监督权独立于检察机关民事公益诉讼权,并纳入检察机关民事检察监督范畴。

二、问题与分析

目前司法解释中,检察机关虽然有独立的诉讼身份,但是检察机关实际的权力义务基本等同于私益诉讼的当事人,这里争论的焦点就是检察机关在民事公益诉讼中是否具备诉讼监督权。对此,"两高"认为检察机关民事公益诉讼权是不包括诉讼监督权的,最高人民检察院有关观点对此作了迂回,认为诉讼监督职能应当独立出来,由履行公益诉讼职能之外的检察官单独完成。这一观点就是把诉讼监督职能从检察机关提起民事公益诉讼中分离出来,也就是认为这两者之间包含一定对立性,履行民事诉讼监督职能必然会对检察机关提起民事公益诉讼职能造成一定干扰与影响。

(一)宏观维度

1. 表象:违反检察一体原则

将诉讼监督职能从检察民事公益诉权中分离出来单独行使,违反了检察一体原则。① 基于检察机关的权力定位,检察民事公益诉权已经包含了诉讼监督职能,按照检察一体化原则,由一个公益诉讼检察官在同一公益诉讼程序中来行使,而不是单独出来另起炉灶。而且,检察机关提起民事公益诉讼中运行的诉讼监督权不同于现行的诉讼监督权,最明显的特征就是它有及时性的要求,

---

① 所谓检察一体原则,是指上下一体、协同配合、职能统一的检察运行方式,它反映了基于检察权的特殊性所决定的检察权运作的内在规律。参见朱孝清、张智辉:《检察学》,中国检察出版社2010年版,第457 –458 页。

要求在诉讼中就要履职,发现问题、及时纠正问题,这是目前的诉讼监督权无法解决的。因为,目前的诉讼监督权主要是在程序终结后的事后监督。目前这种将两种职能分离的做法,模糊了检察机关诉讼的权力来源,人为造成了两种权力的冲突,最直接的体现就是检察机关以当事人的身份通过上诉引起二审,二审中上级检察机关又要作为监督主体参与二审,从而造成二审中两级检察机关都在诉讼中出庭的尴尬与混乱。

2. 实质:割裂检察权

我国目前的检察理论体系构建有一个重大的缺陷,就是它不是按照权力的逻辑关系来构建理论,而是按照权力的实践意义来构建理论体系,所以就出现了侦查权、批准和决定逮捕权、公诉权、诉讼监督权的分类。这是用理论来为实践贴标签,而不是理论指导实践。比如侦查权,虽然其在实践中意义重大,但它在逻辑上就是服务于公诉权的手段,不能因为它的实践意义重大,而人为提高其逻辑地位,成为与公诉权同一位阶的权力。同理,批准和决定逮捕权就是一种刑事强制措施,其目的最初就是为了保证刑事诉讼的顺利进行,也就是为了保证检察机关公诉权的顺利进行,至于监督公安机关侦查活动,以及保障犯罪人人权等属于衍生的作用。所以,它仍然不具有独立的地位,服务并服从于公诉权。同样,检察机关在民事公益诉讼中,诉讼监督权仍然属于检察机关民事公益诉权的附属权力,是检察机关根据诉讼的需要所采取的权力。它属于民事公益诉权的保障性权力,一般处于备而不用的状态,只有相关情形出现时,才可以使用。而目前这种将诉讼监督权排除出民事公益诉权的处理方式,就是割裂了检察权,把相辅相成、相互配合、融为一体的民事公益诉权人为割裂开来。如果以此来推广,完全可以比照侦查权,将检察机关在民事公益诉讼中的调查核实权分离出来单独设立,如此下去,民事公益诉权就会被完全掏空。

(二)微观维度

1. 质疑的理由浮于表面缺乏深入

目前质疑检察民事公益诉权包含诉讼监督职能的基本理由是破坏当事人

平等原则,损害司法独立。对此,在 3.2 部分中已经论述,不再赘述。

2. 影响监督效率

如果对民事公益诉讼活动的监督采用现行模式,则监督效率及有效性就要大打折扣。比如对于诉讼程序监督权,目前检察机关的制度安排是对审判人员违法行为的监督,它是一种事后监督。这种监督方式无法适应正在进行的诉讼,其办理需要检察机关专门机构运用独立的程序及专门的时间,对于需要在诉讼中及时跟进监督而言是完全滞后的。而诉讼中及时进行监督,是为了及时修复诉讼法律关系,从而维护诉讼程序的合法进行。目前制度的这种滞后性就容易造成法院违法不能及时纠正,后果进一步扩大,进而木已成舟,检察机关再进行监督就失去了原有的效力与意义。比如法官组成不合法,及时监督可以避免程序违法的判决、裁定产生,如果监督措施滞后于判决、裁定,则只能进一步升级监督措施通过抗诉引起再审,这一方面使得原有监督措施丧失了意义,另一方面扩大了司法的损失,可谓两败俱伤。

3.3.2　二审程序

一、现行制度的梳理

《检察公益诉讼解释》在第十、十一条规定:检察机关通过上诉引起二审,上诉检察机关出席二审法庭,其上一级检察机关也可以派员出庭。以上说明"两高"同意检察机关作为当事人提出上诉并且出席二审法庭,奇怪的是,提起诉讼的检察机关的上级也可以出席二审法庭。如果按照当事人来处理,上级检察机关是不能出庭的,如果按照民事公诉人地位来处理,则由上级检察机关基于诉讼监督权出庭,这种奇怪的二合一方式似乎要调和当事人和诉讼监督权的关系,由两级机关分别行使,可实际效果如何?

二、二审程序的实证分析

不同于私益诉讼案件,实践中民事公益诉讼案件大多数都是一审生效,上诉到二审的少之又少。所以,2021 年 11 月 30 日笔者检索裁判文书网,①只检索到检察机关提起民事公益诉讼二审案例 32 件,其中 1 件属于试点期间的案例,②2 件为支持起诉,其余 29 件为《检察公益诉讼解释》生效之后的案例。③民事裁定共 11 件,10 件为一审被告上诉启动的二审程序,其中 1 件(2017)苏民终 2040 号民事裁定是对管辖权异议的二审裁定,其余 9 件均为按撤诉处理的裁定。在按撤诉处理的裁定中,(2020)青民终 167 号民事裁定为上诉人经传票传唤无正当理由拒不出庭按撤回上诉处理,其余 8 件均为上诉人未交上诉费按撤回上诉处理。另外,11 件裁定中单独的 1 件(2020)赣民终 476 号民事裁定的检察机关上诉启动二审程序,检察机关申请撤回上诉理由"被上诉人在二审期间已公开向社会公众赔礼道歉,其上诉请求均已实现",法院裁定准许检察机关撤回上诉。除以上裁定外,民事公益诉讼判决共 18 件,对此予以列表分析:

---

① 法院裁判文书网网址:https://wenshu.court.gov.cn/。

② 江苏省高级人民法院(2016)苏民终 1357 号民事判决书。

③ 1.(2020)皖民终 443 号民事裁定书;2.(2020)粤民终 217 号民事判决书;3.(2020)赣民终 476 民事裁定书;4.(2019)粤民终 465 号民事判决书;5.(2020)琼民终 385 号民事判决书;6.(2020)琼民终 384 号民事判决书;7.(2020)青民终 167 号民事裁定书;8.(2019)粤民终 2420 号民事判决书;9.(2020)浙民终 158 号民事裁定书;10.(2019)沪民终 450 号民事判决书;11.(2020)渝民终书;226 号民事裁定书;12.(2019)桂民终 596 号书;13.(2020)粤民终 925 号民事判决书;14.(2018)粤民终 2224 号民事判决书;15.(2018)粤民终 2466 号民事判决书;16.(2019)琼民终 571 号民事裁定书;17.(2019)粤民终 1860 号民事判决书;18(2019)黔民终 685 号民事判决书;19.(2017)粤民终 3092 号民事判决书;20.(2019)桂民终 227 号民事判决书;21(2019)粤民终 1553 号民事裁定书;22.(2019)琼民终 178 号民事裁定书;23.(2018)京民终 453 号民事判决书;24.(2018)京民终 463 号民事裁定书;25(2017)苏民终 2040 号民事裁定书;26.(2020)赣民终 317 号民事判决书;27.(2021)渝民终赣 209 号民事裁定书;28.(2020)渝民终 387 号民事判决书;29.(2019)渝民终 377 号民事判决书。

表3.1 检察机关提起民事公益诉讼二审民事判决分析表

序号	案号	上诉人	案件类型	检察机关称谓	检察长列为法定代表人	上级参与二审	上级院到庭参加诉讼	上级院出庭是否发表意见	上级院出庭意见的内容	裁判结果	裁判日期
1	（2020）粤民终127号	原审被告	环境	被上诉人（原审公益诉讼起诉人）	是	是	是	否	未见	维持一审	2020.12.8
2	（2019）粤民终465号	原审被告	环境	被上诉人（原审公益诉讼起诉人）	是	否	否	否	未见	维持一审	2020.1.19
3	（2020）琼民终385号	原审被告	海洋环境	被上诉人（原审公益诉讼起诉人）	否	是	是	是	未见	维持一审	2020.11.16
4	（2020）琼民终384号	原审被告	海洋环境	否被上诉人（原审公益诉讼起诉人）	否	是	是	是	未见	维持一审	2020.11.16

续表

序号	案号	上诉人	案件类型	检察机关称谓	检察长列为法定代表人	上级参与二审	上级院到庭参加诉讼	上级院出庭是否发表意见	上级院出庭意见的内容	裁判结果	裁判日期
5	（2019）粤民终2420号	原审被告	环境	被上诉人（一审公益诉讼起诉人）	是	否	否	否	未见	维持一审	2020.7.16
6	（2019）沪民终450号	原审被告	环境	被上诉人（原审公益诉讼起诉人）	是	是	是	是	未见	维持一审	2020.12.25
7	（2019）桂民终596号	原审被告	环境	原审公益诉讼起诉人	否	是	是	是	同意下级检察机关答辩意见	部分支持了上诉理由，改变了一审判决	2020.12.28
8	（2019）粤民终925号	原审被告	环境	被上诉人（原审公益诉讼起诉人）	是	是	是	否	未见	维持一审	2019.12.31

序号	案号	上诉人	案件类型	检察机关称谓	检察长列为法定代表人	上级参与二审	上级院到庭参加诉讼	上级院出庭是否发表意见	上级院出庭意见的内容	裁判结果	裁判日期
9	（2018）粤民终2224号	原审被告	环境	原审公益起诉人	是	是	是	否	未见	基本维持一审（将一审第一项判决变更为更具操作性）	2019.12.31
10	（2018）粤民终2466号	原审被告	环境	被上诉人（原审公益诉讼人）	是	否	否	否	未见	维持一审	2019.12.19
11	（2019）粤民终1860号	原审被告	环境	被上诉人（原审公益诉讼起诉人）	是	是	是	否	未见	维持一审	2019.11.7
12	（2019）黔民终685号	原审被告	环境	被上诉人（一审公益诉讼起诉人）	是	否	否	否	未见	维持一审	2019.12.2

续表

序号	案号	上诉人	案件类型	检察机关称谓	检察长列为法定代表人	上级参与二审	上级院到庭参加诉讼	上级院出庭是否发表意见	上级院出庭意见的内容	裁判结果	裁判日期
13	（2017）粤民终3092号	原审被告	环境	被上诉人（一审公益诉讼人）	是	否	否	否	未见	维持一审	2019.11.19
14	（2019）桂民终227号	一审检察机关	消费	上诉人（原审公益诉讼起诉人）	是	是	是	否	未见	部分改判（维持1、2、3项撤销第4项）	2019.8.22
15	（2018）京民终453号	原审被告	环境	原审公益诉讼起诉人	否	是	是	否	未见	维持一审	2018.12.13
16	（2020）赣民终317号	原审被告	生态	被上诉人（原审公益诉讼起诉人）	否	是	是	是	未见	维持一审	2020.5.18

序号	案号	上诉人	案件类型	检察机关称谓	检察长列为法定代表人	上级参与二审	上级院到庭参加诉讼	上级院出庭是否发表意见	上级院出庭意见的内容	裁判结果	裁判日期
17	（2020）渝民终387号	原审被告	环境	被上诉人（一审公益诉讼起诉人）	否	是	是	是	未见	部分改判（维持1、3项,改变第2项）	2020.12.25
18	（2019）渝民终377号	原审被告	环境	被上诉人（一审公益诉讼起诉人）	否	否	否	否	未见	维持一审	2019.10.8

1. 检察机关在二审诉讼中的称谓,其中,有两件案件(2019)桂民终596号和(2018)京民终453号,提起诉讼的检察官没有被列明为被上诉人,而是按照刑事诉讼的形式,按照一审的诉讼地位列明,这一点与司法解释的规定不一致。其余16件都是按照司法解释的要求,列明为上诉人或被上诉人。在这16件案件判决中,(2018)粤民终2466号、(2017)粤民终3092号在检察机关列明一审名称中没有按照司法解释列明为公益诉讼起诉人,而是按照试点期间的名称列明为公益诉讼人,考虑两件案件的案号,其一审发生在试点期间,而二审正处于过渡期间,二审法院还应当按照一审的名称列明。另外,有14件案件将起诉的检察机关的检察长列为法定代表人,占总数的77.78%,反映了法院基本还是

按照当事人的形式要件来认定检察机关。

2. 全部 18 件判决中,1 件为检察机关上诉,其余为一审被告上诉,所有二审判决均未对一审作颠覆性的改变,有 3 件发生部分改变,包括(2019)桂民终 596 号、(2019)桂民终 227 号、(2020)渝民终 387 号,占总数的 16.67%,还有一件(2018)粤民终 2224 号是将一审第一项判决变更为更具操作性,所以认定为维持一审。

3. 全部 18 件案件中,上级检察机关未参与二审程序的共 5 件,占总数的 27.78%。未参与二审程序,那么参与二审庭审也就无从谈起,所以未参与二审庭审的也是 5 件,占总数的 27.78%,这说明参与二审庭审是上级检察机关参与二审程序的基本表现形式,参与二审程序与参与二审庭审基本等价。在参加庭审的 13 件案件中,庭审中发表意见的 6 件,占出庭总数的 46.15%,占 18 案件的 33.33%。这 6 件案件,虽然判决中记录了上级检察机关发表了庭审意见,但只有 1 件(2019)桂民终 596 号法院判决中记录了上级检察院的出庭意见具体内容(同意起诉检察机关的意见),其余判决则没有记录。以上检察机关参与二审程序,尤其是上级检察机关出席二审法庭的履职状况,充分说明了上级检察机关出席二审法庭流于形式,只有宣告意义,上级检察机关参与庭审的程序作用意义不大,否则二审判决不会对上级检察机关的出庭意见不作记载。出现这一问题,并不是检法两家在执行法律上出现了问题,而是两级检察机关出席二审法庭规定的先天缺陷造成的。

三、问题与分析

提起诉讼的检察机关通过上诉引起二审程序,同时作为当事人参与二审诉讼,以上程序的设置反映的是检察机关当事人化。相关分析在一审程序中已经论述,在此不再赘述。现在探讨的是二审程序中,在提起诉讼的检察机关参加诉讼的情况下,上级检察机关在程序中的地位和职责,也就是《检察公益诉讼解释》中上级检察机关参与二审程序的问题。

（一）检法两家的意见

最高人民法院的观点认为：从人民检察院上下级工作监督的维度考虑，上一级人民检察院派员参加二审庭审，不作为当事人，没有改变由一审当事人上诉启动二审的格局，有利于更好地履行维护国家利益和社会公共利益的职责。[1] 据此，在具体程序中人民法院应当在二审裁判案件来源和审理经过部分写明上一级人民检察院派员出庭情况，因两级检察机关意见应保持一致，因此无须在裁判文书中概述上一级人民检察院的意见。[2] 这也是有 6 件判决列明了上级检察机关出庭并发表意见，但只有 1 件写明了出庭内容，其他 5 件暂告阙如的原因。根据最高人民法院的观点，上级检察机关不是诉讼当事人，其出席二审是从检察机关上下级工作监督的维度考虑的。

最高人民检察院的观点认为：二审中，上级检察机关同样履行民事公益诉讼和法律监督职能，其与原起诉检察机关共同完成出庭任务，协调配合形成合力。[3] 如果考虑到二审法院的级别问题，从同级监督的角度出发，上级检察机关出席法庭应当侧重于监督职能。这和一审程序有些冲突，因为一审程序中没有强调检察机关的监督职能，而二审提出监督，下级一审法院不监督，而监督二审上级法院，这是相互矛盾、违反法理的。

（二）分析

1. 从权力行使的形式上。按照《检察公益诉讼解释》规定，两级检察机关同时出席二审法庭，在形式上就违反了检察一体原则。检察一体原则的基本要求是"各级检察机关、检察官在行使检察权中相互协调，共同配合，形成一

---

[1] 最高人民法院环境资源审判庭编：《最高人民法院 最高人民检察院检察公益诉讼司法解释理解与适用》，人民法院出版社 2021 年版，第 167 页。

[2] 最高人民法院环境资源审判庭编：《最高人民法院 最高人民检察院检察公益诉讼司法解释理解与适用》，人民法院出版社 2021 年版，第 169 页。

[3] 最高人民检察院：《第二十九批指导性案例》，载最高人民检察院官网，网址：https://www.spp.gov.cn/jczdal/202109/t20210902_528296.shtml，最后访问时间 2021 年 12 月 2 日。

体",①以保证检察权的统一高效行使。它的基本形式就是一项检察权应该由单一机关对外行使,而不是由上下两级机关分割行使,而所谓的协调配合形成合力就是对于分割行使权力的一种掩饰。

2. 从权力产生的基础上。如果认为二审权力可以由两级检察机关共同行使,就其行使的可行性而言,共同行使是以行使权力主体之间地位平等为前提,上下两级作为权力主体天然存在不平等,上级的权力完全可以覆盖下级,形式上的共同就变为实质上的单独。所以,如果以上级的是非为是非,则下级出庭就丧失了独立意义。反之,如果上级不发挥监督作用,以下级的是非为是非,就像目前实证案例般,上级完全同意下级意见,那么这样的共同出庭的意义何在?这样的出庭流于形式,除了具有宣告意义外,没有实质的程序意义,以上 18 个判决中涉及上级机关出庭均无实质意见的实证结果验证了这一点。

3. 从检察机关监督权上。如果认为是出于上下级工作监督的考虑,检察机关上下级之间的监督属于检察机关内部的监督方式,不属于外部监督方式,在对外执行检察职能时它是不对外显现出来的,就是不能以两级检察机关共同出庭的方式来实现上级对下级的监督。同时,出庭监督应该主要是对法院审判活动的监督,而不应是检察机关上下级间的监督。而对法院的监督,应当是与审判法院同级的检察机关监督,不需下级一审检察机关出庭监督。这样,二审出庭就形成了一种分工,提起诉讼的检察机关履行当事人诉讼的职责,上级机关履行民事诉讼监督职责,这一设想和最高人民检察院一审中将两种职能分离由不同的检察职能部门行使存在契合。基于职能的不同,两级检察机关出庭意见自然不同,这又与法院的上下两级检察机关意见应当一致的要求不符。

4. 从民事诉讼上。当事人平等是民事诉讼的基本原则,这种平等一方面是诉讼权利的平等与对等,另一方面也对诉讼主体数量匹配有要求。一审中提起

---

① 陈国庆:《检察制度原理》,法律出版社 2009 年版,第 114 页。

诉讼的检察机关作为起诉主体与被告经过了一审庭审,先不论结果如何,至少在形式上保障实现两者的诉讼权利平等。现在到了二审,检察机关由一个主体变成了两个主体,由二者共同来行使职责,二审中检察机关增加了力量,那么实际就破坏了一审中的诉讼平衡,这就违反了当事人平等原则。

综上,两级检察机关共同出席二审法庭既不具备操作性,也违反基本的法理。

3.3.3 完善建议

一、民事公益诉权应包含诉讼监督权

在检察机关提起民事公益诉讼中,民事公益诉权是具有统摄地位的系统性权力,其他诸多民事检察权都服务并服从于民事公益诉权,这里既包括诉讼监督权,也包括调查核实权。这些权力处在备用状态,基于履行民事公益诉权的需要采用不同的权力,不能将它们与民事公益诉权割裂开来,否则民事公益诉权就会被完全掏空。

二、二审诉讼应当由上级检察机关出庭履行职责

无论是哪一级检察机关出庭,都应当是单一主体出庭或参与二审程序,也就是在民事诉讼的二审模式和刑事诉讼的二审模式中择一,而不是调和二者,使之成为上级检察机关不知如何自处的二审庭审形式。通过前文分析,笔者认为刑事诉讼的模式更具备操作可行性,一种是检察机关上诉(抗诉)的,二审将一审检察机关按照一审列明,同时上级机关作为上诉(抗诉)机关出席法庭,履行包含监督权的诉讼职能。另一种是被告提出上诉,一审检察机关按照一审的身份列明,上级检察机关出庭履行诉讼监督职责,监督一审判决是否正确以及二审诉讼是否合法。因为该程序中检察机关的主要任务就是诉讼监督,所以在与此相类似的刑事诉讼中体现最为集中。参考《人民检察院刑事诉讼规则》第四百四十六条,①二审检察机关的任务应当是:如果是检察机关上诉(抗诉),由于该上诉(抗诉)已经过上级检察机关审查同意,所以上级检察机关应当支持检察机关上诉(抗诉)意见并对原审错误提出纠正意见;如果是被告上诉,上级检察机关应当全面审查一审判决、裁定;如果认为原审判决裁定正确,则作出维护原审判决裁定的意见;如果认为原审判决裁定错误,则可以对原判决裁定提出纠正意见,以保护诉讼参与人合法权利,这体现出检察机关二审与一审职责定位的不同,是诉讼监督权的集中体现。

---

① 《人民检察院刑事诉讼规则》第四百四十六条规定:"检察官出席二审法庭任务是:(一)支持抗诉或者听取上诉意见,对原审错误提出纠正;(二)维护原审法院正确的判决或裁定;(三)维护诉讼参与人的合法权利;(四)对法庭审理案件有无违法情况记明笔录;(五)依法从事其他诉讼活动。"

第4章

检察机关民事公益诉权

4.1　民事公益诉权总论

诉权是"当事人可以基于民事纠纷的事实,要求法院进行裁判的权利"。[①]它是推动民事诉讼运行的基本动力,诉权的运行贯穿于诉讼全过程,而非局限于某个阶段。对于诉权有多种学说,[②]目前的主流观点是"双重诉权说"或是"二元诉权说"。[③] 尽管在私益诉讼中,该学说还受到其他学说的挑战,但是将该学说适用于民事公益诉讼则是完全契合的。这是因为诉权的程序和实体的二元性,也就是分离性,使得履行程序诉权的主体可以脱离实体诉权主体而独立,从而具备原告资格,这就为拟制主体取得民事公益诉讼原告资格提供了坚实的理论依据。该学说认为,当事人的诉讼请求和诉讼权利是诉权的表现形式,[④]诉讼请求是诉权的实体内涵,诉讼权利则是其程序内涵。[⑤] 对于诉权和诉讼权利而言,诉权是抽象的,是集合性权利,诉讼权利则属于特定性权利,是诉

[①]　江伟主编:《民事诉讼法学原理》,中国人民大学出版社 1999 年版,第 240 页。

[②]　主要有"双重诉权说""私法诉权说""公法诉权说"及"诉权否认说"等。

[③]　二元诉权说认为诉权包括程序含义与实体含义两个方面,程序方面含义是指向法院请求行使审判权的权利,实体方面含义是指请求法院保护民事权益。

[④]　《民事诉讼法学》编写组:《民事诉讼法学》(第二版),高等教育出版社 2018 年版,第 35 页。

[⑤]　参见《民事诉讼法学》编写组:《民事诉讼法学》(第二版),高等教育出版社 2018 年版,第 32 – 36 页。

权所派生的;诉权决定着诉讼权利,它从本质上决定了诉讼权利的性质、内容以及功能,而诉权需要借助诉讼权利获得具体的内容和实现的途径。[①] 基于"二元诉权说",检察机关的民事公益诉权就是检察机关基于法律规定,为保护特定的公共利益要求法院予以裁判的权力。作为民事公益诉权,由于其保护的是公共利益,它与私益诉权存在诸多差异,这些差异所伴生的相关诉讼权力均是保护与实现检察机关民事公益诉权所必须的,也是检察机关民事公益诉权的必要组成部分。

一、私益诉权和民事公益诉权之区别

(一)保护范围不同

在私益诉讼中,法律一般不会对当事人请求保护的民事利益作出事先限定,它以全面保护私益为原则,即使有限定,也是个别的、特殊的,其依据的是私法保护原则即"法无禁止即可为"。所以,私益诉权需要确定的是不予保护的问题。而民事公益诉讼,其主体的拟制性以及公共利益的不特定性,决定了其依据是公法的保护原则即"法无授权不可为"。所以,民事诉权研究的首要问题是法律授权保护的范围,基于保护范围的不同采取相应的诉权手段。

(二)诉讼请求的目的功能不同

民事公益诉讼的案件范围主要集中在侵权领域,在此领域,私益诉讼的功能主要在于补偿损害和惩罚。由于实体权利遭受侵害的状态和程度不同,被侵权人会提出不同的诉讼请求,要求侵权人承担不同的侵权责任。《民法典》保留了《侵权责任法》的规定,规定了侵犯知识产权、产品责任、污染生态环境的惩罚性赔偿,即便如此,惩罚也并非《侵权责任法》的主要功能,惩罚性赔偿作为填补损害原则的例外,并不以惩罚为目的,而是通过惩罚来加大侵权成本,使之远远大于收益,从而对侵权人产生震慑。[②] 而民事公益诉讼除了补偿和惩罚

---

① 参见汤维建主编:《民事诉讼法》(第二版),北京大学出版社 2014 年版,第 32 - 33 页。
② 程啸:《侵权责任法》(第二版),法律出版社 2015 年版,第 23 页。

功能外,还特别强调预防的功能,就是通过民事公益诉讼"教育不法行为人,引导人们正确行为,预防各种损害的发生,从而保持社会秩序的稳定和社会生活的和谐"。① 这是民事公益诉讼请求追寻的最根本目的,也是对公共利益最大的维护。

正是因为民事公益诉讼和私益诉讼在功能上存在较大差异,所以民事公益诉讼请求具有特殊性,《民法典》实际已经无法满足民事公益诉讼的需要,现实中往往以司法解释的方式来突破《民法典》的规定。比如《环境公益诉讼解释》中对于"恢复原状"和"赔偿损失"作出了不同于一般侵权责任的解释,最高人民法院将与生态环境相关的社会公共利益称之为生态环境利益,其属于环境权的范畴但并非环境权本身,具有公权与私权的双重属性。② 此种生态环境利益并非个人独有,而是一种公共性的权益。上述两种诉讼请求在私益诉讼中可以分为恢复类和赔偿类的责任承担方式,均是为了补偿私人利益的损失;而其在环境公益诉讼中是为了补救遭受损害的生态环境利益。可见,《环境公益诉讼解释》在其主要诉讼请求类型限于《民法典》规定的责任承担方式的同时,其部分诉讼请求的内涵实际上已超出了《民法典》规定的范畴。

民事公益诉讼虽然与私益诉讼存在诸多不同,但民事公益诉讼请求的设置仍要以实体法为基础,需要参照"原权利——救济权"的权利构造模式,追溯民事公益诉讼请求的"原权利"。鉴于民事公益诉讼的特殊性,实体权利只有与民事公益诉讼的功能相符合时,才能基于该实体权利提出相应的民事公益诉讼请求。而《民法典》作为私权的宝典,它所构建的私权体系是无法完全容纳公共利益的需求的,它只能为私益与公共利益兼容的部分提供"原权利"。鉴于《民法典》本身的局限性,为了全面保护公共利益,应当根据民事公益诉讼的特

---

① 王利明、杨立新、王轶、程啸:《民法学》(第六版),法律出版社 2020 年版,第 1038 页。
② 参见最高人民法院环境资源审判庭编:《最高人民法院关于环境民事公益诉讼司法解释理解与适用》,人民法院出版社 2015 年版,第 238 - 241 页。

点,通过制定民事公益诉讼相关法律对诉讼请求予以明确规定,以构建区别于私益诉讼的民事公益诉讼请求体系。

二、检察机关民事公益诉权所包含的三种特有诉讼权力

(一)作为诉权保障的调查核实权

调查核实权是履行民事公益诉权的基础手段。检察机关提起民事公益诉讼的原因是公共利益严重受损,如何认定公共利益严重受损就需要证据证明,而如何取得证据,就需要调查核实权作为实现的手段。调查核实权是对检察机关调查权的特定称谓,在私益诉讼中当事人拥有同质的权利调查权。在私益诉讼中,调查权为当事人履行其诉权提供了保障手段,是当事人诉权的基础性权利。之所以是基础性权利,是因为当事人无论原、被告均需要提供相应的证据来支持其主张,需要其进行调查取证并将证据提供给法院。如果其无法调查取证,但符合法定事由,则可以申请法院调查,借助公力来弥补调查能力的不足,否则就要基于证明责任承担不利后果。由于调查是取得证据的手段,证据是认定事实、适用法律的基础,所以对诉权而言调查核实权就是基础性手段。这一基本原理不仅适用于私益诉讼,同样也在民事公益诉讼中成立。此外,不同于私益诉讼的原告,民事公益诉讼的原告一般具有实体权利,对于利益的受损既是第一知情人,也是亲历者,是距离证据最近的人。而检察机关只是具有诉讼资格,并不具有对受损公共利益的管理权,既不是知情人,也不是亲历者,其与证据的距离不具有优于任何主体的优越性。检察机关了解事实,掌握案情,作出判断,就更需要调查核实权去取得证据。

(二)作为诉权变体的诉讼监督权

在私益诉讼中,检察机关一般是不作为诉权主体出现的,其只通过诉讼监督权来维护法律,保护公共利益。之所以将诉讼监督权称为诉权的变体,是因为诉讼监督权是检察机关发现法院违法情形,向法院提出纠正意见,由其自行纠正的权力。同诉权一样,这种权力本质上也是请求权,是对违法提出纠正的请求权,其与诉权的不同之处在于诉权是请求法院作为第三方来处理,而诉讼监督权是请求法院自行纠正。基于以上原因,可以将诉讼监督权视为诉权的变体,私益诉讼中只存在检察机关民事公益诉权的变体——诉讼监督权。

而在民事公益诉讼中,检察机关的民事公益诉权和诉讼监督权是并存的。这就涉及二者的关系问题:诉讼监督权是包含于民事公益诉权,还是独立于民事公益诉权。目前司法解释是将二者分离,①而本书是持包含关系的立场。之所以持包含立场,是因为就检察机关提起民事公益诉讼而言,它服务并服从于诉权的需要,属于诉权运行过程中,基于实现诉权的程序需要而运行的权力,它不具有独立程序地位。比如针对诉讼结果的抗诉权,针对法院审判行为的程序监督权,都是在诉权运行过程中出现法定事由,表层是监督目的,其实质是为实现诉权目的而运行的。

(三)体现检察机关诉权最终保障作用的支持起诉权

检察机关提起民事公益诉讼的案件,其不仅是诉权主体,而且是具有最终保障职能的主体,这种最终保障性决定了检察机关不仅要在无适格主体起诉时承担诉讼职责,而且在有适格主体起诉时,也要履行维护公共利益的诉讼职责。鉴于这种最终保障性,在适格主体提起民事公益诉讼时,检察机关是不能完全脱离案件关系,完全放任当事人自主决定的。但是,如何操作来实现检察机关的最终保障职能,检察机关需要通过何种程序,以及以何种身份介入? 对此,支持起诉权提供了路径。

---

① 目前"两高"的《检察公益诉讼解释》未规定检察机关对民事公益诉讼的诉讼监督权。

4.2　民事公益诉权的保护范围:案件范围

4.2.1　比较法维度

一、法国

法国是大陆法系的起源地和典范,诸多后发国家都是以其为蓝图构建检察机关提起民事公益诉讼制度的,比如日本就基本仿效了法国。法国检察官作为主当事人参加诉讼,既可以成为原告,也可以成为被告。

(一)民法规定

经过 200 多年的不断修订,目前《法国民法典》规定检察机关有权提起:1.宣告具有或不具有法国人资格之诉(第 29 - 3 条);2.宣告死亡之诉(第 88条);3.宣告公民身份之诉(第 99 条);4.宣告失踪之诉(第 112 条);5.提出婚姻无效之诉(第 184、190 条);6.提出有关行使侵权之诉(第 291 条);7.设立或者不设立监护、变更亲权之诉(第 373 - 3,374 条);8.对未成年设置教育性救助措施之诉(第 375 - 5,375 - 6 条);9.提出完全撤销侵权之诉(第 378 - 1 条);10.提出排除或者撤销监护之诉(第 446、447 条);11.任命财产管理人之诉(第812 条);12.请求法院命令按规定办理设立公司之手续之诉(第 1839 条);13.请求法院派人清算之诉(第 1844 - 8 条)。

(二)商法规定

检察官可以作为主当事人,其中既有《法国民法典》中的规定,也有《法国商法典》中的规定,主要规定在《司法重整与司法清算法》。① 但是,由于现实中检察机关检察官人数限制的问题,他们很少依职权干预:1.检察官可以申请司

---

① 除特别注明外,以下《法国商法典》相关法条的译文均出自《法国商法典》,金邦贵译,中国法制出版社 2000 年版。

法重整程序立案(第 4 条);2.在债务人不履行财务义务的情况下,检察官、债务人或作为协议一方当事人债权人,可以请求开始进行司法重整程序(第 5 条);3.检察官可以要求更换司法管理人、专家或债权人代表(第 12 条);4.检察官可以在任何阶段要求司法管理人及债权人代表提供有关司法重整程序的文件材料(第 13 条);5.检察官要求法庭在观察期期间批准签署租赁经营合同(第 42 条);6.在司法清算程序中,检察官可以提出指定或替换清算人的请求(第 148－4 条);7.检察院可以对宣布开始进行司法清算程序的判决等提出上诉(第 171、174 条)。

(三)法定情形外

《法国新民事诉讼法典》第 423 条规定:"除法律有特别规定之情形外,在涉案事实妨害公共秩序时,检察院得为维护公共秩序提起诉讼。"[1]检察官可以在法定事由之外提起诉讼。由于该条是对法律一般规定的突破,极大地扩张了检察机关的诉权,它的适用条件就是"妨碍公共秩序"事实。[2] 这一事实本身就很宽泛,它更像一个授权性条款,授权有关机关来主观判断,对于检察机关也是同样。尽管检察机关名义权力很大,但在实践中还是很审慎的,司法机构对是否受理检察机关提起的诉讼常常予以控制。[3]

二、巴西

作为大陆法系国家的巴西,其检察机关仍然保有传统意义的民事公益诉权。除此之外,巴西检察机关还可以提起公共民事诉讼,也就是最具巴西特色

---

① 《法国新民事诉讼法典(附判例解释)》,罗结珍译,法律出版社 2008 年版,第 436 页。以下《法国新民事诉讼法典》的相关法条均出自罗结珍译本。

② 根据法国最高法院在 1946 年所作的解释,对公共秩序的妨碍是指"立法者、公共道德机构(organe de la conscience publique)以及一般利益守护人所认为的对一个国家政治、社会、经济和道德组织的妨害"。参见魏武:《法德检察制度》,中国检察出版社 2008 年版,第 103 页。

③ [法]洛伊克·卡迪耶:《法国民事司法法》(原书第三版),杨艺宁译,中国政法大学出版社 2010 年版,第 130 页。

的民事公益诉讼。① 公共民事诉讼的范围包括:"下列方面的权益遭受精神和财产的损害时追究责任所提起的诉讼……1.环境。2.消费者。3.艺术、美学、历史、旅游和自然景观方面的财产和权利。4.任何其他的扩散性和集合性的权益。5.侵犯经济秩序。6.城市秩序。7.种族、民族或宗教方面群体性的荣誉和尊严。"②

在巴西,扩散性权益(diffuse interests or rights)进入公益诉讼范畴就转变为扩散性权利,它是指"由不特定多数人所享有且具有不可分性的超越个人的权利。这些不特定人群中不具有共同的法律关系",③这种权利具有纯粹的公益性,它具有不可分割的特征,它与每个主体密切相关,但又不能分割给具体主体享有,或是由某个主体独占。任何一个主体的权益受到侵害,就意味着公共利益受到侵害,例如有关组织对电视虚假广告提起诉讼。而集合性权益(collective interests or rights)是指"由基于某种法律上的关系而相互产生联系或与对方当事人产生联系的一群、一类或一个集团的人所拥有的超个人的、不可分割的权益"。④ 类似于扩散性权益,集合性权益也具有不可分性。但是两者的区别在于,集合性权益的主体是由于事先的法律关系而联合在一起的,具有一定的特定性,比如已经购买了某种产品的消费者等。这种事先产生的法律关系是集合性的基础,也就是这些成员个体由于存在的共同法律关系而联合在一起。

---

① 巴西公共民事诉讼制度源于1985年制定的《公共民事诉讼法》,所谓"公共民事诉讼是指检察院以及有关政府机构或者民间社会团体对于损害社会公共利益的人,可以依法提起民事诉讼以追究其民事责任的诉讼制度"。以上引自刘学在:《民事公益诉讼制度研究—以团体诉讼制度的构建为中心》,中国政法大学出版社2015年版,第250页。

② 以下巴西《公共民事诉讼法》的相关译文均出自刘学在:《民事公益诉讼制度研究—以团体诉讼制度的构建为中心》,中国政法大学出版社2015年版,第525-527页。

③ 李锐、陶建国:《巴西消费者集团诉讼制度及其启示》,《人民论坛》2012年第9期,第90页。

④ 刘学在:《巴西检察机关提起民事公益诉讼制度初探》,《人民检察》2010年第21期,第71页。

三、俄罗斯

（一）俄罗斯检察机关提起民事公益诉讼的范围

具体而言：1. 将不应承担刑事责任的未成年人安置于专门的、封闭的学习（感化）机构；2. 认定婚姻无效；3. 剥夺或限制父母亲的权利；4. 认定关于侵害被赡养人利益的赡养费支付协议无效；5. 撤销收养关系；6. 维护没有父母监管的孤儿和孩子的权利；7. 在劳动争议委员会的判决不符合法律和其他法律文件的情况下，发生的个人劳动争议；8. 认定罢工非法；9. 侵犯工会的权利；10. 中止或禁止与俄罗斯联邦宪法、俄罗斯联邦主体宪法、联邦法律相违背的工会活动；11. 确定由地方自治组织章程规定的地方自治代表机关代表的选举结果和地方自治选任公职人员的选举结果；12. 确认全民公决、关于举行全民公决有争议的决定和在全民公决中所作的有争议的决定；13. 维护俄罗斯公民的选举权和参加全民公决的权利；14. 取缔社会联合组织；15. 取缔或禁止社会联合组织或宗教联合组织的活动；16. 终止大众新闻媒体的活动；17. 追究恐怖组织的责任。[①]

（二）检察长参加仲裁法院的案件范围

《俄罗斯联邦仲裁诉讼法典》52 条第 1 款："检察长有权向仲裁法院提出：1. 要求撤销俄罗斯联邦国家权力机关、俄罗斯联邦各主体国家权力机关、地方自治机关涉及组织和公民在经营活动和其他经济活动领域的权利和合法利益的规范性法律文件、非规范法律文件的申请；2. 要求认定俄罗斯联邦国家权力机关、俄罗斯联邦各主体国家权力机关、地方自治机关、国家单一制企业和自治地方企业、国家机构以及在其注册资本中有俄罗斯联邦或地方自治组织参股的法人所实施的法律行为无效的诉讼；3. 关于适用俄罗斯联邦国家权力机关、俄罗斯联邦各主体国家权力机关、地方自治机关、国家单一所有制企业和自治地

---

① 参见［俄］IO. E. 维诺库罗夫主编：《检察监督》（第七版），刘仁文译，中国检察出版社 2009 年版，第 308－309 页。

方企业、国家机构以及在其注册资本中有俄罗斯联邦或地方自治组织参股的法人所实施的自始无效法律行为无效的后果的诉讼。"①以上第一项诉讼类似于我国的行政诉讼,而第二、三项诉讼则是典型的民事诉讼,是检察机关为维护国家社会利益提起交易无效的诉讼,其目的是为了保护国家和社会公共资产。

四、美国

在美国,检察机关提起民事公益诉讼的范围经历了从最初的"纳税人阻止政府滥用权力、违法使用资金"等诉讼向"环境保护""性别歧视""人权保护"和"公共教育""公共健康"等民事诉讼扩展、延伸,在反垄断、环境保护和消费者权益保护上发挥了重要作用。②

(一)反垄断民事公益诉讼

1890 年《谢尔曼法》、1914 年《克莱顿法》《联邦贸易委员会法》是美国早期反托拉斯活动的主要法律。

1.《谢尔曼法》主要制裁两类违法行为:③1. 以合同或是企业联合的方式组建托拉斯式或其他形式的垄断组织;2. 具有垄断行为或谋求垄断的行为,这两类违法行为的目的是为了限制州际或与外国贸易或商业的竞争。美国检察机关开展的反垄断民事公益诉讼对于推动《谢尔曼法》的实施功不可没,④具有划时代意义的案例就有 1911 年的标准石油公司案,⑤这是传统工业时代的典型案

---

① 《俄罗斯联邦仲裁程序法典》,黄道秀译,中国人民公安大学出版社 2005 年版,第 42 - 43 页。

② 胡云红:《比较法视野下的域外公益诉讼制度研究》,《中国政法大学学报》2017 年第 4 期,第 20 页。

③ 《谢尔曼》第 1 条规定:"使用任何合同、以托拉斯形式或其他形式的联合、共谋,目的是用来限制州际或与外国之间的贸易或商业,是非法的。"第 2 条规定:"任何人垄断或企图垄断,或与一人或者数人联合、共谋垄断州际间或与外国间的商业或贸易,是严重犯罪。"

④ 《谢尔曼法》第 4 条规定:"各区检察官,依司法部长的指示,在其各区内提起衡平诉讼,以防止或者限制违反本法的行为。针对上述案件的起诉可以诉状形式,要求禁止或限制违反本法的行为。"

⑤ 1906 年司法部起诉当时美国的托拉斯标准石油公司(Standard Oil Company),指控其"企图以垄断的方式控制国内石油及其副产品的商贸活动",违反了《谢尔曼法》。1911 年 5 月美国联邦最高法院作出判决,认为标准石油公司违反了《谢尔曼法》,将其解散分拆为 38 个独立的企业。以上参见汤明:《美国联邦法院反垄断判例的历史考查》,江西师范大学 2011 年硕士学位论文,第 18 页。

例,在知识经济时代的典型案例是 1998 年微软案。①

2.《克莱顿法》于 1914 年 5 月 6 日生效,它是为修正《谢尔曼法》而颁布的,该法"禁止在实质上减损竞争或意图在任何商业领域导致垄断的价格歧视、搭售、独占性交易、兼并、互兼董事职位等行为",②其目的是将垄断行为遏制在萌芽状态。其与《谢尔曼法》的区别在于,后者要求"证明损害了竞争",前者只要求"可以合理预见其将来会产生损害"。③ 联邦政府由联邦检察官提起损害赔偿诉讼,④州检察官可以代表本州自然人利益提起损害赔偿诉讼。⑤

3.《联邦贸易委员会法》。在《克莱顿法》之后,同年 9 月美国国会又通过了《联邦贸易委员会法》,据此建立了联邦贸易委员会,"该机构负责执行消费者保护法和反垄断法"。⑥ 该法第 5 条(a)(1)明确规定:"商业中或影响商业的不公平的竞争方法是非法的;商业中或影响商业的不公平或欺骗性行为及惯例是非法的。"⑦联邦贸易委员会是"司法部执行反托拉斯政策的特别代理机关,有权在美国任何地方进行调查、收集有关信息、检查大公司活动、发布禁令、

---

① 1998 年美国司法部部长和 20 个州的检察长对微软公司提出反垄断诉讼,2000 年 4 月联邦地区法院判决微软公司违了了《谢尔曼法》。2011 年 11 月微软公司和司法部及 9 个州达成和解协议:微软公司同意 PC 制造商可以自由选择视窗桌面,微软公司公开视窗软件的部分源代码。以上参见韩志红:《从微软案件始末看美国反垄断法的实施》,《经济法研究》2007 年第 6 卷,第 212–217 页。

② 薛波主编:《元照英美法词典》(缩印本),Clayton Act 词条,北京大学出版社 2013 年缩印版,第 234 页。

③ 《北京大学法学百科全书》(经济法学),《克莱顿法》词条,北京大学出版社 2007 年版,第 575 页。

④ 《克莱顿法》第 4 条 A 款:"美国因为反托拉斯法禁止的行为利益受到损害,美国政府可以在联邦法院管辖范围内对该管辖区内的被告或者其代理人提起诉讼,无论损失的数量是多少,原告将获得损失的 3 倍赔偿额和诉讼成本的赔偿。"以上参见美国司法部反托拉斯局编:《美国反托拉斯手册》,文学国、黄晋等译,知识产权出版社 2012 年版,第 14 页。以下《克莱顿法》相关译文均出自该手册。

⑤ 《克莱顿法》第 4 条 C 款:"州司法部长作为州政府的监护人,代表其州内自然人的利益,可以本州的名义,向被告所在地的美国联邦地区法院提起民事诉讼,以确保其自然人因他人违反《谢尔曼法》所遭受的损失而获得金钱救济。"《克莱顿法》第 4 条 B 款规定以上诉讼的时效为 4 年。

⑥ 薛波主编:《元照英美法词典》(缩印本),Federal Trade Commission 词条,北京大学出版社 2013 年缩印版,第 541 页。

⑦ 以下关于《联邦贸易委员会法》的相关法条均来自"百度百科":联邦贸易委员会词条,网址 https://baike. baidu. com/item/% E8%81%94% E9%82% A6% E8% B4% B8% E6%98%93% E5% A7%94% E5%91%98% E4% BC%9A% E6% B3%95/9800553,最后访问时间 2020 年 7 月 22 日。

执行反托拉斯法并校验结果、接受控告、举行听证、禁止企业购买竞争者的股票等",①将政府对市场的监督从垄断行为扩展至其他不正当竞争行为,维护市场秩序,保护消费者合法权益。对于联邦贸易委员会在维护市场秩序的相关民事公益诉讼,联邦检察机关也有权起诉。②

除了联邦检察系统外,美国的地方检察系统,特别是州检察长也拥有同样的权力,"州检察长的职能和办公组织类似于司法部……他们通常代表自己所在的州提起民事诉讼……执行反托拉斯法、保护消费者和环境法规等"。③

(二)环境保护公益诉讼

1969 年 12 月美国国会制定《国家环境政策法》(National Environment Policy Act of U. S. A),它是美国第一部综合性的环境保护法。根据"公共信托"理论④,该法在第 101 条(b)款中规定:"作为生态环境的受托人,国家应当为了后代人的利益履行每一代的责任。"⑤为了保障国家作为受托人的义务,美国联邦政府和州政府,有权就环境资源的受损提起民事诉讼,也就是由检察机关履行以上职能。美国《清洁水法》(Clean Water Act of U. S. A)第 311 条(f)款规定:"总统或者各州政府的代表应当作为自然资源的受托人,代表社会公众索赔自

---

① 北京大学法学百科全书编委会编:《北京大学法学百科全书》(经济法学),北京大学出版社 2007 年版,第 647 页。

② 《联邦贸易委员会法》第 16 条(a)(1)规定:"(A)在授权委员会、司法部长代表委员会提起与本法相关的诉讼,进行辩护或干预诉讼(包括获取民事处罚的诉讼),在开始诉讼,进行辩护或干预之前,委员会要发出书面通知,同司法部长就诉讼的各方面进行协商;(B)司法部长在收到该书面通知的 45 天内,不能起诉、辩护和进行干预,委员会可起诉、辩护、干预及检查诉讼中的个人,以及以自己的名义进行上述活动。"

③ 美国司法部反托拉斯局编:《美国反托拉斯手册》,文学国、黄晋等译,知识产权出版社 2012 年版,第 325 页。

④ "公共信托"理论认为,环境资源对于人类社会极端重要,它属于全体国民的"公共财产",任何人不得占有、使用和损害,国民为了管理好环境资源可将其委托给政府,政府应当为全体国民(当代及后代子孙)管理好环境资源。以上参见北京大学法学百科全书编委会编:《北京大学法学百科全书》(环境法学),北京大学出版社 2016 年版,第 133 页。

⑤ "(1) fulfill the responsibilities of each generations as trustee of the environment for suceedings generations. "See 42 U. S. C § 4331(b)(1).

然资源修复或恢复的成本。"①美国《综合环境反应、赔偿和责任法》(Compre-
hensive Environment Response, Compensation and liability Act) 在第 107 条(f) 款
规定:"总统或者任何州政府的代表应当代表公众作为自然资源的受托人获取
自然资源损害赔偿。"②

除了"公共信托"理论外,基于公民诉讼制度,检察机关也有权提起环境公
益诉讼。为了保护环境,美国国会先后于 1970 年制定了美国《清洁空气法》
(Clear Air Act of U. S. A) ,1972 年制定了《清洁水法》,1976 年制定了《资源保
护与回收法》(Resource Conservation and Recovery Act of U. S. A) 等环境单行法。
"综合美国各环境单行法来看,包括……《濒危动物保护法》(Endangered Spe-
cies Act,USA) ,都无一例外地规定了'公民诉讼'条款",允许任何主体起诉的
诉讼,这里就包括检察机关,"除《清洁水法》外,其他环境单行法无一例外都将
联邦政府部门确定为公民诉讼的原告之一"。③ 除了联邦法律外,美国各"州环
境公民诉讼的原告范围也很广泛,一般包括州行政机构,如检察总长,以及本州
公民或居住本州的人"。④

(三)消费公益诉讼

由于消费者公益诉讼和反垄断具有天然联系,所以,美国的反垄断法中同
时规定了消费公益诉讼制度,例如《克莱顿法》第 4 条(c) 款赋予各州检察长集
团诉讼的权限。除了反垄断法的渊源外,州检察长提起诉讼是根据普通法'父
权诉讼'理论而提起的,此后,各州通过消费者保护立法明确赋予了州检察长诉
讼权利。⑤

---

① 张辉:《美国环境法研究》,中国民主法制出版社 2015 年版,第 447 页。
② 张辉:《美国环境法研究》,中国民主法制出版社 2015 年版,第 448 页。
③ 张辉:《美国环境法研究》,中国民主法制出版社 2015 年版,第 480 页。
④ 陈冬:《美国环境公民诉讼研究》,中国人民大学出版社 2014 年版,第 121 页。
⑤ 陶建国等:《消费者公益诉讼研究》,人民出版社 2013 年版,第 123 页。

五、结论

(一)案件范围折射着国情

检察机关提起民事公益诉讼制度虽然保护的是民法意义上的公共利益,但是保护范围的确具有很强的公法特性,基于各国的国情、文化传统、法治状态而产生差异。法国、日本等大陆法系国家强调国家作用,强调国家对基本人权的保护,检察机关代表公共利益保护公民的人格权和身份权,所以涉及此类的案件成为民事公益诉讼的重点,同时在商法中代表公共利益来监督商事行为,尤其是破产重组阶段的行为。美国更崇尚自由资本主义,不主张国家对公民的过多干预,但是维护公平的社会竞争秩序,以及新兴的环保运动则成为国家关注的重点,所以消费者权益保护、反垄断以及环境保护等关乎社会重大利益的案件成为民事公益诉讼的范围。俄罗斯作为转轨国家,虽然其国家制度发生了根本变化,但是检察机关民事公益诉讼的范围并没有发生重大变化,特别是仍然保留了干预重大经营行为保护国家利益的民事公益诉权。

(二)发展之规律

现代检察制度建立所处的时代为资本主义自由竞争阶段,强调国家只是消极的守夜人,因此各国检察机关主要是为维护公共秩序而提起民事公益诉讼,其范围主要集中在:有关个人身份权保护的案件、维护公共秩序、保护弱势群体利益、婚姻效力、亲子关系、监护制度、宣告失踪、宣告死亡等。比如为了公共秩序可以提起宣告婚姻无效之诉;为了保护弱势群体,可以向法院申请进行禁治产宣告等;在商事案件中,作为公共利益的代表行使监督权,比如参与破产案件等。由于检察机关自建立就开始提起此类民事公益诉讼,它们可以被称为传统型的民事公益诉讼。

伴随着人类社会的发展,各种社会关系日益复杂,国家从消极的守夜人转变为公共利益维护者、调节者,与之相应的民法也从最初的权利本位转变为社会本位。以环境公益诉讼为代表的现代型民事公益诉讼大量产生,正是民法社会本位的集中体现,检察机关作为公益的代表参与其中也是义不容辞的。所以,在新型民事公益诉讼开展比较充分的美国,检察机关大量拥有新型民事公益诉权,能够提起此类民事公益诉讼。伴随着检察机关民事公益诉权的拓展,旧有的传统民事公益诉讼则成下降趋势,比较典型的是德国,检察机关已经全部退出了传统的民事公益诉讼。

4.2.2 实践考察

一、案件的范围

截至 2023 年底,按照准据法检察机关可提起的民事公益诉讼分为六类十一个领域:生态环境和资源保护、消费者权益保护(食品药品安全、个人信息、电信网络)、国家利益保护(英雄烈士、军人权益)、安全生产保护、弱势群体权益保护(妇女、未成年人、残疾人及老年人)、市场公平竞争秩序保护(反垄断)。

(一)生态环境和资源保护领域

在此领域中,检察机关提起民事公益诉讼针对的是严重污染环境、破坏资源等损害社会公共利益的行为。污染环境比较好理解,就是将污染物排入环境,从而对环境质量造成破坏。它包括两类,一类是污染环境,一类是破坏资源。污染环境按照污染物的形态分为:大气污染、水污染、土壤污染和固体废物污染。破坏资源主要是通过破坏各类资源致使生态遭受破坏,如果只是破坏资源而未损害社会公共利益,就不属于民事公益诉讼的范围。按照破坏资源的类型分为:破坏土地资源、破坏矿产资源、破坏林业资源、破坏草原资源等。在试点工作期间(2015.7—2017.6),全国试点检察机关共发现环境民事公益诉讼案件线索 890 件、开展诉前程序 166 件、起诉 72 件、审结 16 件。① 此后,2017 年 7

---

① 以上数字出自最高人民检察院办公厅:《检察机关公益诉讼试点工作 2017 年 6 月情况通报》(高检办字[2017]178 号)。

月至 12 月，①全国检察系统发现环境民事公益诉讼案件线索 1003 件、起诉 14 件、审结 12 件。② 江苏省常州市人民检察院诉许某惠、徐某仙环境污染民事公益诉讼案是首例检察机关提起民事公益诉讼案件。③

（二）消费者权益保护领域

目前消费者权益保护领域是有限的，针对的是食品药品安全、个人信息领域、电信网络领域侵害众多消费者合法权益等损害社会公共利益的行为。检察机关最早开展的是食品药品安全领域的民事公益诉讼，在试点期间就开展了，经过《民事诉讼法》修订而法定。此后，《个人信息保护法》出台，它规定了个人信息领域的民事公益诉讼。④ 由于此类案件损害的是消费者的权益，而且法律规定消费者组织也享有民事公益诉权，所以将其归入消费者权益保护领域民事公益诉讼范畴。其后，在电信网络领域，为了保护消费者权益，遏制猖獗的电信网络诈骗，国家特制定了《反电信网络诈骗法》。它通过电信治理、金融治理、网络治理等综合方式来防治电信网络诈骗，《反电信网络诈骗法》将检察机关提起公益诉讼列为治理手段之一。具体而言，检察机关在履行反电信网络诈骗职责过程中，主要是在行使刑事检察职能保护电信网络消费者的过程中，发现国家、社会利益受到侵害，检察机关有权提起公益诉讼，包括民事和行政两种诉讼。由于这里强调的是国家、社会公共利益受侵害，没有涉及具体的消费者权

---

① 试点工作于 2017 年 6 月结束，此后检察公益诉讼从十三个省级试点推广至全国。所以，2017 年 6 月以后的统计数字为全国的数字。

② 以上数字出自最高人民检察院办公厅：《检察机关公益诉讼试点工作 2017 年 12 月情况通报》（高检办字［2018］4 号）。

③ 2015 年 12 月 21 日，常州市人民检察院以公益诉讼人身份向常州市中级人民法院起诉。常州市人民检察院认为，被告许某惠、徐某仙实施了污染环境的行为，造成了环境的严重污染，损害了公共利益，请求法院判令二人赔偿污染环境修复费用 356.2 万元，消除危险。2016 年 4 月 14 日，常州市中级人民法院作出［2015］常环公民初字第 1 号民事判决，判决如下：一、二被告处置污染物，消除环境继续污染危险；二、二被告委托有资质单位制订土壤修复方案并实施；三、赔偿环境损失 150 万元。参见最高人民检察院第八厅编：《民事公益诉讼典型案例实务指引》，中国检察出版社 2019 年版，第 118 - 140 页。

④ 《个人信息保护法》第七十条规定："个人信息处理者违反本规定处理个人信息，侵害众多人的权益的，人民检察院、法律规定的消费者组织和由国家网信部门确定的组织可以依法向人民法院提起诉讼。"

益,而且《反电信网络诈骗法》也未授权其他组织提起此类公益诉讼的权利。该项民事公益诉权由检察机关垄断。

对于食品药品安全领域的民事公益诉讼,试点工作期间,全国试点检察机关共收集民事公益诉讼线索 279 件、开展诉前程序 61 件、起诉 22 件、审结 2 件。① 此后,2017 年 7 月至 12 月,②全国检察系统消费者权益保护领域民事公益诉讼线索 325 件、起诉 15 件、审结 8 件。③ 2020 至 2021 年,全国检察机关食品药品安全领域提起民事公益诉讼案件 499 件、提起刑事附带民事公益诉讼案件 2254 件,合计 3201 件。④ 全国首例检察机关提起的消费者权益保护领域民事公益诉讼是湖北省十堰市人民检察院诉周某召销售不符合安全标准食品案。⑤ 2021 年 4 月 22 日,最高人民检察院向社会发布了 11 件检察机关个人信息保护典型案例,其中包括民事公益诉讼 1 件,⑥2022 年 3 月 7 日,最高人民检察院向社会公布第三十五批指导性案例,其中检例 141 号浙江省杭州市余杭区

① 以上数字出自最高人民检察院办公厅:《检察机关公益诉讼试点工作 2017 年 6 月情况通报》(高检办字[2017]178 号)

② 试点工作于 2017 年 6 月结束,此后检察公益诉讼从十三个省级试点推广至全国,所以 2017 年 6 月以后的统计数字为全国的数字。

③ 以上数字出自最高人民检察院办公厅:《检察机关公益诉讼试点工作 2017 年 12 月情况通报》(高检办字[2018]4 号)。

④ 最高人民检察院第八厅:《关于全国检察机关 2020 年至 2021 年办理食品药品安全领域民事公益诉讼惩罚性赔偿案件情况的报告》,《公益诉讼检察工作指导》2022 年第 3 辑,第 119 页。

⑤ 2016 年 8 月 16 日十堰市人民检察院起诉至十堰市中级人民法院。十堰市人民检察院认为,被告周某召购进并销售假冒碘盐,数额巨大,涉及范围广、人口多,存在危害公众身体健康的重大食品安全隐患,请求法院判令周某召收回假冒碘盐并依法处置,通过公开媒体向社会公众赔礼道歉。2017 年 3 月 28 日,十堰市中级人民法院作出[2016]鄂 03 民初 118 号民事判决,判决全部支持了检察机关的诉讼请求。参见最高人民检察院第八厅编:《民事公益诉讼典型案例实务指引》,中国检察出版社 2019 年版,第 177–190 页。

⑥ 河北省保定市人民检察院诉李某侵害消费者个人信息权益民事公益诉讼案。河北省保定市人民检察院(以下简称保定市检)在审查郭某某侵犯公民个人信息刑事附带民事公益诉讼请示案件时发现,李某被判处侵犯公民个人信息罪的同时,存在利用非法获取的公民个人信息进行消费欺诈的行为。保定市检察院经公告,并函询相关组织,没有法律规定的机关和有关组织提起诉讼。2020 年 7 月 20 日,保定市检向保定市中级人民法院提起民事公益诉讼,请求依法判令被告李某支付三倍惩罚性赔偿金共计人民币 166.3815 万元;采取有效措施删除所有非法持有的公民个人信息数据;在国家级媒体上公开赔礼道歉。2020 年 12 月 30 日,保定市中级人民法院作出判决,支持了检察机关全部诉讼请求。目前判决已生效。这是一起典型的通过刑事诉讼发现线索,经过调查,从而提起民事公益诉讼的案件。

人民检察院对北京某公司侵犯儿童个人信息权益提起民事公益诉讼就属于个人信息保护领域的民事公益诉讼案件。考虑到以上侵害行为都发生在电信网络环境中，而且这种侵害行为多数会被用作诈骗犯罪的预备，所以它们也属于反电信网络诈骗领域的民事公益诉讼案件。

（三）国家利益领域

这类领域案件目前主要是保护英雄烈士人身权益和军人人身权益，其法律依据是《中华人民共和国英雄烈士保护法》和《中华人民共和国军人地位和权益保障法》。之所以将其归为国家利益，不仅是因为他们是中华民族的共同记忆，是民族自豪感的重要来源，[1]而且是因为他们已经成为新中国的代表与象征。正因如此，对他们人格利益的损害，不仅损害社会公共利益，更是直接针对我们国家政权的合法性、正当性的损害，是一种温水煮青蛙似地慢性且深远的危害。所以，必须引起我们充分地警惕和高度重视，这是国家为保护英雄烈士合法权益立法的原因所在。同理，人民解放军是捍卫国家的钢铁长城，对于军人的荣誉、名誉等合法权益的损害，必然也是对国家利益的损害。检察机关提起的第一件检察英烈保护民事公益诉讼是江苏省淮安市人民检察院诉某网民公然侮辱救火消防烈士案。[2] 该案判决生效后，最高人民检察院将其作为第13批指导性案例公开发布。2019 年检察机关共提起 48 件，2020 年共提起11 件。[3]

（四）安全生产领域

安全生产民事公益诉讼针对的是因安全生产违法行为造成重大事故隐患

---

① 陈甦主编：《民法总则评注》，法律出版社 2017 年版，第 1323 页。
② 2018 年 5 月 17 日，江苏省淮安市人民检察院对网民公然侮辱救火消防烈士作出立案决定，2018 年5 月 21 日淮安市人民检察院向淮安市人民法院对侵权人曾某，提起英烈保护检察机关民事公益诉讼，要求其通过媒体公开赔礼道歉、消除影响。2018 年 6 月 12 日，淮安市中级人民法院经审理，认定曾某侵害了烈士名誉并损害了社会公共利益，当庭作出判决，判令曾某在判决生效起七日内在该地市级报纸上公开赔礼道歉。2018 年 6 月 6 日，曾某在《淮安日报》公开刊登道歉信，消除因其不当言论造成的不良社会影响。
③ 最高人民检察院八厅：《2020 年公益诉讼检察工作总结》，第 3 页。

或者导致重大事故,致使国家利益或者社会公共利益受到侵害的行为。安全生产的意义在于它事关人民群众的生命与财产安全,是人民群众的根本利益所在。2019 年至 2021 年 3 月,检察机关共办理安全生产民事公益诉讼案件 77 件,提起刑事附带民事公益诉讼 1 件。[①] 由于在《中华人民共和国安全生产法》中将民事公益诉权只赋予了检察机关,因此该诉权由检察机关垄断。

(五)弱势群体权益保护

弱势群体是指自身权益的维护通过自身力量难以实现,而需要国家或社会帮助的特定社会群体。弱势群体可以分为自然性的弱势群体和社会性的弱势群体,目前我国法律涉及的弱势群体基本是自然性的弱势群体,也就是因生理原因而成为弱势群体的儿童、老人、女性、残疾人等。[②] 检察机关提起的弱势群体权益保护民事公益诉讼,目前涉及未成年人权益、妇女权益、老年人及残疾人无障碍环境权益,提起弱势群体权益保护的民事公益诉权由检察机关垄断。对于未成年人权益,检察机关提起民事公益诉讼的条件比较宽泛,只要未成年人合法权益受到侵犯并涉及公共利益,检察机关就可以提起民事公益诉讼。不同于未成年人的权益保护,检察机关提起保护妇女权益民事公益诉讼的条件有所限制,就侵害妇女在农村集体经济组织重要权益、侵害妇女平等就业权、相关单位未采取合理措施预防和制止性骚扰、通过大众传媒等方式贬损妇女人格等导致社会公共利益受损,检察机关才可以提起民事公益诉讼。对于老年人与残疾人的权益保护,检察机关提起公益诉讼所保护的是为他们参与融入社会提供保障的无障碍环境,它包括民事和行政两种方式,民事公益诉讼针对的是其中损害无障碍设施的行为,行政公益诉讼针对的是政府在建设和维护无障碍设施上

---

① 闫晶晶、宁中平:《最高人民检察院下发通知要求准确理解适用修订后的安全生产法》,载正义网 2021 年 6 月 11 日,网址:http://news. jcrb. com/jsxw/2021/202106/t20210611_2288192. html,访问时间 2021 年 10 月 14 日。

② 北京大学法学百科全书编委会:《北京大学法学百科全书》(社会法学 环境法学 知识产权法学 科技法学),"弱势群体"词条,北京大学出版社 2016 年版,第 463 页。

怠于履职的行为。以上三种领域检察机关开展的主要是未成年人保护民事公益诉讼,2021年是开展该项诉讼的第一年,全年检察机关提起未成年人保护公益诉讼84件,同比上升2.2倍。其中,提起行政公益诉讼18件,提起民事公益诉讼17件,提起刑事附带民事公益诉讼49件。[①] 2022年检察机关提起未成年人保护公益诉讼57件。其中,提起行政公益诉讼12件,提起民事公益诉讼17件,提起刑事附带民事公益诉讼28件。[②] 涉及领域既包括食品药品安全、生态环境保护等传统领域,也包括产品质量、个人信息保护、公共安全领域。浙江省杭州市余杭区人民检察院办理的某知名短视频公司侵害儿童个人信息民事公益诉讼案是该领域的全国第一起案件。[③]

(六)市场公平竞争秩序保护

公平自由地竞争是市场经济的基石,反垄断法是市场经济国家保护公平竞争的法律,被誉为"经济宪法"。我国《中华人民共和国反垄断法》对待垄断违法行为,采取了行政执法和民事诉讼的双轨制。尽管行政执法存在体制混乱、成本高昂、监督乏力等问题,[④]但是,随着我国法治政府建设发展,自2018年机

---

① 最高人民检察院:《未成年人检察工作白皮书(2021)》,正义网2022年6月1日,网址:https://www.spp. gov. cn/xwfbh/wsfbt/202206/t20220601_558766. shtml#2,访问时间2022年6月2日。

② 最高人民检察院:《未成年人检察工作白皮书(2022)》,正义网2023年6月1日网址:https://www.spp. gov. cn/spp/xwfbh/wsfbt/202306/t20230601_615967. shtml#2,访问时间2024年4月18日。

③ 某App是北京某公司开发运营的一款知名短视频应用类软件。该App允许儿童注册账号,并收集、存储儿童个人敏感信息。在未再次征得儿童监护人明示同意的情况下,运用后台算法,向具有浏览儿童内容视频喜好的用户直接推送含有儿童个人信息的短视频。徐某某收到该App后台推送的含有儿童个人信息的短视频,私信联系多名儿童,并对其中3名儿童实施猥亵犯罪。浙江省杭州市余杭区人民检察院办案检察官在办理这起网络猥亵未成年人刑事案件时,发现这是一起典型的未成年人网络保护领域的重大疑难复杂案件。该公司提供数据显示,2020年,平台18岁以下未实名注册未成年人用户数量以头像、简介、背景等基础维度模型测算为1000余万。该App的行为致使众多儿童个人信息权益被侵犯,相关信息面临被泄露、违法使用的风险,给儿童人身、财产安全造成威胁,严重损害了社会公共利益。余杭区检察院办理该案时,发布诉前公告,并将公告送达北京某公司,该公司表达积极整改并希望调解结案的意愿。检察机关依据相关法律法规,推动公司完善管理,提出具体要求。该公司积极配合,对所运营App中儿童用户注册环节、儿童个人信息储存、使用和共享环节等方面细化出34项整改措施,对公益诉讼诉求均予认可。在法庭组织下,双方在确认相关事实证据的基础上达成调解协议。

④ 李娟:《反垄断实施机制的反思与完善——以反垄断公益诉讼为论》,《经济法论丛》2019年第2期。

构改革开始施行了反垄断统一执法、统一反垄断配套指南与规章、统一反垄断工作制度规则,切实提升了反垄断执法能力。① "2019 年共立案调查垄断案件 103 件,结案 44 件,罚没金额 3.2 亿元。"②2020 年办结垄断案件 109 件,罚没 4.5 亿。③ 2021 年国家反垄断行政执法又是重拳频出。④

与行政执法高歌猛进相比,反垄断民事诉讼目前在具体制度上存在取证难、诉讼成本高、胜率低、赔偿少,特别是缺乏激励因素的问题。所以,作为理性人的诉讼原告提起反垄断民事诉讼的动力明显不足,反垄断民事诉讼的案件数量从 2009 年的 10 件逐年增加到 2015 年的 156 件、2016 年的 156 件、2017 年的 114 件,⑤数量出现下降趋势。造成以上问题的根本原因,不在于具体制度的设置,而在于依靠私益诉讼手段来保护公共利益的南辕北辙。私益诉讼原告资格一般是以直接利害关系人为基础,而垄断行为损害的不仅仅是直接利害关系人,它危害了竞争秩序,也就是危害了公共利益。这样就造成用以私益诉讼手段来维护公共利益,成本由单一的民事主体承担,收益则属于社会全体,这样的成本与收益不对等是不可能激励民事主体特别是商主体来进行反垄断民事诉讼的。因此,反垄断民事公益诉讼的建立确有必要,我国目前的反垄断民事公益诉讼的适格主体只是检察机关。2022 年 6 月 24 日修订的《反垄断法》,在第六十条增加了检察机关提起反垄断民事公益诉讼作为第二款。

目前,可以借鉴的是德国的团体诉讼和美国检察机关的反垄断诉讼。我国

---

① 吴振国:《致力公平竞争 服务改革发展——2019 年反垄断工作综述》,《中国价格监管与反垄断》2020 年第 3 期。

② 吴振国:《致力公平竞争 服务改革发展——2019 年反垄断工作综述》,《中国价格监管与反垄断》2020 年第 3 期。

③ 2020 年反垄断工作取得显著成效,发布时间:2021-04-22 15:59,信息来源:市场监管总局,网址:ht-tp://www.samr.gov.cn/xw/tp/202104/t20210422_328116.html,最后访问时间 2021 年 8 月 25 日。

④ 2021 年 4 月 10 日国家市场监督管理总局依法对阿里巴巴集团实施"二选一"垄断行为作出行政处罚,罚款182.28 亿元,此后腾讯等商业巨头也因垄断被处罚。

⑤ 以上数据源自杜爱武、陈云开:《中国反垄断民事诉讼案件数据分析报告(2008—2018)》,《竞争法律与政策评论(第 5 卷)》,2019 年。

的反垄断民事公益诉讼可以考虑以下规则：

1. 检察机关是提起诉讼的全权主体，其诉讼的范围不受限制，对损害社会利益的垄断行为就可以起诉。

2. 扩展"两法衔接"机制，①最初该机制主要是为了行政执法与刑事执法工作及时衔接，这样有利于行政与司法优势互补和资源共享，形成打击违法的合力。就反垄断而言，反垄断执法机构在执法过程中只能行使行政处罚权，由于行政处罚权的性质及额度所限，行政执法往往无法弥补社会公共利益的损失，并未给违法者造成真正的震慑，因此民事公益诉讼作为补充是必要的。所以，扩展"两法衔接"机制，建立反垄断执法机构和检察机关的联系机制，由其将相关执法信息和证据与检察机关共享，有利于检察机关继后的民事公益诉讼，以实现《反垄断法》的立法目的。

3. 被告的责任问题，相对于私益诉讼以赔偿损失为目的，民事公益诉讼是为了恢复公平的竞争秩序，借鉴德国、美国的成熟做法，检察机关一般多采用形成之诉或确认之诉的方式，以禁止令或宣告无效等形式提出诉讼请求，而社会公益组织等作为特定社会利益的代表可以增加追缴违法所得的诉请。

二、目前的探索

（一）对"等"的理解

《民事诉讼法》第五十八条对民事公益诉讼案件范围是在列举了几种典型类型后以"等损害社会公共利益的行为"来结尾，对于"等"的含义如何理解？"等"字有两种相互矛盾的含义："列举后煞尾；表示未列举完（叠）。"②对此，最高人民法院的意见认为，第五十八条采取的是列举加概括的方式，③也就是"等"字的意思表示还未列举完。学术界也普遍认为第五十八条的"等"字，既

---

① 所谓"两法衔接"是检察机关、监察机关、公安部门和有关行政执法机关探索实行的行政执法和司法合力的工作机制。
② 中国社会科学院语言研究所：《新华字典》（第 12 版），商务印书馆 2020 年版（双色本），第 93 页。
③ 《〈中华人民共和国民事诉讼法〉修改条文理解和适用》，人民法院出版社 2012 年版，第 89－93 页。

满足了司法实践之需,又为民事公益诉讼发展预留了空间。① 由此可见,司法界和理论界对于"等"的理解是一致的,"等"是表示列举未尽,对未来扩展持开放态度,提供了立法空间。正因如此,基于现实司法的需要和检察机关自身司法能力提升拓展的水平,自 2018 年《英雄烈士保护法》始,全国人大不断通过制定新法或修订旧法的方式授予检察机关民事公益诉权。

(二)拓展民事公益诉讼案件范围的实践

2018 年 5 月 1 日生效的《英雄烈士保护法》首次对民事公益诉讼范围进行了扩容。2019 年 11 月 19 日,全国人大常委会专题听取了最高人民检察院《关于开展公益诉讼检察工作情况的专题报告》,审议意见对办案范围明确提出:积极深入研究人民群众对保护公益的新要求、新期待,②特别需要指出的是党的十九届四中全会决议明确提出"拓展公益诉讼案件范围"。鉴于以上党和国家积极推动公益诉讼范围扩展的方针,最高人民检察院《2020 公益诉讼检察工作要点》提出"7. 积极稳妥拓展公益诉讼案件范围……高检院将根据需要指定一些地方检察院就特定领域的公益诉讼案件进行专门探索试点",③进行'等'外探索。截至 2020 年底,全国共有 24 个省级人大专门出台了加强检察公益诉讼的相关规定。

---

① 江伟主编:《民事诉讼法》(第五版),高等教育出版社 2016 年版,第 113 页。
② 《对开展公益诉讼检察工作情况报告的意见和建议》,中国人大网:http://www.npc.gov.cn/npc/c30834/201911/59c72ae5c06048078f41d69b71cf5491.shtml,最后访问时间 2021 年 6 月 25 日。
③ 高检八厅(2020)1 号。

表4.1　省级地方拓展的民事公益诉讼领域

	新增加的领域	省级单位
1	安全领域（安全生产、公共安全）	河北、内蒙古、辽宁、上海、江苏、浙江、安徽、福建、河南、湖北、广东、海南、云南、陕西、甘肃、青海、宁夏、新疆
2	文物和文化遗产保护	河北、内蒙古、辽宁、上海、江苏、安徽、福建、河南、湖北、广东、海南、云南、陕西、甘肃、宁夏、新疆
3	未成年、妇女儿童权益保护、残疾人权益保护、老年人权益保护	辽宁、安徽、福建、广东、海南、云南、甘肃、宁夏、新疆
4	个人信息保护、大数据安全、互联网侵害公益	河北、内蒙古、辽宁、上海、江苏、浙江、安徽、甘肃、湖北、福建、河南、广东、海南、云南、陕西、宁夏、新疆
5	弘扬社会主义核心价值观等领域公益诉讼	河北
6	违反国旗法等	内蒙古
7	金融秩序	上海、海南
8	反不正当竞争	海南
9	农业农村领域、扶贫	辽宁、福建、云南、甘肃、宁夏、新疆
10	野生动物保护领域	陕西、青海

　　通过以上分析,安全领域、文物文化保护领域、弱势群体权益保护领域、互联网侵害公民信息领域是各省级人大规定检察机关拓展的重点范围。这种"通过地方性立法对公益诉讼范围拓展的尝试性规定,可以在全国层面呈现出拓展

公益诉讼范围的概率特征和先后顺序,为有序拓展提供理性支持和实践依据"。① 截止到 2023 年底,未成年人领域、军人权益、安全生产领域、个人信息领域、电信网络领域、妇女权益领域、无障碍领域以及反垄断八个领域②,被全国人大立法纳入检察机关提起民事公益诉讼保护范围,正是这种地方立法推进的价值体现。

4.2.3 未来的拓展

一、全面保护消费者利益

检察机关的案件范围最初是食品药品安全领域,以上领域对消费者利益而言至关重要,公益诉讼试点期间,将此类问题作为开展试点的范围和重点是完全有的放矢的。在试点工作成功后,直接将试点经验通过民事诉讼法修订立法化,这种立法虽然得到司法经验的稳妥支撑,但失之于保守。之所以保守,是因为检察机关在民事公益诉讼中是保护公共利益的最后屏障,起到的是兜底保险绳的作用。在其他适格主体放弃权利前,检察机关是无须起诉的,实践中检察机关一般不存在滥诉的问题,不应对其诉讼范围做过多限制。这样不利于检察机关发挥兜底保险绳的作用,不利于民事公益诉讼的职能发挥,造成现实中出现应当起诉而检察机关无权起诉的消费者民事公益诉讼的案件。所以,应当将消费公益诉讼全领域的诉权赋予检察机关,而不需要进行领域限制。

二、将特定身份权案件纳入案件范围

英烈保护民事公益诉讼开创了一种新的民事公益诉讼类型,虽然其维护的是国家利益,但是这种利益与社会公共利益高度重合,属于民法上的公序良俗

---

① 汤维建:《公益诉讼实施机制的生成路径——公益诉讼地方立法述评》,《人民检察》2021 年第 11 期。

② 以上的法律授权的依据为:《未成年人保护法》第一百零六条、《军人权益与地位保障法》第六十二条、《安全生产法》第七十四条、《个人信息保护法》七十条、《反电信网络诈骗法》第四十七条、《妇女权益保障法》第七十七条、《无障碍环境建设法》第六十三条、《反垄断法》第六十条。

范畴。对此,在大陆法系国家,检察机关均具有维护公序良俗的民事公益诉权,这种民事公益诉权也是最为传统的民事公益诉讼权,对此在比较法部分进行了分析。比如为了维护公序良俗,法国在《拿破仑法典》中就规定了检察机关可以提出婚姻无效之诉(第 184、190、191、200 条),该法虽经过多次修订,但现行的《法国民法典》仍然在第 184、190 条保留了这一诉讼。现行的《俄罗斯民法典》《日本民法典》《巴西民法典》也作了同样的规定,这说明大陆法系国家检察机关普遍具有维护公序良俗的民事公益诉权。

随着我国社会主义法治的发展,国家代表公共利益会越来越多地介入婚姻家庭关系中,体现在一方面国家保护婚姻关系的法律越来越多,[1]程序越来越健全,有的法院专门成立了婚姻家庭法庭。另一方面,检察机关作为公共利益代表可以对于特定影响公序良俗的案件提起民事公益诉讼。目前,检察机关可以根据《民法典》提起宣告婚姻无效的诉讼,以及为维护被监护人利益申请撤销监护人资格并指定新监护人。无效婚姻是因违反法定结婚要件[2]而不具有法律效力的婚姻,起诉婚姻无效没有诉讼时效限制。申请宣告婚姻无效的诉权人一般是婚姻当事人和其近亲属、基层组织,如果以上主体怠于行使职责,则应当赋予检察机关行使宣告婚姻无效的权力。申请撤销监护权,监护是对未成年人和精神病人身权、财产权进行全方位保护的民事法律制度。[3] 它既保护了被监护人的合法权益,也维护了社会稳定、交易安全,它是一种职责而非权利,是一项重要的民法制度。现实中经常出现为了维护被监护人利益需要申请法院撤销监护人资格并重新指定的情况,根据《民法典》第三十六条规定有权申请

---

[1] 比如《妇女权益保障法》《未成年人权益保障法》《老年人权益保障法》。
[2] 《民法典》第一千零五十一条规定:"有下列情形之一的,婚姻无效:(一)重婚;(二)当事人有禁止结婚的亲属关系;(三)未到法定婚龄。"
[3] 北京大学法学百科全书编委会编:《北京大学法学百科全书》(民法学 商法学),北京大学出版社 2004 年版,第 523 页。

的有关个人、组织主体众多,①但没有包括检察机关,这种规定是欠妥的。因为,现实中检察机关办理刑事案件过程中,常常要涉及犯罪嫌疑人子女的监护问题,如果检察机关具有相应的申请撤销监护权,可以高效及时地保护被监护人利益,所以应当赋予检察机关该项权力。

三、以未成年人保护为切入点,将弱势群体利益保护全面纳入案件范围

随着法治建设的发展,国家日益加强对以未成年人为代表的弱势群体保护,这不仅是中国法治发展的规律,②也是世界法治发展的规律。目前检察机关开展的主要是对未成年人的保护,对此,检察机关专门成立了保护未成年人利益、办理未成年人案件的未成年人检察部。同时,基于最有利于未成年人保护的原则,③应根据未成年人成长的生理特点来确定案件范围,目前开展比较成熟的有危害不特定多数未成年人的食品药品安全案件、危害不特定多数未成年人人身安全的案件。

未来需要拓展的是:危害未成年人受教育权利。受教育权是未成年人的一项基本权利,也是宪法权利,未成年人接受教育是全民族科学文化发展的基础,也是其未来独立生活生存的必需。尽管受教育权如此重要,但是目前仍普遍存在未成年人失学问题,以及各种混乱的民办教育培训问题。因此,可以开展以义务教育阶段辍学儿童监护人为被告的公益诉讼,要求其保障未成年人的学习权利,如果因其自身问题无法履行义务,可以一并提起撤销监护权的诉讼。目前民办教育的混乱已是有目共睹,为此教育部最近专门成立了一个司来管理整顿这类机构。特别是网上教学的开展,使得这类机构的影响或是危害更为严重,带来的维权成本极高,对此检察机关可以通过公益诉讼来解决此类问题。

---

① 《民法典》第三十六条第二款规定:"其他依法具有监护资格的人,居民委员会、村民委员会、学校、医疗机构、妇女联合会、残疾人联合会、未成年人保护组织、依法设立的老年人组织、民政部门等。"

② 就我国而言,对于弱势群体提供保障的主要有《未成年人保护法》《老年人权益保障法》《残疾人保障法》《妇女权益保障法》四部法律。

③ 《未成年人保护法》第四条:"保护未成年人,应当坚持最有利于未成年人的原则。"

除了未成年人这一典型的弱势群体外,与其地位类似的弱势群体主要还有妇女、老年人、残疾人等,对于以上群体利益的保护也应纳入,应当集中于目前突出的焦点问题开展探索,迎难而上。对于妇女权益的保护,目前应当主要集中在以就业性别歧视为焦点的平等权、家庭暴力、干涉妇女婚姻自由等方面。对于老年人权益的保护,目前主要涉及的是老人的赡养问题,一方面应当追究未尽赡养义务子女的责任,解决老人的赡养问题,另一方面督促当地政府承担起保护老人权利的责任。对于残疾人利益的保护,检察机关目前针对无障碍环境建设开展探索,聚焦重点领域,推动实现无障碍环境建设系统化。据统计2019 年至 2021 年 3 月,全国检察机关共办理无障碍环境建设公益诉讼案件803 件,诉前检察建议 643 件,诉前磋商结案 29 件。[①]

4.3　民事公益诉权的实体内涵:诉讼请求

4.3.1　概念及困境

一、概念界定及其意义

诉讼请求就是一种主张,是原告通过法院向对方当事人提出的实体权利主张或利益请求。[②] 对检察机关而言,民事公益诉讼请求承载着检察机关提出的实体要求,是对受损公共利益需要保护范围的主观判定,也是引导诉讼程序进行的重要指标。[③]

---

① 张雪樵、万春:《公益诉讼检察业务》,中国检察出版社 2022 年版,第 515 页。
② 《民事诉讼法学》编写组:《民事诉讼法学》(第二版),高等教育出版社 2018 年版,第 187 页。
③ 汤维建、王德良、任靖:《检查民事公益诉讼请求之确定》,《人民检察》2021 年第 5 期。

二、检察机关提起民事公益诉讼请求在实践中的困境

(一)检察机关提起民事公益诉讼请求在规范层面的问题

1. 民事公益诉讼请求类型受私益诉讼相关规定的限制

我国目前虽然建立了民事公益诉讼制度,但是实现权利保护的途径还是建立在民法的民事责任上,也就是公共利益的维护仍然要借助私益的方式实现。而作为私益救济手段的侵权责任并不能为公共利益的保护提供充分的支持,实践中出现的部分诉讼请求基于其特殊性并不能纳入现有公益诉讼请求的任何一种类型之中。未来随着社会的发展,各种民事公益诉讼会大量涌现,为适应公共利益的保护大概率会出现各种新型诉讼请求,现有的以私益侵权保护为基础的保护方式必然越来越显现其滞后性。

2. 对公益诉讼请求类型的简单列举不能满足实践需要

当前我国仅通过司法解释对公益诉讼请求类型作了列举式的规定,《环境公益诉讼解释》还根据环境公益诉讼的特殊性对"恢复原状""赔偿损失"的概念作了一定拓展,但司法解释关于各类型诉讼请求适用问题的规定显然不能满足实践的需要。以"恢复原状"和"赔偿损失"为例,对于"恢复原状"请求,检察机关是否需要在起诉时就明确主张某种环境修复方案,还是在法院作出判决后由法院或被告委托专业机构制定修复方案,明确由谁来监督环境修复方案的实施。对于"赔偿损失",检察机关是否在起诉时就应主张生态环境服务功能损失的具体数额,以及其计算标准。此类问题均需要在规范层面予以明确与统一,否则将导致实践中检察机关起诉或法院裁判上的混乱,增加了司法实践的成本,降低了司法实践的效率。

3. 缺乏专门法规定

当前我国立法层面并未对民事公益诉讼请求作出专门明确的规定,完全是参照私益诉讼的诉讼请求,后者虽然对公益诉讼有参考意义,但并不能完全适用。具体而言,司法解释列举的主要公益诉讼请求均为《民法典》所规定的责任方式,只是在其具体内涵和功能上有所区别,相关司法解释仍是以《民法典》所规定的责任方式为基础确定了公益诉讼请求的主要类型,没有针对公益诉讼案件中的诉讼请求进行特殊化的专门法规定。因此,有必要在设立新型民事公益诉讼时考虑其诉讼请求之特殊性,构建与保护利益更为贴合的权利保护方式。

(二)检察机关提起民事公益诉讼请求在适用层面的问题

1. 惩罚性赔偿在适用问题上的矛盾裁判

在检索到的其他主体提起公益诉讼的案例中,有环境公益诉讼案例中原告主张了惩罚性赔偿请求,但均被法院以法律或司法解释无明文规定等理由判决驳回。但在原告主张了惩罚性赔偿的消费公益诉讼中,法院均予以支持,并判决将赔偿金与被告应承担的刑事罚金相抵扣后上缴国库。首先,不同法院在能否适用惩罚性赔偿上存在不同观点导致实践中矛盾判决的出现,会破坏判决的一致性,进而损害司法的公正性与权威性;其次,在环境公益诉讼中法院均驳回了惩罚性赔偿请求,而在消费公益诉讼中法院予以支持,即惩罚性赔偿若能在公益诉讼中适用,其是否因公益诉讼案件类型的区别而有所不同需要讨论;最后,支持惩罚性赔偿的法院判决赔偿金与刑事罚金相抵扣,并上缴国库,其合法性及合理性也还值得商榷。

2. 与行政处罚、刑事诉讼等缺乏有效衔接

现实中大量的检察机关提起民事公益诉讼案件中,因侵害公益的违法行为被告人往往已经受到了行政甚至是刑事处罚。对于行政处罚问题,一般在民事公益诉讼判决中没有涉及,也就是在民事公益诉讼中不会考虑行政处罚的问题;对刑事处罚问题,一般在民事公益诉讼判决中会有涉及,但是在具体的判决主文只涉及民事责任,一般不考虑刑事与民事的协调问题。以上说明,民事公益诉讼、行政执法、刑事诉讼各自为政,没有形成有效的衔接,这样一方面造成本应相互配合、相辅相成的资源被浪费,不利于全面综合地保护公共利益;另一

方面,可能出现被告重复承担责任的问题,不利于被告合法权利的保护。

3. 公益诉讼请求在组合形态上有待改进

由于诉讼请求直接决定了公共利益能否得到充分保护,检察机关提出诉讼请求的类型和组合是至关重要的。例如在环境公益诉讼中,检察机关提出的诉讼请求相对固定且比较笼统,一般包括修复环境(或承担修复费用)、赔偿生态环境服务功能损失。这样的组合存在以下问题:首先,遗漏诉讼请求,如检察机关要求被告承担修复环境的责任,但遗漏了赔偿生态环境服务功能的费用。其次,重复诉请,如检察机关既要求被告修复环境请求,又要求被告承担赔偿修复费用。最后,存在诉请表述笼统的问题,主要是检察机关的诉请仅提出"消除危险""恢复原状"等笼统原则请求,而法院的判决必须明确具体并具备操作性,这样的诉讼请求,不仅影响法院的裁判,更关键的是损害了检察机关专业司法机关的形象。

因此,应通过立法对现有检察公益诉讼请求类型进行调整,并在立法中或通过修改现行司法解释对部分诉讼请求的内涵和适用作进一步的细化规定,以摆脱当前检察公益诉讼请求在司法实践中存在的困境。在对此进行讨论前,笔者认为有必要对域外代表国家或地区具有公益性质诉讼形式中的诉讼请求进行研究,以期为建构我国检察公益诉讼请求体系提供借鉴。

4.3.2　比较法维度

在大陆法系和英美法系的代表国家和地区中,较少有专门的公益诉讼制度,涉及环境侵害或侵犯消费者权益的诉讼案件仍以私益诉讼为途径,但间接性发挥了保护公共利益的作用,如英国的代表人诉讼、美国的集团诉讼等。同时也存在一些公益性质明显具有特色的诉讼形式,如美国的公民诉讼与检察长诉讼、德国的团体收缴不法利益之诉以及部分国家的团体诉讼。本节将对以上公益性诉讼形式中存在的诉讼请求类型加以探讨,并总结其中的启示。

一、比较法上相关诉讼请求梳理

（一）美国环境公益诉讼中的诉讼请求

美国的环境公益诉讼主要包括检察长诉讼和公民诉讼。检察长诉讼是美国联邦政府或各州政府为保护环境而提起的诉讼，一般由检察长作原告外，具有环境监管职能的部门也可以作为原告起诉。检察长诉讼的被告一般为环境侵害的直接行为人。在诉讼请求上，与民事有关的主要包括以下三种：1. 针对环境本身的损害赔偿；2. 排除妨害（禁令）；3. 民事罚金。其中，排除妨害的方式是请求法院颁发禁令制止损害行为，禁令包括禁止性禁令、预防性禁令、纠正性禁令和替代性禁令。前三种禁令与我国《环境公益诉讼解释》第19条预防性民事责任及第20条恢复原状民事责任的功能相似。替代性禁令则是指在损害已经无法避免并将持续下去的情况下法院颁布禁令，要求被告购买原告的权利以替代对被告颁布禁止性禁令。例如，被告污染环境的行为导致原告无法对土地等自然资源再进行合理的使用，原告可以要求法院强制被告购买这些自然资源。民事罚金则类似惩罚性赔偿。美国公民诉讼通常可以主张上述第一种、第二种，一般不允许提出民事罚金请求，但也存在例外，如埃克森石油公司油轮污染案及地球之友诉兰德洛环境服务公司案。检察长诉讼则可提出前三种请求。①

（二）德国团体诉讼制度

传统的德国团体诉讼的类型仅限于不作为之诉，②即为保护公共利益，有权利的团体就他人违反禁止性规定的行为，向法院提出命令其终止或撤回的诉请，但没有权利提出损害赔偿之诉。大量扩散性或小额侵权发生后，消费者出于对诉讼成本的顾虑，极少通过私益诉讼寻求救济，难以解决消费者合法权益

---

① 参见胡中华：《论美国环境公益诉讼中的环境损害救济方式及保障制度》，《武汉大学学报（哲学社会科学版）》2010年第6期。

② 吴泽勇：《论德国法上的团体不作为之诉——以〈不作为之诉法〉和〈反不正当竞争法〉为例》，《清华法学》2010年第4期。

的恢复以及经营者违法收益的剥夺问题,客观上造成了对公共利益的损害。[①]
因此,德国于2002年修改了《法律咨询法》,以及2008年出台取代该法的《法律
服务法》,在消费者遭受小额分散性侵害而无动力追诉的情形下,消费者团体可
从消费者处受让其损害赔偿请求权,然后自行提起诉讼。[②]

由于不作为之诉和撤销之诉只具有预防性功能,不能剥夺不法者已经获得
的利益,2004年德国在新修订的《反不正当竞争法》中创设了"撤去不法收益之
诉",对于侵权人故意违反《反不正当竞争法》相关条款给大量消费者或其他市
场参与主体造成一定损害,并基于该损害而获得不法收益的,法律授权的团体
可以提起诉讼要求侵权人将不法收益上缴联邦财政。[③] 收缴不法收益上缴国
库的法律后果说明其并非为消费者或其他市场参与者提供救济,而是剥夺不法
者的非法利益,使其违法行为不具有经济合理性,从根本上杜绝违法的发生。

(三)巴西公共民事诉讼中的诉讼请求

关于巴西检察机关提起公共民事诉讼,1985年制定的《公共民事诉讼法》,
是民事公益诉讼的基本法,它将保护环境、文化遗产、消费者权益等民事公共利
益纳入保护范围,还扩展到任何其他的扩散性和集合性的权益。就检察官提起
的公共民事诉讼来看,诉讼请求包括针对某种损害或威胁的临时禁令请求、环
境损害赔偿请求,还包括预防性的禁令请求。[④]

(四)法国消费者团体诉讼中的诉讼请求

法国《消费者法典》第421条规定了消费者团体在诉讼中可以提起刑事附
带民事诉讼、不当格式条款禁令、违法或不当的经营行为禁止,要求生产者或经

---

① 杜万华主编:《最高人民法院消费民事公益诉讼司法解释理解与适用》,人民法院出版社2016年版,
第240页。

② 参见刘学在:《请求损害赔偿之团体诉讼制度研究》,《法学家》2011年第6期。

③ 刘学在:《民事公益诉讼制度研究——以团体诉讼制度的构建为中心》,中国政法大学出版社2015
年版,第136-143页。

④ 巴西《公共民事诉讼法》第3条:"诉讼可以以金钱赔偿或者要求为某种行为或不得为某种行为作为
诉讼标的。"

营者停止其违法行为。① 但在法国消费者团体损害赔偿之诉中,具有特色的是
为保护集合性利益而提起的诉讼,"法院为补救受侵害的集合性利益而判决被
告支付赔偿金归属于起诉的消费者团体,而不是支付给消费者个人"。② 损害
赔偿之诉在为损失或请求赔偿的额度认定上以对经营者形成有效威慑为限,而
不是以消费者实际损失为计算标准。

(五)日本消费者团体诉讼中的诉讼请求

日本最初是以民事诉讼的代表人诉讼来作为维护公共利益诉讼的基本方
式,③没有采纳团体诉讼的方式。2006 年 5 月 31 日,日本修订《消费者合同法》
正式设立了消费者团体诉讼制度,即适格的消费者团体对违反该法的行为有权
提起诉讼,但诉权范围仅为禁令请求权,消费团体没有损害赔偿请求权,禁令请
求权可以针对经营者或其代理人使用不当格式条款和不当交易行为,损害或有
可能损害消费者利益的行为。④ "立法者认为集体消费者的损害赔偿请求权可
以通过选定当事人制度,也就是代表人制度,予以解决。但后来发现,面对小额
分散性侵害,极少有诉讼程序被启动,即便启动,也很少有消费者通过'加入程
序'进入选定当事人诉讼。"⑤为了应对小额分散性侵害案件,2013 年 3 月的
《消费者审判程序特例法案》,允许消费者团体在一定条件下代替消费者提起
损害赔偿请求。条件是"其一,受害消费者人数达到数十人;其二,请求的损害
赔偿对象仅限于财产损失,不包括人身损害或者精神损失;其三,受害的消费者
需要向起诉的团体缴纳一定的手续费"。⑥ 这样日本在消费民事公益诉讼中融

① 参见陶建国等:《消费者公益诉讼研究》,人民出版社 2013 年版,第 69 - 72 页。
② 刘学在:《请求损害赔偿之团体诉讼制度研究》,《法学家》2011 年第 6 期。
③ 参见王福华:《变迁社会中的群体诉讼》,上海世纪出版集团 2011 年版,第 59 - 64 页。
④ 陶建国等:《消费者公益诉讼研究》,人民出版社 2013 年版,第 97 - 100 页。
⑤ 杜万华主编:《最高人民法院消费民事公益诉讼司法解释理解与适用》,人民法院出版社 2016 年版,第 243 页。
⑥ 杜万华主编:《最高人民法院消费民事公益诉讼司法解释理解与适用》,人民法院出版社 2016 年版,第 243 页。

合了私益诉讼的请求,提高了诉讼效率。

二、比较法的启示

(一)不同国家或地区的公益诉讼的诉讼请求存在较大差异

美国公民诉讼和检察长诉讼的诉讼请求最为广泛,从针对环境本身的损害赔偿到各种类型的禁令,甚至还能主张民事罚金。大陆法系主要国家和地区则以团体诉讼为主,各国的团体诉讼又有所不同。以巴西、法国、日本为代表,其消费者团体诉讼中消费者团体均依据法律的授权提起诉讼,且为解决小额分散性侵害案件中消费者利益保护时的诉讼主体与权利主体的分离问题,采用了二阶型诉讼模式,既保障公共利益,又保障了消费者权益。但在二阶型诉讼模式外,各自团体诉讼的诉讼请求又有所不同,法国团体诉讼以损害赔偿请求为主,也可以主张不作为请求;巴西在消费者团体诉讼外则以检察官提起公共民事诉讼为主,诉讼请求包括预防性、制止性禁令及损害赔偿;日本的消费者团体则只能提起不作为之诉。

与法国、巴西、日本不同,德国的团体诉讼中团体的诉权源于消费者向团体让渡其损害赔偿请求权。因而此种团体诉讼中的诉讼请求既体现了公益性质的不作为请求,也体现了私益性的损害赔偿请求。[1] 在损害赔偿诉讼外,德国的消费者团体可以独立提起撤去不法收益之诉。

(二)威慑型诉讼请求对我国的司法实践借鉴意义较大

根据比较法上的公益诉讼请求所欲实现的目的及其法律后果的不同,可将其分为以下几种类型:第一,制止型诉讼请求,以不作为诉讼请求和美国的禁止性禁令请求为代表;第二,预防型诉讼请求,以不作为诉讼请求和美国的预防性禁令请求为代表;第三,补救型诉讼请求,以损害赔偿请求和美国的纠正性、替代性禁令为代表;第四,威慑型诉讼请求,以美国的民事罚金和德国的撤去不法

---

① 柯阳友:《民事公益诉讼重要疑难问题研究》,法律出版社 2017 年版,第 119 页。

收益请求为代表。结合我国实际,制止型、预防型诉讼请求与我国停止侵害、排除妨碍、消除危险等请求功能相似;补救型诉讼请求与我国恢复原状、赔偿损失、赔礼道歉等请求功能相似。

整体而言,威慑型诉讼请求对我国的借鉴意义较大。当前,我国社会消费增长带动生产力发展的同时,污染环境、破坏生态的恶性事件也时有发生。环境保护领域和消费者保护领域行政处罚的乏力,不能实现对违法企业或个人的惩戒和威慑效果,也不能起到预防潜在违法行为人进行仿效的作用。由于实践中针对污染环境和侵害消费者权益的违法行为的行政处罚力度有限,笔者认为,我国公益诉讼有必要借鉴域外的威慑型诉讼请求,通过司法途径对行政规制进行补强。

(三)应当通过专门立法对检察机关提起民事公益诉讼请求加以规定

整体而言,应当通过公益诉讼立法的形式对检察公益诉讼案件诉讼请求加以规定。考虑到不同诉讼请求的法律后果以及立法的稳定性,首先,可参考对比较法上公益性诉讼请求的分类,在立法上将我国公益诉讼请求分为制止型诉讼请求、预防型诉讼请求、补救型诉讼请求以及威慑型诉讼请求。其次,通过具体法律条文对各类诉讼请求项下的具体诉讼请求进行不完全式列举。① 如此,明确了不同具体诉讼请求的功能,既满足了公益诉讼中常用诉讼请求的选择和适用,又保证了公益诉讼请求立法的周延性。即便出现新的诉讼请求,也可归入某类型诉讼请求中,解决了检察机关针对具体案件提出的创新性诉讼请求无法律根据的问题,法院也不会被质疑超出法律规定作出裁判。最后,根据不同案件类型分别制定或修改现行相应司法解释,并在司法解释中对适用于本类型案件的具体诉讼请求的概念和适用问题作出细化规定。

---

① 例如,制止型诉讼请求包括停止侵害等民事责任;预防型诉讼请求包括停止侵害、排除妨碍、消除危险等民事责任;补救型诉讼请求包括排除妨碍、修复生态环境、赔偿生态环境服务功能损失、赔礼道歉、消除影响、恢复名誉等民事责任;威慑型诉讼请求包括惩罚性赔偿等民事责任。

4.3.3 诉讼请求之完善

目前,进入实践操作领域的检察机关提起民事公益诉讼案件主要有三类,[1]其中,由于英烈保护民事公益诉讼的诉讼请求比较单一,[2]且案件量较少,诉讼案件主要集中在环境领域和食药安全消费领域,对此分别讨论。环境民事公益诉讼方面,有观点认为,我国环境民事公益诉讼存在责任制度名不副实、创新性履行方式合法性欠缺、执行保障机制不足及监督乏力等问题,主张借鉴美国的环保禁令制度重构我国的环境民事公益诉讼责任。[3] 因此,需要对诉讼请求进行不断完善。

一、进一步细化现有民事公益诉讼请求类型的内涵

如前文所言,我们需要进一步细化现有民事公益诉讼请求类型的内涵。例如"恢复原状"的诉讼请求,字面上就是将生态环境修复如初。但是,实际上生态环境系统的构成极为复杂,一旦被破坏,要完全恢复到未被破坏时的状态实际上并不可能。因此,采用"修复生态环境"的概念,将被破坏的生态环境修复到尽可能接近其未被破坏时的状态即可。"对于生态破坏的情形,修复生态环境通常是要求侵权人将其削减的生态资源价值加以补偿。"[4]

在一般侵权责任中,恢复原状应当满足一定条件,首先是有修复的可能,其次是有修复的必要。前者是技术层面的要求,后者是经济层面是否具有合理性的考量。与一般侵权责任不同,民事公益诉讼被告是否承担修复生态环境责任仅取决于现有技术条件能否修复被破坏的生态环境。只要现有技术条件能够

---

① 环境领域、食药安全消费领域、英烈保护领域。
② 一般是停止侵害、赔礼道歉、消除影响。
③ 巩固、陈瑶,《以禁令制度弥补环境公益诉讼民事责任之不足——美国经验的启示与借鉴》,《河南财经大学学报》2017 年第 4 期。
④ 最高人民法院环境资源审判庭编:《最高人民法院关于环境民事公益诉讼司法解释理解与适用》,人民法院出版社 2016 年版,第 298 页。

实现修复目的,即便修复成本远远超出责任人因污染环境所获得的收益,责任人也不能免除该责任。若污染程度过重以至于现有技术条件下生态环境部分或全部不能修复的,法院可以判决责任人承担替代性修复责任。承担替代性修复责任的方式包括同地区异地点、同功能异种类、同价值异等级等。所谓同地区异地点,是指在同一生态环境区域内另选择适当地点进行补植复绿等。所谓同功能异种类,是指替代恢复的物种虽与原来种类不同,但其所能提供的生态环境服务功能与原来相比是相同的。所谓同价值异等级,如一棵大树被非法砍伐,在找不到相同等级大树的情况下,责任人至少应补种具有相同生态价值的数棵小树。①

再如《环境公益诉讼解释》中还规定了"赔偿损失"的诉讼请求,并将其解释为"生态环境受到损害至恢复原状期间服务功能损失"。笔者认为,"赔偿损失"源于私益救济中的"损害赔偿",是《民法典》侵权责任的一种责任承担方式。鉴于民事公益诉讼仅维护公共利益而并不救济私益,"赔偿损失"在实践中容易引起公众的误解,直接使用其在环境民事公益诉讼中的本意即"赔偿生态环境服务功能损失"更为合适。至于为何在修复生态环境之外还要求责任人赔偿生态环境服务功能损失,有以下原因:首先,修复生态环境的目的是恢复生态环境的交换价值,但其对于公众的利用价值损失未得到补偿。例如,非法采伐林木案件中,即便法院判决被告补种林木,但被砍伐的林木在被砍伐后其光合作用的功能丧失。其次,即便生态环境在一定程度上得到修复,其与未被破坏前相比一般仍存在瑕疵。例如,新补种的林木可能因树龄较小,其光合作用不能与被砍伐的大树相比,且补种还存在一定死亡率。

二、改进民事公益诉讼请求的组合形态

实践中存在检察机关遗漏诉讼请求、主张重复的诉讼请求以及同一诉讼请

---

① 最高人民法院环境资源审判庭编:《最高人民法院关于环境民事公益诉讼司法解释理解与适用》,人民法院出版社2016年版,第297页。

求在不同案件中表述不一致等问题,主要是由于当前规范层面仅以列举形式对诉讼请求加以规定,而对不同诉讼请求的概念和适用的解释又明显不足,且民事公益诉讼自身具有不同于私益侵权诉讼的特殊性,造成了实践中部分检察机关对不同民事公益诉讼请求的概念及其功能在认识上的模糊性,进而导致了适用中的问题。因此,需要以立法形式对民事公益诉讼请求类型设置加以调整,并以司法解释对不同诉讼请求的概念和适用问题作进一步细化规定,相应问题必然迎刃而解。

若检察机关提出的诉讼请求仅对法律规定的诉讼请求类型进行简单列举而未结合案情作具体要求或要求较为模糊,法院应行使释明权要求其加以解释或说明。例如,要求检察机关明确停止何种侵害,消除何种危险,在何种性质的报刊上赔礼道歉,惩罚性赔偿的具体数额等。若法院认为检察机关主张的诉讼请求不足以保护公共利益,可依职权向其释明变更或者增加诉讼请求。考虑到民事公益诉讼与私益诉讼相比在诉讼请求执行上的特殊性,为最大限度保护公共利益,应当允许法院在检察机关所主张的诉讼请求的性质和范围内,依职权对判决被告承担相应责任的方式进行细化。

三、保证惩罚性赔偿相对于行政罚款、刑事罚金的优先性

由于检察机关提起民事公益诉讼的案件常常涉及行政处罚和刑事责任,因此与诉讼请求相关的就是行政罚款、刑事罚金。对于三者之间的关系,《民法典》规定民事责任优先承担的原则。① 根据该原则,民事责任与刑事责任、行政责任各自独立,而且具有优先受偿性,据此检察机关提起民事公益诉讼的请求独求不能因为刑事罚金和行政罚款而免除,它应当单独提出。根据该原则,民事责任具有优先性,在违法主体的财产不具有支付刑事罚金、行政罚款与民事责任的情况下,民事责任具有优先性,也就是检察机关民事公益诉讼的诉讼请

---

① 《民法典》第一百八十七条规定:"民事主体因同一行为应承担民事责任、行政责任和刑事责任的,承担行政责任或者刑事责任不影响承担民事责任;民事主体的财产不足以支付的,优先用于承担民事责任。"

求具有优先性。

四、加强检察民事公益诉讼案例的指导作用

即使有完备的司法解释,但是鲜活案例的指导作用仍然是不可低估的。因此,最高人民法院在总结各级人民法院公益诉讼审判经验的基础上,通过发布不同类型的指导案例,逐渐发挥对诉讼请求的引导作用。最高人民检察院也总结各级人民检察院开展的民事公益诉讼典型案例,并陆续通过多种形式进行公开并不断进行更新,为检察民事公益诉讼的实践提供更好的参考。目前"两高"公布了大量的指导性案例,最高人民检察院自 2016 年 12 月 29 日开始到 2021 年底,共发布了检察机关提起民事公益诉讼指导性案例 4 批,[①]共 7 个案例,[②]涉及环境污染、风景名胜、英烈名誉保护等。至于最高人民检察院发布的典型性案例则不胜枚举,仅 2021 年就发布了 13 批典型案例。[③] 如此,建立案件检索制度,将案例指导应用制度化、法定化,实现指导的刚性,将参考升华为适用。

---

① 2016 年 12 月 29 日第 8 批指导性案例,2018 年 12 月 21 日第 13 批指导性案例,2020 年 12 与 3 日第 23 批指导性案例,2021 年 8 月 31 日第 29 批指导性案例。

② 常州市人民检察院诉徐某惠、徐某仙民事公益诉讼案(检例 28 号),白山市人民检察院诉白山市江源区卫生和计划生育局及江源区中医院行政附带民事公益诉讼案(检例 29 号),曾某侵害英烈名誉(检例 51 号),盛开水务公司污染环境刑事附带民事公益诉讼案(检例 86 号),海口市人民检察院诉海南 A 公司等三被告非法向海洋倾倒建筑垃圾民事公益诉讼案(检例 111 号),上饶市人民检察院诉张某某等三人故意损坏三清山巨蟒峰民事公益诉讼案(检例 114 号)。

③ 1. 最高人民检察院、国家市场监督管理总局和国家药品监督管理局三部门发布 15 件典型案例 [2021-03-10];2. 充分发挥检察职能推进网络空间治理典型案例[2021-03-10];3. 3.15 食品药品安全消费者权益保护检察公益诉讼典型案例[2021-03-23];4. 公益诉讼检察服务乡村振兴助力脱贫攻坚典型案例[2021-03-23];5. 安全生产领域公益诉讼典型案例[2021-03-24];6. 检察机关个人信息保护公益诉讼典型案例 [2021-04-26];7. 最高人民检察院、中国残联《无障碍环境建设检察公益诉讼典型案例》的通知[2021-05-26];8. 最高人民检察院 退役军人事务部 红色资源保护公益诉讼典型案例[2021-07-05];9. 最高人民检察院发布 13 起检察机关大运河保护公益诉讼检察专项办案典型案例[2021-07-08];10. "公益诉讼守护美好生活"专项监督活动开展一周年典型案例及发布稿[2021-09-14];11. 最高人民检察院发布公益诉讼检察听证典型案例 [2021-10-11];12. 检察机关公益诉讼起诉典型案例[2021-10-11];13. 检察机关生物多样性保护公益诉讼典型案例[2021-10-15]。

4.4　民事公益诉权的保障手段:调查核实权

4.4.1　调查核实权与民事公益诉权

一、民事公益诉权是调查核实权运行的目的

检察机关调查核实权作为一种重要的权力,只具有手段工具意义,不具有独立的价值,它是服务并服从于诉权需要,实现诉权是它的目的。当然,这里的实现包含积极与消极两种含义。民事公益诉权的需要决定了调查核实权的运行和方向,因此应当遵循起诉的要件事实进行调查核实,调查核实取得的证据可以认定存在严重损害公共利益的事实,而且满足民事公益诉讼起诉要件的,则提起民事公益诉讼,这就初步实现了民事公益诉权。进而在诉讼中,在双方举证质证的基础上,决定是否补充进行调查核实,其目的也是为了保障民事公益诉权的实现。这是从积极意义上分析,从消极意义上如果检察机关调查核实取得的证据不能支持民事公益诉权,则可以终结程序,从而消灭民事公益诉权。

二、调查核实权的历史发展验证了其与民事检察权的内在共生性

以检察权运行的领域来分类,检察机关民事公益诉权属于民事检察制度。在民事检察中,调查核实权也是实现检察权的手段和基础。1991 年的《民事诉讼法》规定了第一项民事检察制度——抗诉制度,但未规定配套的调查核实权。为了弥补这一立法缺陷,1992 年最高人民检察院制定《关于民事审判监督程序抗诉工作暂行规定》,在第五条第一次规定了检察机关在民事诉讼中的调查核实权。① 2001 年的《人民检察院民事行政抗诉办案规则》取代了暂行规定,它在

---

① 《关于民事审判监督程序抗诉工作暂行规定》第五条规定:"人民检察院立案调查案件,可向人民法院调取案卷材料,调查取证,必要时进行勘验鉴定。"

第十八条规定了调查核实权,细化了检察机关进行调查的条件。[①] 2012 年《民事诉讼法》修订在第二百一十条规定了调查核实权,使得其位阶从司法解释上升到了法律。但此时的调查核实权还只是诉讼监督意义上的调查核实权,据此,2013 年 11 月 18 日实施的《人民检察院民事诉讼监督规则(试行)》在第六十五条至七十三条规定了调查核实权行使的条件和程序。第六十五条规定了调查核实权适用的条件,第六十六条规定了调查核实可以采取的措施,第六十七、六十八条是对专门问题进行调查核实的特殊规定,第六十九条规定的勘验,第七十条规定调查核实的内部审批程序,第七十一条规定检察机关进行调查核实的形式要件,第七十二条规定检察机关之间的委托调查和指令调查,第七十三条规定相关主体对检察机关调查核实的配合义务。

在检察机关开展公益诉讼试点之后,《试点实施办法》《检察公益诉讼解释》均规定了公益诉讼中的调查核实权,同期《办案指南(试行)》为民事公益诉讼的调查核实提供了详细的指引。2021 年 6 月 29 日公布的《办案规则》,在第四节从三十二条到四十五条规定了检察机关公益诉讼的调查核实权,是目前对于调查核实权最为系统全面的规定。

通过对调查核实权立法过程的简单梳理,可以看到检察机关调查核实权的发展规律:其法律位阶是从司法解释上升至法律,逐渐提升;其程序规定,也从一条发展到一节十余条,逐渐详细。这说明其在民事检察中的实践意义愈加重要,是调查核实权自身价值在民事检察中的必然体现,这种权力与检察机关民事检察权是内在共生的。这是因为调查核实权具有工具性,是实现民事检察权的手段。检察机关履行职责的基础就是要查明相关的事实,只有在事实清楚的前提下,检察机关才能依法行使相应的检察权,有的放矢,如何查明事实,就需

---

① 调查核实的四种情形:当事人因客观原因不能自行收集,向人民法院提供了证据线索,人民法院应调查而未调查;当事人提供的证据相互矛盾,人民法院应调查而未调查取证;审判人员审理该案时可能有贪污受贿、徇私舞弊或者枉法裁判等违法行为的;人民法院据以认定事实的证据可能是伪证的。

要使用调查核实权这一手段,别无他法。

4.4.2　原则

目前,规定调查核实权原则的法律就是《办案规则》,它规定的原则为依法、全面、客观。理论界对于调查核实权的原则有诸多观点,有观点认为是依法规范、客观全面、稳妥慎重,[①]有观点认为是遵循必要限度、确立收集必要证据原则、禁止非法手段调查,[②]有观点认为是谦抑性、中立性、诚信。[③] 对于以上观点,比如禁止非法手段调查,该原则实际是依法原则的另一面,完全涵盖在依法原则中。再比如谦抑性原则,是指检察权应当保持克制,它是具有独立地位的检察权行使时适用的原则,只有独立地位的检察权,例如民事公益诉权,才存在谦抑性问题,而调查核实权是手段,不具有独立地位。调查核实以合法和追求客观真实为指导,如果再加入谦抑则必然导致调查的选择性问题,影响调查的客观与全面,导致对于事实认定的错误。所以,谦抑性原则不适用于调查核实权。对于稳妥慎重原则,该原则是一个政策原则,不是法律原则,在法律文本中从未出现过该原则,它主要在检察机关拓展监督范围或者其他探索性行为时适用,不适用基于法律依据而常规适用检察权的情况。中立性或居中监督,这一原则体现的是监督诉讼活动时的地位和态度,而在民事公益诉讼中,检察机关的地位类似公益诉讼起诉人,是代表国家提起民事公益诉讼的主体,居中监督的前提在此基本不成立。

一、依法原则

确定依法而非合法作为原则,这体现了检察机关作为公权力主体和其他私权利主体在调查取证上的本质区别。依法强调的是权力的依据、来源,是授权

---

① 赵亮:《检察机关提起公益诉讼调查取证实证分析》,《中国检察官》2015 年 20 期。
② 陈宏:《民事公益诉讼中检察调查核实权研究》,《法治研究》,2018 年第 3 期。
③ 黄旭东:《论民事检察调查核实权的适用法理与制度构建——基于程序保障论的省思》,《法治论坛》,2018 年第 1 期。

性的原则,一般适用于公权力主体。具体而言,就是强调检察机关调查核实权的范围、方式与程序都要有法律依据,在法律范围内行使,不得与法律抵触。由于检察机关是代表国家的诉权主体,这种性质决定检察机关在履行职责时必须将依法列在首位。而其他主体调查适用合法原则,合法原则是一个评价性的原则,在民事诉讼中合法的标准也就是底线,即其他主体在取证时无须像检察机关般需要有明确的法律依据,只要求其取证行为不违法即可,法律的容忍度比之检察机关要宽容得多。

正是检察机关公权力主体的性质,决定了依法原则是检察机关调查核实权的首要原则。具体而言,就是调查的程序依法,包括调查启动程序要有相应的内部审批和外部告知,调查核实一般要求两人共同进行,向被调查的主体出示工作证,并进行相应的告知;调查范围依法,应当是民事公益诉讼案件法律要件相关事实,不能自行扩大范围;调查方式依法,除了增加了查阅、调取、复制有关执法、诉讼卷宗等和询问行政机关工作人员外,其调查方式与其他民事主体基本一致,特别是强调检察机关不得对人身和财产采取强制措施,体现了调查的民事性而非刑事性。

二、客观原则

这一点是检察机关客观公正义务在调查核实权上的自然延伸,是检察机关民事公益诉讼起诉人身份决定的,也是检察机关与其他主体在调查立场上的根本区别。从立场上,它要求检察机关调查时,必须摒弃当事人立场,从公共利益的维度来调查证据;具体在采取调查措施时,要从公共利益出发,既要调查对诉讼推进有利的证据,也要收集对诉讼进行不利的证据,客观评估证据的证明力;在证据运用上应当客观,不能对被告进行证据突袭,基于对证据的判断来进行相应的诉讼行为,而非主观臆断。而其他民事主体,在收集证据时,完全可以不受该原则拘束,基于其自身利益考虑来收集证据,其目的是胜诉,而不是维护公共利益。

三、全面原则

全面原则就是检察机关应当全面调查核实证据,只有全面进行调查核实不遗漏重要的证据,才能客观掌握事实,作出正确判断。没有全面调查核实,检察机关是不能作出是否提起民事公益诉讼决定的。全面调查核实证据是由检察机关民事公益诉讼起诉人的地位决定的,检察机关必须全面调查核实,才能做到不偏不倚,而其他主体调查往往可以从其诉讼利益维度出发来提取证据,全面原则对其不能适用。客观和全面在司法中常常被连用,这里客观强调的是调查的立场和维度问题,而全面是强调调查的范围、数量,二者密切相关,相辅相成。要客观认定事实,全面调查取证是必要条件。全面也是衡量是否客观的标准和尺度,这是因为在取证上保持客观立场最直接的外部表现是全面调查核实,不进行全面调查核实就不是客观,这应该是一条铁律。

4.4.3 内容

一、方式

调查方式作为手段,根据证据种类的不同采用不同的形式:1. 对于书证、物证、视听资料、电子证据等,主要是检察机关向案件有关执法机关查阅、调取、复制有关执法、诉讼卷宗材料,也就是调查核实案件事实相关的公文卷宗,以及检察机关自行向有关机关和个人调查收集;2. 对于相关证人证言,主要是以询问方式调查核实;3. 对于鉴定意见,就专门性问题委托鉴定人运用专业知识、专门技术进行分析鉴别,判断后出具的意见,需要具备相应的法定形式,这里不仅包括直接以鉴定命名的专家意见,也包括各种评估、审计、检验、检测等,除此之外,还包括就专门问题咨询专业人员、有关部门或行业协会;4. 对于勘验笔录,检察机关认为确有必要,可以对物证、现场进行勘验,它可以作为一种独立的证据来使用,也可以成为固定或保全证据的方法,比如通过勘验来取样;5. 其他必要的调查方式,由于公益诉讼案件的特殊性,除法定种类证据外,不能排除出现其他新类型的证据及调查方式。

二、范围

调查核实应当围绕民事公益诉讼案件的法定要件来调查收集证据。一是侵权主体的基本情况。侵权主体为自然人的,应当调查其身份信息、户籍信息等;侵权主体为法人或其他组织的,应当调查其主体的性质、工商注册信息等,了解其经营状况、资产信息、经营范围等。二是行为人实施侵权的行为及具体过程,目前主要是实施破坏生态环境和资源保护、危害食品药品安全以及侵害英烈名誉荣誉的行为。三是损害后果,包括社会利益受到损害处于持续状态以及损害的类型、具体数额等。四是违法行为与损害事实之间的因果关系。

三、程序

(一)调查前的准备。应当制作调查方案,包括调查的思路、方法、步骤以及拟收集证据的清单等,收集与本案相关的法律、行业规范、国家和地区标准。

(二)调查的法定程序。调查由两名以上检察人员共同进行,必要时可以组织司法警察或检察技术人员参加。进行调查应当出具工作证,以及相应的法律文书,如《调取证据通知书》《调取证据清单》等;需要异地调取证据的,检察机关可以自行调查,也可以委托当地同级检察机关进行。具体而言:询问证人证言,应当个别进行,并制作讯问笔录,由被询问人签名或盖章;调取书证、物证、视听资料、电子证据,应当调取原始证据,确有困难的可以调取复制件;咨询,口头咨询的应当制作笔录,书面咨询的应当出具咨询意见,以上证据都应由被咨询人签字、盖章;鉴定意见,检察机关对专门性问题认为确有必要,可以委托进行必要的鉴定;勘验笔录,检察机关认为确有必要可以勘验物证或现场,勘验应当制作笔录;借助相关的执法技术设备或手段,例如使用执法记录仪、自动检测仪等办案设备或无人机航拍、卫星遥感等技术手段。

(三)调查的保障与边界。为保证调查的顺利进行,从维护秩序方面可以由司法警察协助调查,从技术方面可以由检察技术人员或有关专业人员参与调查。检察机关可以向法院申请证据保全,法院按照当事人的标准给予保护。国家机关人员有义务配合检察机关调查,相关人员妨碍调查的,检察机关可以通过向同级人大常委会及纪检监察机关报告的方式进行监督。调查手段的边界就是不得采用限制人身自由或者查封、扣押财产等强制性措施。

4.4.4　问题与完善

一、定位问题

目前,检察机关有向机关、自然人、法人等调查核实的权力,以上主体有配合的义务,至于证据保全措施应当按照民事诉讼法的规定执行。由此可见,检察机关的调查核实地位列在当事人和法院之间,检察机关调取证据的能力似乎要强于一般当事人,比如可以收集公文书、可以调查行政执法人员。但是,要弱于法院,主要体现在检察机关不具备证据保全的权力,也就是不能查封扣押相关证据,缺乏强制收集证据的能力,同时也不具备民事诉讼法规定赋予法院的调查权的保障,使得检察机关在调查收集证据上实质处于当事人的水平。这种在调查证据上将检察机关当事人化的处理,并不符合检察机关在民事公益诉讼中民事公益诉讼起诉人的诉讼地位,也与其职能的实现不相匹配。

这是因为,民事公益诉讼中检察机关是公共利益的最终保障者,其提起民事公益诉讼是一种法定职责,其不能像顺位之前的主体可以基于自身条件或利益决定是否提起诉讼,检察机关面对此类问题没有选择余地,必须通过诉讼的方式来救济公共利益,否则会出现对公共利益造成更大损害的事实。[①] 正是检察机关在民事公益诉讼中的最终保障性,决定了应当赋予与之相应的调查核实权。除了检察机关最终保障的原因外,民事公益诉讼案件之所以最终由检察机

---

① 刘加良:《检察公益诉讼调查核实权保障的误判及矫正》,《检察日报》2020 年 8 月 27 日,第 7 版。

关承担起诉职责的外部原因就是诉讼难度的问题,也就是需检察机关提起诉讼的案件往往是调查收集证据困难的案件。要解决这一客观困难,要调查此类难度的案件,检察机关在民事公益诉讼中最终保障者的地位,决定了应当赋予检察机关强于一般当事人的调查能力,以上要求的制度体现就是检察机关有权采取强制性证据调查方式进行证据保全。

二、赋予证据保全的权力

证据保全是民事诉讼中调查收集证据最为强力的方式,在证据保全中,法院可以根据具体情况,采取查封等相应的保全措施。换言之,证据保全是基于收集的必要性、紧迫性而采取的调查手段,各种类型证据均可以适用。尤其以环境民事公益诉讼为代表的现代型诉讼,存在着证据极易灭失的问题,为及时保护公共利益固定证据,更需要证据保全制度的适用。而"两高"《检察公益诉讼解释》对此持否定态度,检察机关只能按照当事人的标准申请法院保全,检察机关不具备诉前证据保全的权力。在申请法院保全的程序中主要有三个问题,其一是期限问题,检察机关提出证据保全,一般发生在诉讼前,民诉法规定诉前保全申请后应当一个月内起诉,否则法院解除保全措施,这就与起诉前需要一个月诉前公告的检察机关提起民事公益诉讼是不相适应的,检察机关诉前保全证据的期限肯定要超过一个月。其二是申请法院保全,由采取保全措施的法院保管,这样的保管方式对检察机关调查收集证据是有一定妨碍的,不利于检察机关基于证据的进一步调查。其三,根据《民事诉讼证据规则》第二十六条证据保全存在担保的问题,对此检察机关申请是否适用存在争议,如果参照法院依职权采取的证据保全措施,是不应当提供担保的。

无论是基于民事公益诉讼中的地位,还是基于目前检察机关申请法院证据保全的诸多缺陷,应当赋予检察机关依职权采取证据保全措施的权力,如此才与检察机关在民事公益诉讼中最终保障者的地位相适应。当然,这种权力不是无限的,它应当受到以下限制:首先,在适用原则上,在符合证据保全目的的情况下,采取扣押等限制保全标的物使用、流通等方法,检察机关应当选择对证据持有人损害影响最小的保全措施,"只要能够达到前述目的,不一定非要限制证据的使用和流通"。① 其次,给予当事人程序保障,对于证据保全措施可能影响保全标的使用、流通或对证据持有人造成损失的情形,民事诉讼法中是以申请人提供担保的方式来平衡二者利益的,此种担保的方式自然不应适用于检察机关。但是如何保护证据持有人利益,对此,可以通过增加对证据持有人程序的保障来保护其权利。具体就是证据持有人可以在检察机关采取保全措施 5 日内向上级检察机关申请复议,上级检察机关应当在收到申请后 5 日内作出决定,证据持有人理由成立的,上级检察机关决定撤销证据保全措施,理由不成立的驳回当事人申请,申请复议期间不影响保全措施的执行。

三、勘验

《办案规则》第三十四条将勘验笔录列为检察机关提起民事公益诉讼案件的法定证据类型,第三十五条规定了勘验的客体是物证、现场,第四十二条规定了具体程序,这样规定看似比较详细、具备操作价值,但这种勘验从证据类型上只符合刑事诉讼勘验的要求,它不符合民事诉讼中勘验的规定。原因一,此种勘验都是起诉前进行的,这与刑事诉讼是吻合的,而民事诉讼中勘验一般是诉讼过程中进行的,如果诉前进行,则属于诉前的证据保全。原因二,此种勘验对于见证人的要求不严格,见证人现场见证不是程序的必要条件。这种规定与《刑事诉讼法》第一百二十八条对勘验的规定基本一致,②而与《民事诉讼法》对

---

① 最高人民法院民事审判一庭编:《最高人民法院新民事诉讼证据规定理解与适用》,人民法院出版社 2020 年版,第 288 页。

② 《刑事诉讼法》第一百二十八条规定:"侦查人员对于与犯罪有关的场所、物品、人身、尸体应当进行勘验或者检查。在必要的时候,可以指派或者聘请具有专门知识的人,在侦查人员的主持下进行勘验、检查。"虽然《刑事诉讼法》没有规定现场见证人,但是作为主要侦查机关的公安部门则规定要求有见证人参加,《公安机关刑事案件现场勘验检查规则》(2015 年 10 月 22 日公安部)第二十四条:"勘验、检查现场时,应当聘请一至二名与案件无关的公民作为见证人。"

勘验的规定并不一致。① 检察机关调查核实中的勘验,缺少了当事人和见证人的现场见证,这必然影响到勘验的证据效力。所以,对于调查核实的勘验,应按照民事程序执行,即使有的勘验时尚未确定损害公共利益的主体,至少应当规定勘验应有当地的基层组织人员参加,现场见证并签字或盖章。

四、调查手段的边界

对于调查核实权的边界或是调查核实权的禁止性规定,就是人民检察院收集证据不得采用限制人身自由或者查封等强制性措施。在"两高"的《检察公益诉讼解释》中没有出现对于调查核实权限制性规定,这一方面可能是因为法律条款的篇幅原因,《检察公益诉讼解释》相对于《办案规则》与《试点实施办法》更为权威;另一方面由于《办案规则》与《试点实施办法》均为最高人民检察院独立制定,这反映出检察机关对于自身权力的约束与依法原则的坚守。

但是以上规定确有诸多问题。首先,强制性措施表述不当,将限制人身自由或者查封、扣押、冻结财产都归为强制性措施是归类不当的,不符合民事诉讼法和刑事诉讼法的规定。强制性措施不是民事诉讼和刑事诉讼中的法定概念,与此近似的是强制措施,根据《民事诉讼法》第十章规定,对妨碍民事诉讼的强制措施有拘传、训诫、责令退出法庭、罚款、拘留,妨碍民事诉讼的行为当然就包括妨碍诉讼举证的行为,而查封、扣押、冻结财产的行为不属于以上强制行为,属于保全措施和执行措施,强调的是对财产的措施,与证据调查行为无关。同样,在刑事诉讼中强制措施是指"在特定情形下依法对犯罪嫌疑人、被告人的人身自由强行剥夺或者加以限制的方法的总称"。② 所以,刑事诉讼法中只有限制人身自由的方法属于强制措施,查封财产等并不属于强制措施。真正与调查

---

① 《民事诉讼法》第八十三条规定:"勘验物证或者现场,勘验人必须出示人民法院的证件,并邀请当地基层组织或者当事人所在单位派人参加。当事人或者当事人的成年家属应当到场,拒不到场,不影响勘验进行。有关单位和个人根据人民法院的通知,有义务保护现场,协助勘验工作。勘验人应当将勘验情况和结果制作笔录,由勘验人、当事人和被邀参加人签字或者盖章。"

② 易延友:《刑事诉讼法》(第五版),法律出版社 2019 年版,第 325 页。

证据行为的强制性有关的是证据保全行为,法院依申请或职权对证据采取的保全手段措施就包括查封等,这些措施的客体是证据而非财产。尽管证据往往也是财产,但这两者多数情况下是不重合的。其次,检察机关在行使调查核实权的情况下,与所谓强制性措施发生关联的情况有以下两种。其一是检察机关在调查时遇到妨碍调查的相关行为,这在民事诉讼中属于妨碍诉讼的行为,对此《民事诉讼法》规定法院遇到此类行为时,可以采取强制措施,这里就包括限制人身自由的拘传和拘留。对于检察机关而言,目前《民事诉讼法》没有相应规定,检察机关也无权直接适用强制措施。目前只能从《人民检察院司法警察条例》找到依据,①由司法警察维持秩序,对于违法犯罪的及时移送公安,缺乏对于调查核实的特殊考虑。其二是证据保全,在《检察公益诉讼解释》第6条规定证据保全适用民事诉讼法规定,也就是检察机关申请法院查封、扣押相关证据,对此《办案规则》没有进行细化规定。鉴于该条款表述不规范,而且已经被相关制度取代,在确定依法作为调查核实权的基本原则下,强制性措施的条款并无必要。

五、鉴定意见

在检察机关提起民事公益诉讼的案件中,其法律要件如危害行为、因果关系、损失大小等往往涉及大量的专门性问题,因此检察机关调查核实需要大量的鉴定意见。例如江苏省常州市人民检察院诉许某惠、徐某仙环境污染民事公益诉讼案,虽然被告最终承担的赔偿损失为150万元,但就检察机关在诉讼中出具的鉴定意见而言:案件涉及四项专门性问题,由四个鉴定机关向检察机关

---

① 《人民检察院司法警察条例》第九条规定:"对以暴力、威胁或者其他方法阻碍检察人员依法执行职务的,人民检察院司法警察应当即使予以控制,并依法强制带离现场或者采取法律规定的其他措施。"

出具了七份鉴定意见,每一法律要件都至少有 1 份鉴定意见作为证据支持。[1]由于民事公益诉讼涉及的鉴定具有较强的专业性,不仅费时而且鉴定的费用也相当巨大,例如最高人民检察院公布的生态环境民事公益诉讼 5 个典型案例,平均每案 3.8 件鉴定意见,其中 4 个案例中判决了鉴定费用,鉴定费用平均为63260.5 元。针对鉴定意见的现实问题,目前有两种路径来解决。

表 4.2　典型案例鉴定意见表[2]

	鉴定费用	鉴定意见数量	赔偿额
湖北省人民检察院汉江分院诉利川市五洲牧业有限责任公司环境污染案(水污染)	环境损害评估费 60000 元	7	2203649.46 元
广东省汕头市人民检察院诉郭松全等五人环境污染案(土壤及水污染)	环境监测费 84042 元、调查评估费 10 万元	2	524.54 万元
江苏省徐州市人民检察院诉徐州市鸿顺造纸有限公司环境污染案(水污染)	专家咨询费 3000 元	1	105.82 万元

[1]　关于污染物及排放量的鉴定意见有南京大学现代分析中心出具的检测报告一份、常州固废与辐射环境管理中心出具的危险废物、有毒物质认定 2 份、常州环境科技公司出具的《武进区遥观镇东方村洗桶厂产地环境调查技术报告》1 份,关于环境损害后果的鉴定意见有常州环境科技公司出具的《武进区遥观镇东方村洗桶厂产地环境调查技术报告》1 份,关于污染行为与损害结果之间因果关系的鉴定意见有澳实分析检测(上海)有限公司出具的检测报告、常州环境科技公司出具的《地块内土壤中检出的污染物浓度范围》表、《地块内地下水中检出的污染物浓度范围》表、《东方村洗桶厂地块 2 号污水池检出污染物浓度》表,关于环境修复费用的鉴定意见有常州环境科技公司出具的《武进区遥观镇东方村洗桶厂产地环境调查技术报告》。参见江苏省常州市中级人民法院(2015)常环公民初字第 1 号民事判决书。

[2]　参见最高人民检察院第八厅编:《民事公益诉讼典型案例实务指引》,中国检察出版社 2019 年版,第 3 - 150 页。

	鉴定费用	鉴定意见数量	赔偿额
江苏省常州市人民检察院诉许建惠、徐玉仙环境污染案(土壤污染)	检察机关未提出	7	150万元
福建省泉州市人民检察院诉陈清河、晋江昌达塑料有限公司环境污染案	专家评估费6000元。	2	261461.40元

(一)增强检察机关调查核实能力

就鉴定意见而言,检察机关提起民事公益诉讼面临的主要问题是鉴定衍生出的问题:办案时间延长、鉴定费用巨大。为了解决鉴定意见的时效与费用问题,检察机关开展了在检察机关建设公益诉讼快速检测实验室的尝试,也就是增强自身对于专门性问题的调查能力,这样既提高了检察机关调查的效率,也降低了费用支出。最早开展探索的是浙江省、江苏省,已形成相应模式。浙江模式是联合环保部门设立鉴定实验室。① 江苏模式是江苏省苏州市检察院打造公益诉讼技术支持的"321市级院模式",即三个载体(巡回工作站、快速检测实验室、公益诉讼快检地图)、两种工作方式(常态分区主动巡查、目标线索精准排查)、一个规范(《苏州市人民检察院生态环境现场勘察规范》),快速形成自有检测能力,助推公益诉讼工作开展。②

(二)降低证据形式要求

由于鉴定意见一般要求具备严格的形式要件,与之相伴的必然是费用的增

---

① 2019年5月14日浙江省人民检察院联合浙江省生态环境厅成立了全国首家公益诉讼(环境损害)司法鉴定联合实验室。联合实验室在杭州市临安区发生的非法处置危废等几起案件办理中发挥了关键作用。

② 晏向华、王旭:《全国检察机关公益诉讼快速检测实验室建设座谈会召开》,正义网2019-06-22,网址http://news.jcrb.com/jszx/201906/t20190622_2015680.html,最后访问时间2021年7月23日。

加和效率的降低。为此,检察机关通过降低对特定鉴定意见的形式要求来达到提效降费的作用。目前,对于因果关系这种关键问题检察机关还是要求依据严格意义的鉴定意见。对于专门性要弱一点的要件问题,往往以"专家意见"或"专家咨询意见"作为鉴定意见的替代,一般适用于对损失大小的认定问题。因此,在《办案规则》中将咨询列为一种调查方式,在《办案指南(试行)》中也作出提示例如"确认生态环境损害赔偿的具体数额主要依据鉴定意见或者专家意见"。根据证据法定原则,所谓的专家意见并不属于《民事诉讼法》规定的法定证据形式。在证据形式上,专家意见与鉴定意见最为接近,从本质上二者都是言词证据,都是具有一定业务专长的人员(专家)就专业问题提供的结论性意见,出具专家意见和鉴定意见的主体在资格上没有差别。对于检察机关提供专家意见,由于其只涉及诸多法律要件之一的证明,其在证据形式上的缺陷不足以对认定事实造成质的影响,检察机关基于专家意见在内的诸多证据能够提起诉讼。起诉后,进入审理程序,法院在当事人双方参与下对该专家意见的证明力进行审查判断,一方面检察机关可以提供专家出庭来补强证据;另一方面如果被告提出异议并有证据支持,法院可以重新委托鉴定。

4.5　民事公益诉权的变体:诉讼监督权

在民事公益诉讼制度建立前,我国民事诉讼中的诉讼监督权包括两类:第一类是对法院诉讼结果的监督,也就是民事抗诉;第二类是对诉讼程序的监督,也就是对审判程序中审判人员违法行为的监督。

4.5.1　民事公益诉权和民事抗诉权

一、民事抗诉权是民事公益诉权的变体

民事抗诉权是检察机关认为法院生效的判决、裁定、调解书因违反法定情

形向法院提出抗诉,引起法院再审的权力。在检察机关提起民事公益诉讼制度建立前,它是最重要和最基础的民事检察权。由于抗诉权属于审判监督程序,抗诉权针对的对象是法院生效的判决、裁定和调解书,基于此,民事检察权的性质被认为是法律监督。但是,在检察机关提起民事公益诉讼制度建立后,再如此定性就成问题了。

(一)权力的性质。

民事抗诉权从本质讲还是一种请求权,是一种代表国家的诉权,这一点是抗诉权不同于其他国家权力的特质。虽然多数民事抗诉权启动是基于当事人的申请,但是检察机关启动抗诉并不是为了维护一方利益,而是为了维护法制统一、维护司法秩序,也就是维护公共利益,在这一点上它和民事公益诉权的性质是一致的。

(二)权力发动的原因。

抗诉权是检察机关发现法院的审判行为违反法定情形从而影响了审判结果,民事公益诉权是检察机关发现了严重损害公共利益的行为根据法律需要追究其民事责任,两者的发动都是为了维护公共利益、维护法律,只是涉及的范畴不同,前者涉及的是法院的公权行为,后者涉及的是私权行为。

(三)权力实现的途径。

抗诉权通过法院审判权再审自行纠正来实现,民事公益诉权由法院通过审判权来追究违法者的民事责任来实现。两者的实现途径一致,只是由于前者针对的是法院公权力行为,抗诉权的实现以法院通过审判自行纠正为目的,后者针对的是被告的私权行为,以法院通过审判追究其民事责任为目的。

通过以上分析,从权力性质而言,抗诉权和民事公益诉讼权二者是一致的,都是为了维护公共利益的请求权,是代表国家的诉权,只是二者追究的违法行为不同,或者说监督的对象不同,但这都不能从根本上动摇两者的一致性。换言之,在私益诉讼中,虽然当事人争议的是民事纠纷,但是该纠纷经过法院生效裁判认定后,已经不仅仅是解决民事纠纷,还有维护司法秩序的意义,这种秩序就是公共利益的体现。法院错误的裁判必然损害公共利益,但是也不能因此轻易地启动再审,也要考虑法院裁判的稳定性和权威性,要严格控制再审的启动,只有司法机关基于法定条件才可以启动。为此除了法院自行再审权外,检察机关基于自身是代表国家的诉权主体,为维护公共利益可以启动抗诉权来引起再审,这是检察机关抗诉权可以介入私益诉讼的根本原因。所以,抗诉权属于民事公益诉权的一种变体,是检察机关代表国家对于私益诉讼进行法定干涉的诉权。这种抗诉权只是提出原审裁判的相关问题,由法院通过再审来纠正,以维护司法秩序,检察机关在其中是没有任何实体请求的。

二、民事公益诉讼中的抗诉权

对于生效的民事公益诉讼判决、裁定及调解书,就检察机关抗诉权而言是分为两类来处理的。一类是其他适格主体提起的民事公益诉讼,目前对此没有特殊规定,所以检察机关抗诉权应当按照目前私益诉讼中审判监督程序来处理。但是,考虑到生效判决、裁定及调解书的公益性质,为及时有效地保护公共利益,检察机关的抗诉权应当:首先,检察机关不受当事人是否申请检察机关监督的限制,有职责依职权主动发现相关案件,积极主动启动案件的受理审查程序,根据目前的抗诉标准及程序进行审查;其次,检察机关启动抗诉再审的期限不受目前当事人申请再审期限的限制,当然考虑到民事法律关系的稳定性,检察机关启动抗诉的期限也不能没有任何限制,可以参照《民法典》第 188 条普通诉讼时效 3 年的规定,确定为判决、裁定及调解书生效 3 年内,同时当事人申请法院再审等事由构成时效的中断。

另一类是检察机关提起的民事公益诉讼。由于检察机关只能通过上诉启动二审程序,遵循私益诉讼的程序规则,所以抗诉只能针对生效的判决、裁定及调解书,这一点不同于刑事诉讼的抗诉权。对于此类案件,由于诉权主体和抗诉权的主体均为检察机关,为维护公共利益,检察机关行使抗诉权的效率应当远远高于其他适格主体起诉的民事公益诉讼案件。参照目前的程序,启动抗诉权的检察机关为最高人民检察院及作出生效判决、裁定及调解书的上级检察机关,同时检察机关作出抗诉决定的时间应当在判决、裁定及调解书生效后 6 个月以内,也就是应当在 6 个月内决定是否提出抗诉。

4.5.2　民事公益诉权和诉讼程序监督权

在检察机关提起民事公益诉讼中,诉讼程序监督权并不是独立的权力,这是因为:检察机关对诉讼程序的监督是指对审判人员在审判程序中违法行为的监督。① 诉讼程序监督权出台时,主要是对私益诉讼的事后监督,具有一定的独立性。与抗诉权相比,其监督事由的违法性要逊于抗诉权的事由,也就是没有严重到影响审判结果。所以,其也就同时欠缺监督的刚性,以检察建议的方式向法院提出。除了在定量上与抗诉权存在差别外,就权力的性质、权力发动的原因、实现的途径等定性方面,其与抗诉权没有质的区别,所以它仍然是民事公益诉权的变体。

但是,在检察机关提起民事公益诉讼制度中,它的作用就不同于私益诉讼,失去了独立性,成为辅助性权力,处于一种引而不发的备用状态。当出现法定情形后,由提起民事公益诉讼的检察机关向法院提出,其行使的方式根据违法性的程度而不同,其目的就是为了保障诉讼的顺利合法进行。如果将其与民事公益诉权分离,那么必然影响监督的效力与效率,②必然对程序的顺利进行造成损害。

---

① 具体条件是《人民检察院民事诉讼监督规则》第一百条的规定,监督的方式是向法院制发检察建议,由法院自行纠正。
② 该问题已经在前面当事人化的部分中进行了论述。

4.6　民事公益诉权最终保障性的体现：支持起诉权

4.6.1　支持起诉权

检察机关支持起诉权是指在民事公益诉讼案件和与民事公益诉讼相关的私益诉讼案件中，为维护公共利益，检察机关以支持起诉人身份参与其中支持其起诉，监督其诉讼的权力。这一权力最早规定在《试点实施办法》第十条、第十三条中，①2017 年《民事诉讼法》修正建立了检察机关支持起诉制度，所以检察机关支持起诉权的法律渊源位阶较高，为《民事诉讼法》。2021 年 7 月 1 日施行的《办案规则》在第一百条到一百零三条比较全面地规定了检察机关支持起诉权，规定了案件范围、支持方式、支持的撤回，以及撤回后可另行立案调查核实。

一、范围

检察机关支持起诉的案件范围主要是民事公益诉讼案件及相关的私益诉讼案件：1. 适格主体提起的民事公益诉讼案件，也就是目前有明确法律依据的民事公益诉讼案件；2. 与民事公益诉讼相关联的私益诉讼，例如与环境民事公益诉讼相关联的生态环境损害赔偿诉讼案件，与英烈保护民事公益诉讼相关联的英烈近亲属提起的维护英烈姓名、肖像、名誉、荣誉，以及侵害军人荣誉、名誉和其他相关合法权利的民事诉讼等。

---

① 《试点实施办法》第十条规定："人民检察院对审查终结的民事公益诉讼案件，应当区分情况作出下列决定：（一）终结审查；（二）依法督促或者支持法律规定的机关和有关组织提起民事公益诉讼；（三）提起民事公益诉讼。"第十三条规定："人民检察院在提起民事公益诉讼之前，应当履行以下诉前程序：（一）依法督促法律规定的机关提起民事公益诉讼；（二）建议辖区内符合法律规定条件的有关组织提起民事公益诉讼。有关组织提出需要人民检察院支持起诉的，可以依照相关法律规定支持其提起民事公益诉讼。"

二、方式

支持起诉的方式:1. 提供法律咨询,检察机关可以为原告制作起诉书,对举证、质证、法庭辩论预案的制作等提供法律咨询、提出参考意见;2. 提供支持起诉意见书,意见书应当书面提供,一般应当包括起诉机关、案件来源、当事人的基本情况、支持起诉的事实和理由;3. 协助调查取证,检察机关可以自己名义进行调查取证,该证据可以在送交支持起诉意见书时一并移送人民法院,在性质上属于原告提交证据;4. 出席法庭,检察机关出席法庭发表支持起诉意见,支持起诉意见不只限于支持起诉意见书,还可以就其协助调查的证据发表意见,在法庭辩论终结时发表意见供法庭参考。①

三、撤回

检察机关撤回支持起诉属于《办案规则》的制度创新,之前关于支持起诉是单向的,只规定了检察机关支持起诉的方式,未规定若出现了不适合支持起诉的事由,是否可以撤回。而这次增加了支持起诉之撤回,这就是双向规定。之所以作此规定,是因为检察机关属于代表公共利益的国家机关,其支持起诉具有法定性、职责性。正是检察机关支持起诉的法定性、职责性,决定了对于民事公益诉讼原告某些背离公益诉讼目的之行为,检察机关作为国家公共利益代表必须表明对以上行为否定性的评价,表现在诉讼上就是撤回支持起诉。

公益诉讼原告背离公益诉讼目的的行为主要有:无正当事由变更、撤回全部或部分诉讼请求;撤回起诉或者与被告达成和解,未能使社会公共利益得到完全保护的;请求被告承担诉讼费用支出过高,存在谋利嫌疑的;其他不适合支持起诉之情形。检察机关撤回支持起诉的,应制作文书,三日内提交人民法院,并发送原告。支持起诉撤回后,检察机关若认为原告提出的诉讼不足以保护公共利益,应另行立案自行调查起诉。

---

① 参见《最高人民法院关于环境民事公益诉讼司法解释理解与适用》,人民法院出版社 2015 年版,第 161 页。

4.6.2　问题与完善

一、问题

（一）检察支持起诉的类型单一，无法适应民事公益诉讼需要

根据《办案规则》，支持起诉的案件分为三种：私益诉讼、民事公益诉讼、检察机关提起民事公益诉讼。这三种案件性质不同，原告的权利范围也不同，与之相应，检察机关支持起诉的权力应采取类型化处理方式，而不是现在的一以化之方式。具体而言：

1.在私益诉讼中，比如与环境民事公益诉讼相关联的生态环境损害赔偿诉讼案件，这种案件虽然与公益诉讼相关联，但原告对于诉讼请求有完全处分权，属于典型的私益诉讼。检察机关的支持起诉权必须服从并服务于当事人的处分权，检察机关作为支持起诉主体在诉讼中不具备独立的地位，其只能在诉前进行支持起诉活动，一般不宜出席法庭、发表意见。在支持起诉的方式上，检察机关只能参与诉前活动，比如提供法律咨询、协助调查证据、提出支持起诉意见。

2.不同于私益诉讼中的当事人，民事公益诉讼案件中原告不具备处分权，其只是拟制的主体，为实现公共利益而行使诉讼权利。检察机关的支持起诉行为，不仅是一种支持行为，也是代表公共利益的一种监督行为。基于检察机关是代表国家支持起诉，其支持起诉的行为不仅发生在诉前，也可以参与诉讼发表意见，若原告之诉讼行为损害公益，则检察机关可以撤回支持起诉。相较私益诉讼，检察机关增加了出席法庭的权力。

3.在检察机关有权提起民事公益诉讼的案件中，基于检察权的谦抑性，其他适格主体拥有先于检察机关的诉权，此时检察机关可作为支持起诉主体参与诉讼。不同于前两种案件，检察机关与原告一样对于此类案件是具有诉权的，其作为支持起诉主体应当具备监督的权力，特别是在原告怠于行使诉权时，检察机关不仅可以撤回支持起诉,还可以重新启动诉讼程序。相较于检察机关在民事公益诉讼中的支持起诉权力,增加了撤回支持起诉后,检察机关可以对此类案件另行立案调查的规定。

通过以上分析,可以看到检察机关在此三类案件中,在地位和权力上存在巨大差异,检察机关支持起诉的权力和案件的公益性成正比,也和当事人诉权的公益性成正比。《办案规则》在支持起诉权力的设定上没有基于案件性质作出区分,尤其在私益与公益诉讼上没有作出区分,容易造成检察权的滥用,将只用于公益诉讼的特定支持起诉权滥用于私益诉讼,这不利于维护检察机关公共利益保护者的形象。

(二)检察机关支持起诉不能适应最终保障职能的需要

对于检察机关有权起诉的案件,若其他主体起诉,检察机关可以以支持起诉的方式参与诉讼,这是《民事诉讼法》第五十八条明确的规定。目前,《办案规则》将此类案件的支持起诉与其他民事公益诉讼作同样处理,没有考虑其特殊性。为何此类案件具有特殊性?首先,检察机关具有支持起诉主体和诉权主体的双重性身份,这种双重性与其作为其他类型案件支持起诉主体是有本质差异的。在其他民事公益诉讼案件中,作为支持起诉主体的检察机关因不拥有诉权,所以其权力是不能逾越原告的,这种支持起诉是辅助性的。而在检察机关拥有诉权的案件中,其支持起诉的权力基础要远胜于前者,在原告怠于行使诉权时,为维护公益,检察机关可以逾越其诉讼权利,代替其诉讼行为是有正当性的。其次,检察机关对于此类案件具有最终保障职能,也就是此类案件的原告在行使民事公益诉讼权时怠于履行职责,未完成保护公共利益的诉讼目的时,检察机关需要履行最终保障职责承接民事公益诉权,继续履行民事公益诉讼义务。最后,就实践而言,这类案件的来源以及证据的取得都是检察机关职权所为,这一点完全不同于其他类支持起诉案件。基于这类案件与检察机关的特殊关系,为了维护公共利益检察机关更应加强监督,否则此类案件处理不当,不仅损害公共利益,同样也会损害检察机关的权威性。检察机关身份的双重性为支持起诉权的特殊性提供了基础支撑,检察机关提起民事公益诉讼案件的最终保障职能和实践中的现实需要,为支持起诉权的发展提供了方向。而《办案规则》在构建检察支持起诉制度时,除了第一百零三条规定作出了一定尝试外,没有考虑检察机关提起民事公益诉讼案件的特殊性。

二、完善

(一)支持起诉增加的方式

在私益诉讼中,检察机关支持起诉的方式是提供法律咨询、提交支持起诉意见书、协助调查取证。将以上方式基本适用于民事公益诉讼案件也是妥当的,因为检察机关不是诉权主体,即使诉权主体怠于行使权力,检察机关也不能越俎代庖,只能发挥辅助意义上的支持作用。而在检察机关拥有诉权的案件中,即使检察机关未起诉,但为了实现检察机关最终保障职能,就应当保障检察机关全程参与此类诉讼。所以,检察机关支持起诉的方式就不应当是片段性的,而是全程性的。只有如此,对于原告诉讼行为的全程监督,才能为检察机关履行最终保障职能提供可能。另外,这种支持起诉不是辅助性的,而是具有监督意义的。对原告出现损害公共利益的诉讼行为,检察机关基于严重程度,可以有权以向法院提出检察建议的方式来维护公共利益。

(二)支持起诉增加的内容

为实现保护公共利益的诉讼目的,就要考虑原告怠于行使权利的情况下,检察机关如何借助支持起诉制度来实现最终保障职能,保障公共利益的实现。

其他适格主体起诉的,如果其诉讼行为损害公共利益,检察机关不能简单的撤回支持起诉,而是根据情况作出不同处理。因为,检察机关撤回支持起诉,意味着检察机关认为原告已经不是适格主体了,由于检察机关对于此类案件具有最终保障职责,所以检察机关不能仅仅是撤回支持起诉,还要向法院提出原告主体不适格的检察建议。如果检察机关具备继续诉讼的能力,则向法院提出原告不适格,由检察机关替代诉讼的检察建议。如果案件事实不具备继续诉讼的条件,则可以提出原告不适格,检察机关代表公共利益撤回起诉的检察建议。这是检察支持起诉中效力最强的方式,它意味着原告主体责任的免除,检察机关主体身份的变更,由支持起诉主体变更为起诉主体。比如原告撤回或者与被告达成损害公共利益的和解协议,则检察机关可以向法院提出原告主体不适格的撤回支持起诉并由检察机关代替诉讼的检察建议。对于此类检察建议,由于其关乎基本诉权的问题,如果未得到法院的支持,检察机关有权提出上诉。

如果原告虽然存在不能有效保护公共利益的行为,但是没有严重到影响其主体正当性的程度,检察机关可以向法院提出对于原告相应诉讼行为的纠正建议。例如原告无正当理由变更、撤回部分诉讼请求,检察机关认为损害公共利益的,可以针对以上行为向法院提出撤销相关行为的检察建议。这样既可以使民事公益诉讼案件继续进行,保障诉讼效率,同时也保障了公共利益,实现双赢。

第5章

检察机关提起民事公益诉讼程序

5.1　程序总论

5.1.1　程序概述

一、含义

检察机关提起民事公益诉讼的程序,是指在检察机关提起民事公益诉讼案件中与检察机关履行职责有关的程序,根据检察机关所处地位的不同,它分为诉前和诉讼两个阶段,前者为检察机关占主导地位,后者为法院占主导地位。诉前程序包括程序的启动、立案、诉前公告、审查起诉四个阶段,诉讼程序包括一审、二审、再审、执行程序。诉前程序由于是检察机关主导,而且它也是其他民事公益诉讼程序所不具有的特定程序,所以诉前程序是检察机关提起民事公益诉讼程序的重点。而在诉讼程序中,法院占据主导地位,检察机关是参与者,其与法院是相互监督、相互配合的关系。

二、价值

(一)保障民事公益诉权行使

检察机关的民事公益诉权,作为一种公权力,它的行使必须与一定的法定程序结合。这是因为在不损害社会利益的前提下,私权利的行使完全遵从意思自治原则,它无须任何形式的权利外观来证明其正当性。而公权力由于其行使是基于保护公共利益的需要,而公共利益的主体具有广泛性和不特定性的特征,也就是公共利益不像私人利益般具有自然形成的明确唯一主体,因此公共利益的意思表示无法通过私法意思自治的方式来实现,一般是授权相关的权利或权力主体代表公共利益为意思表示。因此,就需要构建刚性的程序,通过履行法定程序来保障意思表示的公共利益性,以程序的外部形式正义来保障公共利益实质正义的实现,检察机关的民事公益诉权自然也应如此。正是程序为检察机关民事公益诉权的行使提供了运行的场域,不同形式、阶段的程序适应了民事公益诉权的各种运行状态,保障了权力运行的合法高效。比如立案程序,它既保障了检察机关民事公益诉权的正式启动,意味着更多检察资源的投入,同时也将不具备诉权条件的案件予以排除,避免了检察资源的浪费。反之,如果程序与诉讼权力不匹配,轻则影响诉权的效率,重则导致诉权只能在纸面上运行,成为一纸具文。比如试点期间的诉前程序,由于其本身的诸多缺陷,无法实现全部通知的目的,自然被公告程序取代。

(二)规范民事公益诉权行使

程序对于检察机关的民事公益诉权行使具有双重意义,它一方面保障了其正确行使,另一方面也束缚其滥用,也可表述为规范使用。它的表现形式:从内部而言,每一次诉讼权力的运行,都需要内部相关的审查制约程序,用内部控权模式来规范诉讼权力的运行;从外部而言,诉讼相关方的有效参与也是规范民事公益诉权运行的有效手段,为此科学的程序可以为诉讼相关方有效参与提供保障机制,保障其知情权和参与权,通过外部主要是民事诉讼参与人依法参与,以权利制约权力的模式来规范民事公益诉权的行使。

三、特征

1.职权性,这是检察机关提起民事公益诉讼程序与其他民事公益诉讼程序的根本区别。它强调程序启动及下一步程序的推动均为检察机关职权性行为,不以申请、控告及举报等其他主体意思表示为前提。它包括:案件线索发现的职权性,检察机关应当依职权发现案件线索,并进行评估、调查,根据证据事实进入下一步立案程序;立案的职权性,立案后检察机关依职权全面进入审查和调查程序;诉前公告程序的职权性,经调查检察机关发现社会公共利益受损,存在违法行为,就应当发布公告,告知案件情况,通知适格主体提起民事公益诉讼;提起诉讼的职权性,这里包含积极与消极两种含义,积极的是无适格主体起诉的,检察机关基于案件事实的情况,就应当起诉,消极意义是指若有适格主体起诉,检察机关就应当移转诉权,由适格主体来起诉;上诉的职权性,提起诉讼的检察机关认为一审判决确有错误,可以在上级检察机关批准下提出上诉;执行的职权性,民事公益诉讼判决生效后,检察机关应当依职权申请法院执行。

2. 最终保障性,检察机关提起民事公益诉讼的特征之一就是最终保障性,在程序上的体现就是在诉前程序中。检察机关的最终保障职能,决定了检察机关就案件事实应当积极调查核实,而不能考虑是否由检察机关起诉,最直接的体现就是《办案规则》第九十三条规定诉前公告期间检察机关仍应继续调查,体现的就是最终保障性。另外,即使适格主体提起了民事公益诉讼,检察机关也不能自然豁免职责,为了保障公共利益的实现,检察机关也应以支持起诉人身份参与诉讼,以此来实现最终保障。

3. 客观性,检察机关是国家和公共利益诉权的代表人,这一点决定了检察机关在程序中应当保持客观的立场。客观性一方面表现在对于证据的取得与采用:首先,检察机关应当全面调查收集证据,不能仅收集证明侵权人违法的证据,对于减轻责任等有利于侵权人的证据同样应当收集;其次,检察机关应当根据其调查收集的证据决定是否起诉,其起诉条件应当远远高于一般民事诉讼的起诉条件,完全按照证据的客观情况决定案件是起诉还是终结诉讼;最后,检察机关在一、二审诉讼中,也应当向法院全面提供已经取得的证据,只能以客观真实作为判断取舍的标准,而不能以是否有利于支持诉讼作为判断标准。客观性另一方面表现在诉讼职权的行使上,检察机关行使诉讼权力应当以客观审查证据和适用相关法律为基础,以维护公共利益为目的,据此作出相应的诉讼行为。特别是在一、二审诉讼期间,检察机关应当在全面审查判断双方证据的基础上作出客观判断,据此行使相应的诉讼权力,不能以追求胜诉为目的。

5.1.2　检察权主导的程序:诉前程序

一、诉前程序含义之变迁

(一)试点期间

在检察机关开展公益诉讼试点工作之前,在民事公益诉讼程序中还未有诉前程序的概念,诉前程序渊源来自《试点方案》。① 为此,在《试点实施办法》第十三条规定诉前程序是检察机关提起民事公益诉讼案件的必经前置程序,②学理界也认为"诉前程序是检察机关提起民事公益诉讼之前必须履行的前置程序"。③ 其内容主要是督促有关行政机关、社会组织履职,其形式主要是提出检察建议。④

作为一个新生事物,其自身存在一定的缺陷是不可避免的,诉前程序自然也不例外。在法理上,它最大的问题在于没有完全体现民事公益诉讼主体的民事性,更多的是从行政职权维度来理解诉前程序。这是因为,检察机关履行诉前程序通知的对象主要是相关社会组织,而民事公益诉讼权对于社会组织归根

---

① 《试点方案》里面指出:"诉前程序。检察机关在提起民事公益诉讼之前,应当依法履行督促或者支持法律规定的机关或者有关组织提起民事诉讼。"

② 《试点实施办法》第十三条规定:"人民检察院在提起民事公益诉讼之前,应当履行以下诉前程序:(一)依法督促法律规定的机关提起民事公益诉讼;(二)建议辖区内符合法律规定条件的有关组织提起民事公益诉讼。"

③ 杨雅妮:《检察民事公益诉讼制度研究》,社会科学文献出版社2020年版,第99页。

④ 最高人民检察院民事行政检察厅编:《检察机关提起公益诉讼实践与探索》,中国检察出版社2017年版,第109页。

结底是一种权利而非职责,权利是可以抛弃的,这一点与检察机关诉权的职权性是有根本区别的。检察机关诉前只能通知建议以上主体提起诉讼,至于是否诉讼由社会组织自行决定,检察机关无权干预,所以检察机关只能督促社会组织之外的公权力机关履职,而不能督促社会组织起诉,这就是社会组织作为提起民事公益诉讼主体民事性的体现。

正是由于适格主体绝大多数是社会组织,它们不同于公权力主体般职能法定、数量确定,其在职能与数量上均是不确定的,这意味着一定的无限性。而检察机关履行诉前程序的方式是直接通知,这就存在直接通知的有限性和具有资格的主体无限性之间的矛盾。具体而言,诉前程序仅将辖区内的有关组织作为被通知主体,以书面建议的形式督促或建议其起诉,如果区域不作限制,则检察机关的通知主体是无限的,这就丧失了可操作性。但如果区域是限定的,即使检察机关把本区域内全部适格主体都进行了诉前程序的通知,也不能排除区域外适格主体的介入。同时,在实践操作中,完全做到将区域内主体全部通知的难度也是很大的。所以,就存在区域内应通知而未通知及区域外适格主体介入的情况,造成检察机关起诉后,法院又发布受理公告,在公告期内发生检察机关通知外的适格主体作为原告参加诉讼的情况。诉前程序的价值必然要经过法院公告程序的考验,如果此时出现适格主体,则替代检察机关作为原告诉讼。所以,在法院受理公告程序碾轧下,检察机关的诉前程序就丧失程序确定性。

由于诉前程序存在无法全部通知的现实缺陷,以及在效力上无法对抗法院受理公告的法律缺陷,所以,在"两高"的《检察公益诉讼解释》中,检察机关原有的诉前程序被取消了,取而代之的是检察机关发布拟提起民事公益诉讼的诉前公告来确定适格主体,①同时法院不再进行受理公告。② 这实际是用诉前公告形式取代了检察机关原有的诉前程序,且《实施办法》随着试点工作的结束已经自然失效。因此,检察机关提起民事公益诉讼中原有诉前程序的规定已经失效。

(二)现有诉前程序之含义

虽然在检察机关提起民事公益诉讼的主要规则《检察公益诉讼解释》和《办案规则》中没有列明诉前程序,但是在《办案指南(试行)》中列有该程序,它在立案程序之后,包括调查、审查、诉前公告、审批等部分,与诉前程序相衔接的是提起诉讼。所以,《办案指南(试行)》中的诉前程序的外延已经远大于试点期间的诉前程序概念,试点期间的诉前程序仅相当于现有的诉前公告通知程序,所以试点期间诉前程序的概念已经被新概念取代。虽然《办案指南(试行)》中诉前程序只是办案阶段之一,但就程序内容而言,诉前程序是规定最多的。在《办案规则》第四章民事公益诉讼 19 个条文中,属于诉前程序的占 11 个条文,为 57.89%,另外《办案规则》第二章第一至四节共 33 个条文也属于检察机关提起民事公益诉讼诉前程序。同时,诉前程序的具体程序内容也是最为繁复的,包括调查、审查、终结审查、诉前公告、审批等几部分。另外,管辖与立案在内容上实际也包含着调查、审查行为,它们不具有独立性,必须包含于某些程序之中,管辖与立案也属于诉前程序。据此,在全部程序中,按照逻辑顺序或是诉讼阶段而言,就是诉前程序、一审、二审、执行等几部分。诉前程序实际是以提起诉讼为时间点划界,之前均为诉前程序,它包括检察机关发现案件线索、立案、诉前公告、审查起诉等几个阶段。

---

① 《检察公益诉讼解释》第十三条第一款规定:"人民检察院在履职中发现破坏生态环境和资源保护,食品药品安全领域侵害众多消费者合法权益,侵害英雄烈士等的姓名、肖像、名誉、荣誉等损害社会公共利益的行为,拟提起公益诉讼的,应当依法公告,公告期间为三十日。"
② 《检察公益诉讼解释》第十七条第二款:"人民检察院已履行诉前公告程序的,人民法院立案后不再进行公告。"

二、诉前程序之价值

(一)从诉前程序的功能维度

诉前程序作为与其后诉讼程序相衔接的程序,其存在独特的功能:

1. 保障检察机关依法履行起诉职责。从履职发现,再到立案调查,最后到审查起诉,检察机关通过诉前程序相关职责,确定公共利益受损情况,确定侵权人,据此决定本案是否可以提起民事公益诉讼。诉前程序为检察机关民事公益诉权的行使提供了运行的场域,不同形式、阶段的程序适应了民事公益诉权的各种运行状态,保障了权力运行的合法高效。

2. 履行诉前公告程序等保障其他适格主体诉权。以上功能仅是检察机关提起民事公益诉讼程序所特有的,在其他民事诉讼程序中均不具有类似功能。基于保护公共利益的需要,就要借助公权力(检察权),而公权力的行使必须要有相应的程序依托,它就像轨道一样,对检察院既是限制束缚,也是支撑保护。同时,考虑公共利益的民事性,其应以社会组织等公益组织为适格主体首选,而诉前公告通知的方式为社会组织介入民事公益诉讼提供了路径。

(二)从检察机关职权维度

不同于其他阶段程序,诉前程序是检察机关主导的程序,从案件的发现、立案审查,再到诉前公告等程序均为检察机关主导。检察机关主导不仅体现在全程参与,更在于这一程序所体现的检察权的职权主义与单向性。而其后的诉讼程序中,检察机关仅仅是一个参与者,法院在其中起到主导作用,虽然民事公益诉讼程序是以职权主义诉讼模式为主导的,但是这种模式中的职权主义与诉前程序相比更符合诉讼的一般特征,更类似于传统诉讼程序。由于它是检察机关主导的程序,也就是最体现检察特性的程序,所以,它应当成为检察机关提起民事公益诉讼程序的重点。

5.2 程序的启动

5.2.1 案件来源

一、法律文本的解读

检察机关提起民事公益诉讼的案件来源为履行职责中发现,它的渊源是党的十八届四中全会决议。① 之后,在《试点方案》与《试点实施办法》中对案件来源就表述为"履行职责中发现"。2017 年《民事诉讼法》修订第五十八条将"履行职责中发现"明确入法。此后《检察公益诉讼解释》中也作了同样的表述,《办案指南(试行)》对履行职责作出了初步解释。② 随着公益诉讼的开展,司法经验的积累,2021 年的《办案规则》对案件来源规定得更为明确,包括:民事主体向检察机关举报、申诉;办案中发现;行政执法信息共享平台发现;国家机关、人大代表等移送的;新闻媒体、社会舆论等所反映的。

二、目前实践做法

(一)在履行检察职责中发现线索

检察机关在依法履行检察职能过程中,均可能发现线索。为此,充分发挥检察一体优势,各省级检察机构普遍规定了各部门在履行检察职能、办理业务期间发现案件线索,统一向公益诉讼部门移送,由其办理。这形成了以公益诉讼部门为主导,相关检察部门配合的工作机制。比如检察机关提起民事公益诉讼第一案江苏省常州市人民检察院诉许某惠、徐某仙环境污染案的线索,就是

---

① 党的十八届四中全会通过的《中共中央关于全面推进依法治国若干重大问题的决定》提出:"检察机关在履行职责中发现行政机关违法行使职权或者不行使职权,应该督促其纠正,探索建立检察机关提起公益诉讼制度。"

② 《办案指南(试行)》对履行职责作了解释:"包括履行批准或者决定逮捕、审查起诉、控告检察、诉讼监督、公益监督等职责。"

来自刑事检察部门的移送。

（二）利用行政执法信息共享平台发现线索

行政执法信息共享平台的缘起是行政执法与刑事司法衔接信息共享平台，（简称"两法衔接"平台），它是利用政务现有的网络、设施以及信息，实现各行政机关和司法机关的执法信息的共享。在检察机构开展公益诉讼试点期间，检察机构充分利用该平台共享的行政执法信息，通过梳理相关案件办理情况，来发现案件信息来源，比如湖北省人民检察院汉江分院诉利川市五洲牧业有限公司环境污染案的线索就来自"两法衔接"平台。随着检察机关公益诉讼的开展，检察机关与行政机关在共享平台的协作，已从刑事合作拓展到了公益诉讼，就目前检察机关提起民事公益诉讼案件范围而言，主要把生态环保部门、市场监管部门、林业、土地等国有资源管理部门的行政执法信息作为重点线索来源来考察。

（三）自然人、法人等民事主体的举报

作为举报人，自然人、法人等民事主体可以通过信件或来访的形式进行举报。目前，采用最多的是检察机关 12309 检察服务中心，[①]这一平台是全国性的，它方式灵活地覆盖了全部的通信方式，是目前最为重要和便捷的举报途径。除此之外，各级检察机关也设有自己的举报网站、微信公众号等。

（四）开展专项监督活动

自 2019 年全国检察机关进行了机构改革，公益诉讼部门独立设立以来，为服务大局、配合国家的发展战略，最高人民检察院公益诉讼部门开展了"保护母亲河"等一系列专项监督活动。专项监督活动的开展，有利于相关线索的发现，有力地推动了相关领域公益诉讼的开展。除了最高人民检察院开展全国性专

---

① 12309 是全国检察机关统一对外的智能化检察为民综合服务网络平台，通过 12309 网站、12309 检察服务热线（电话）、12309 移动客户端（手机 App）和 12309 微信公众号四种渠道，向社会提供更加便捷高效的'一站式'检察服务。参见 360 百科，网址 https://baike.so.com/doc/5431940-5670233.html，最后访问时间 2021 年 9 月 13 日。

项监督活动,各省级检察机构结合本地特点,也先后开展了一系列公益诉讼专项监督活动。例如就生态环境领域,2021 年 7 月至 2022 年 6 月陕西省人民检察院开展"秦岭生态环境保护"专项活动;就食品药品安全领域,新疆维吾尔自治区人民检察院于 2018 年 9 月至 2019 年 8 月,开展保障"三项安全"公益诉讼专项行动。①

表 5.1　最高人民检察院开展的公益诉讼专项监督活动

	名称	时间范围	地域范围	监督内容	联合开展的部门
1	"携手清四乱,保护母亲河"专项行动	2018 年 12 月—2019 年 7 月	沿黄九省(区)	依法集中整治黄河领域乱占、乱采、乱堆、乱建突出问题	水利部
2	"守护海洋"检察公益诉讼专项监督	2019 年 3 月—2020 年 9 月	沿海十一省	保护和改善海洋生态环境、资源	
3	联合开展落实食品药品安全"四个最严"要求专项行动	2019 年 9 月—2020 年 12 月	全国	围绕"保障千家万户舌尖上的安全"公益诉讼专项监督方案,提出三个方面 19 项食品安全监督工作重点,聚焦校园及周边、网络餐饮等突出问题	国家市场监督管理总局、国家药品监督管理局

---

① 保障"三项安全",指"千家万户舌尖上的安全""家门上的安全""车轮上的安全"。

续表

	名称	时间范围	地域范围	监督内容	联合开展的部门
4	"大运河保护"公益诉讼检察专项办案活动	2020 年 2 月—2021 年 4 月	大运河沿岸 8 省（市）	针对大运河存在环境污染、文物受损等情况	
5	"公益诉讼守护美好生活"专项监督活动	2020 年 7 月—2023 年 6 月	全国	推动解决人民群众关注关切的公益损害问题,聚焦生态环境和食品药品安全领域;推动健全完善相关行业、领域治理体系	
6	开展全国县级及以下烈士纪念设施管理保护专项行动	2021 年 6 月—2021 年年底	全国	对照"信息校核、规范整修、有效保护、宣传教育"四个"全覆盖"工作标准,进行检查监督	退役军人事务部

（五）其他渠道

除了以上常规的案件来源渠道外,由于现在已经处于信息时代,信息时代的特征就是信息发布去中心化、多元化,所以,人们接收的信息也是多元化的。

1.新闻媒体和自媒体。信息源除了新闻媒体之外,还有大量的自媒体。因此,除了关注新闻媒体曝光的事件外,也要时刻把握其他信息渠道,从中寻找线索。例如甘肃省陇南市康县检察院民行部门干警在其手机微信中发现一条案件线索:该县玄麻湾水源地防护设施受到损坏,附近居民生产生活行为严重污染了该水源地。①

2.其他国家机关移送的线索。这里包括人大代表、政协委员转交,也包括其他国家机关转来的线索。由于他们承担着主要的管理公共事务的职责,在履行职责过程中,自然掌握着大量公益诉讼的线索。除此之外,最高人民检察院与相关的国家机关建立了大量协调机制,构建了制度化的移送机制。②

三、学理的梳理

以上实践中的作法看似五花八门、花样繁多,实际从学理上梳理就是三类:民事主体也就是私权利主体的举报,检察机关依职权发现,其他公权力主体移送。

（一）民事主体等私权主体的举报

它是最为活跃、最为普遍的案件线索来源,这里的举报还包括政协委员、人大代表转来的线索,这是因为他们转来的线索来源一般也是相关当事人的举报,只是为引起检察机关的重视而转变了方式,属于举报的一种变体。

（二）检察机关依职权发现

除了检察机关在履行检察职责中发现,也包括通过行政执法信息共享平台,以及新闻媒体、两微一端寻找线索,这也被认为是一种履职发现。

（三）其他权力机关移送

这些机关在履职过程中发现公益诉讼案件线索,应当移送检察机关,最高

---

① 参见最高人民检察院民事行政检察厅编:《检察机关提起公益诉讼实践与探索》,中国检察出版社2017年版,第97页。

② 就生态环境污染领域,2019年1月2日最高人民检察院与九部委共同制定了《关于在检察公益诉讼中加强协作配合依法打好污染防治攻坚战的意见》,其中第一部分就是关于线索移送的问题,在第一部分的第一项中强调,"行政执法机关发现涉嫌破坏生态环境和自然资源的公益诉讼案件线索,应及时移送检察机关办理";就食品药品安全领域,2020年7月28日最高人民检察院与十部委共同制定《关于在检察公益诉讼中加强协作配合依法保障食品药品安全的意见》,对于线索移送的问题规定,"完善公益诉讼案件线索移送机制",实际就是强调以上十部委发现的食品药品安全案件线索应当及时移送检察机构;就英烈保护领域,2020年4月22日,最高人民检察院和中央军委政法委员会共同制定《关于加强军地检察机关公益诉讼协作工作的意见》,其第二部分第（三）项中协调了军地检察机构对于案件线索的发现、评估及管辖移送等。

人民检察院为此与相关国家机关联合制定了一系列协作规定,初步覆盖了具备提供民事公益诉讼线索能力的相关部门。

对于以上三种案件线索来源,目前只有检察机关依职权发现规定了相关的制度,具体就是《办案规则》第二十四至二十六条,它规定了案件线索的来源,线索的备案管理制度,其他部门发现线索后向公益诉讼部门移送的责任,不同检察机关移送线索的程序,基本解决了检察机关依职权发现案件线索的问题。与之相比,民事主体举报和其他权力机关移送还远未制度化,亟待制度构建。

四、问题与改善

(一)为民事主体举报提供制度化保障

对于民事主体举报公益诉讼线索问题,目前只有《办案规则》作出了粗略的规定,规定为应当及时移送负责公益诉讼的检察部门。实践中,举报线索一般直接由控审部门受理,由其移送公益诉讼部门,[①]然后是检察机关内部的处理程序。这种方式的优势在于高效、快捷,它的缺陷在于缺乏对举报人的反馈。这样容易造成举报一入深似海,举报人缺乏信息回馈,自然影响其举报的积极性。同时,这样一个完全封闭的系统,也导致举报人无法监督检察机关对线索的处理,不利于检察机关依法处理线索,极容易导致检察机关基于部门利益选择性执法。所以,应当对民事主体举报线索提供制度性的保障,这既是对举报人的激励,也是对检察机关履行职责的监督。

为此,可以参考刑事案件的举报模式来构建,主要是建立对举报人的反馈机制,同时也是建立举报人对案件线索的监督机制。对于举报应当区分实名与匿名,鉴于匿名举报无法对举报者作出反馈,所以,保留目前内部循环的程序是可以的。对于实名举报则应当建立制度化保障机制:1. 检察机关受理后,控申部门应当在 3 日内向举报人告知受理情况,也就是相关线索是否已经移送至公

---

① 最高人民检察院民事行政检察厅编:《检察机关提起公益诉讼实践与探索》,中国检察出版社 2017 年版,第 102 页。

益诉讼部门;2.公益诉讼部门受理线索后,应当在合理期限内进行评估和调查,鉴于目前缺乏规定,可以暂定为一个月。经初步调查,认为存在国家利益或社会公共利益受到侵害的,检察机关决定立案的,应当在 3 日内通知举报人,不立案的,也应当将不立案决定在 3 日内通知举报人,并向举报人作出说明答复;3.举报人认为不立案决定不当的,可以向上级检察机关申请复议,上级检察机关应当在一个月内作出决定,复议维持原不立案决定,或是决定下级检察机关立案调查。

(二)为其他机关移送线索提供制度支撑

为推动公益诉讼发展,最高人民检察院和诸多部委共同制定了多个相关规定,①这些规定都是整体性、全局性的,它们为检察机关依法办理公益诉讼案件提供了有力的制度支撑。但就线索移送而言,虽然规定明确了行政机关发现公益诉讼线索应当及时移送检察机关,但是限于这种共同制定法规的形式所限,其内容过于宏观,对线索移送仅仅作了原则性规定,缺乏明确具体的线索移送程序,不具备可操作性。目前比较现实可行的操作程序是按照"两法衔接"机制来构建,将行政执法和刑事司法衔接路径拓展为行政执法、刑事司法、公益诉讼相衔接。其中对线索移送具有参考价值的是 2011 年的《关于在行政执法中及时移送涉嫌犯罪案件的意见》,②该意见一共 17 条,其核心内容是要求将符

---

① 就生态环境领域最高人民检察院与九部委共同制定了《关于在检察公益诉讼中加强协作配合依法打好污染防治攻坚战的意见》,就食品药品安全领域最高人民检察院与十部委共同制定《关于在检察公益诉讼中加强协作配合依法保障食品药品安全的意见》,就英烈保护领域最高人民检察院和中央军委政法委员会共同制定《关于加强军地检察机关公益诉讼协作工作的意见》。

② 目前,生效的"两法衔接"机制的法律主要有:2001 年 4 月国务院制定关于《整顿和规范市场经济秩序的决定》,2001 年 7 月制定并经 2020 年 8 月修改的《行政执法机关移送涉嫌犯罪案件的规定》,2001 年 9 月最高人民检察院制发《人民检察院办理行政执法机关移送涉嫌犯罪案件的规定》;2004 年 3 月最高人民检察院、全国整顿和规范市场经济秩序领导小组办公室、公安部联合下发《关于加强行政执法机关与公安机关、人民检察院工作联系的意见》;为了完善两法衔接工作机制,最高人民检察院、全国整顿和规范市场经济秩序领导小组办公室、公安部、监察部于 2006 年 1 月联合发布《关于在行政执法中及时移送涉嫌犯罪案件的意见》;2011 年 2 月中共中央办公厅、国务院办公厅转发的《关于加强行政执法与刑事司法衔接工作的意见》。

合刑事追诉标准的案件移送司法机关,行政机关与司法机关应当相互负责、互相配合、互相制约,监察机关和人民检察院对移送案件中的渎职行为进行监督,贯彻依靠群众原则,比较全面系统地解决了涉嫌犯罪案件的移送问题。

借鉴该意见,把不适用于民事的刑事特性排除,对于民事公益诉讼案件线索可以:1. 行政执法机关在查办案件过程中,发现案件线索,应当制作《民事公益诉讼线索移送书》,及时将线索及相关材料移送同级检察机关;2. 对行政执法机关移送的线索,检察机关应当及时审查,自受理之日起一个月内作出立案或不立案决定,并书面告知行政机关;3. 行政执法机关认为检察机关决定不当的,自接到不立案通知书三日内,可以向上级检察机关申请复议,上级检察机关应当在一个月内作出决定,复议维持原不立案决定,或是决定下级检察机关立案审查;4. 任何单位或个人发现行政机关未按规定移送线索,可以向检察机关举报;5. 检察机关接到举报或依职权发现行政机关不移送民事公益诉讼案件线索的,经调查认为情况属实的,可以要求行政执法机关提供相关的案卷材料,或者检察机关派员查阅。

5.2.2 立案

自检察机关提起民事公益诉讼制度正式入法以来,2018 年全国民事公益诉讼案件依职权发现线索 7835 件,立案 4393 件,[①]立案比为 56.07%;2019 年依职权发现线索 8934 件,立案 7125 件,立案比 79.75%;2020 年依职权发现线索 17139 件,立案 14248 件,立案比为 83.13%。无论是数量还是比率,整体呈上升趋势。案件线索数量的逐年增加,证明检察机关在履职中发现线索的职能作用日益增强;立案比逐年提升,这一方面证明检察机关发现线索的质量日益提高,另一方面也证明立案程序日渐规范,立案的效率和质量日渐提升。

---

① 最高人民检察院民事行政检察厅:《2018 年民事行政检察工作总结》,第 2 页。

一、立案程序的价值

与刑事诉讼相比,检察机关提起民事公益诉讼的立案程序,就程序的刚性与价值而言要逊色一些,但是其仍有独立存在的意义价值。

(一)宣告价值

宣告检察机关提起民事公益诉讼案件正式进入检察机关的调查程序,对检察机关而言意味着此后调查要严格按照诉前程序要求执行,最直接的体现在启动检察机关对于案件的调查核实权,案件进入检察机关实质调查程序。

(二)监督价值

有利于对检察机关办理案件情况的监督,特别是不立案决定,相关的主体可以对此申请复议,并由上级检察机关复议,这有利于上级检察机关对不立案行为的监督。

(三)统计管理价值

立案是程式化、阶段化的体现,有利于数字化管理和统计,便于上级检察机关对于民事公益诉讼整体宏观情况的掌握,有利于推动检察机关提起民事公益诉讼的进一步发展。

二、立案程序

(一)评估的内容

公益诉讼部门获得线索后,应当围绕线索的真实性及调查的可行性展开工作。真实性就是公共利益的损害是否真实存在,是否存在违法行为等。调查可行性就是公共利益受损案件是否属于检察机关公益诉讼范围,现有的调查手段能否调查出违法行为的主体,以及确定违法行为与公共利益受损的因果关系等。

(二)评估的方法

公益诉讼部门首先应当全面审查案件线索的相关材料,因为大多数移送的线索一般都会附有相关证据材料。对于不附有材料的,由于相关线索一般都与行政执法行为相关,所以检察机关可以要求与线索相关的机关提供证据材料,全面审查。检察机关认为真实性存在疑问的,可以进行必要的调查,比如现场勘验或是调查询问、咨询相关人员。特别是检察机关本身具备一定鉴定检测能力的可以进行相关的检测,比如抽取水样初步检测水质等。当然,有些凭借常识性经验就可以认定的公共利益受损,比如水质已经臭气熏天了,这时即使没有经过鉴定检测也可以立案,相关检测在立案后进行也是可行的。

（三）决定

1. 立案条件

线索经过评估,存在国家利益或者社会公共利益受到损害,可能存在违法行为的,应当立案调查。这里立案的条件是两条,每一条件的认定标准是不同的。首先,国家利益或者社会公共利益受到损害,这一条件事实应当是评估达到了优势证据标准;其次,可能存在违法行为,这一条件的评估调查的标准要低于前者,达到怀疑标准就可,这一标准是立案的标准,只是为检察机关进一步调查开启程序之门,此后一定要查清违法行为及其主体。

2. 立案内部的程序

检察官对案件线索评估后,形成初步的评估意见,经过调查的,应当将调查内容与评估相结合,在此基础上根据立案条件作出立案或不立案的意见,报请检察长决定。

三、问题与完善

（一）问题

尽管立案程序作用积极,但是其缺陷也是明显的:没有规定检察机关收到线索到作出是否立案的时限,缺乏效率,必然影响检察机关提起民事公益诉讼的及时性,不利于公共利益的保护;立案程序完全在检察机关内部进行,缺乏外部的监督,特别是对不立案决定的监督。

（二）完善

1. 规定受理案件线索到作出立案决定的审查时限规定。目前,规定一个月比较现实,这应该是一个刚性规定,不存在中止或延长的情形,对于所谓的重大、疑难、复杂的案件,只要存在公共利益受损的情形就应当立案调查。

2.立案告知的责任。对于民事主体举报或是其他机关移送的线索,检察机关作出决定的,应当在三日内书面通知线索提供人。

3.监督程序。不立案的,应当将不立案决定在三日内通知线索提供人,并向线索提供人书面作出说明答复。线索提供人认为不立案决定不当的,可以申请复议,上级检察机关应在一个月内作出决定,复议维持原不立案决定,或是决定下级检察机关立案审查。

5.3　诉前公告程序(对于适格主体诉前的告知)

5.3.1　制度梳理

诉前公告就是检察机关拟提起民事公益诉讼前,应当履行通知相关适格主体起诉的程序。它为相关适格主体起诉提供了程序保障,也是检察机关作为公权力主体谦抑性的体现。在私益诉讼中,公告程序不仅具有送达相关诉讼文书的作用,同时也被赋予与送达文书相关联的法律效力,比如公告送达的裁判书,只有在公告期满后才能生效。诉前公告在检察机关提起民事公益诉讼中,也具有重大的程序意义,它是一个重要的程序节点。由于诉前公告的条件是检察机关拟提起民事公益诉讼,所以诉前公告一方面是通知适格主体起诉的程序,另一方面也是证明检察机关调查已经进展到可以起诉的程序阶段。全国检察机关2021年发布民事公益诉讼公告17378件,同比上升40.2%;[①]2022年发布民事公益诉讼公告25045件,同比上升44.1%。[②]

---

① 最高人民检察院第八厅:《2021年公益诉讼检察工作总结》(高检八厅〔2022〕8号)。
② 最高人民检察院第八厅:《2022年公益诉讼检察工作报告》(高检八厅〔2023〕2号)。

一、价值

(一)证明案件已经达到起诉条件

民事公益诉讼案件达到起诉条件是发布诉前公告的条件与前提,正因如此,诉前公告的发布就向公众表明案件已经达到了起诉条件,检察机关需要通过诉前公告等形式通知适格主体起诉。

(二)为适格主体行使民事公益诉权提供程序保障

公告是民事诉讼的一种送达方式,"公告的理论依据是程序参与原则",①当事人及相关第三人得到"以适当的方式被告知的权利是正当程序的基本要求"。② 在私益诉讼中,由于受送达人下落不明或其他方式无法通知送达,法院才将诉讼文书的内容通过媒介公开的方式达到告知送达。而在民事公益诉讼程序中,不存在私益诉讼中的送达原因,之所以需要诉前公告诉讼,一方面由于具有代表公共利益资格的是不特定的主体,除了诉前公告方式以外,其他送达方式无法满足对于不特定主体送达的要求。所以,需要以此方式来将相关的诉讼文书告知,以保障他们的程序参与权。另一方面,广大公众对民事公益诉讼的相关情况具有知情权,诉前公告就是为了将民事公益诉讼相关情况告知广大公众。所以,这种方式也是对广大公众知情权的制度保障。

(三)体现检察权的谦抑性

在民事公益诉讼中,在其他适格主体放弃诉权之后,检察机关才能行使,这体现了检察权对于民事诉讼规律的尊重,体现了检察权作为公权力的谦抑性。在检察机关提起民事公益诉讼程序中,要构建体现检察权谦抑性的程序,这一程序就是诉前公告程序。通过该程序,将检察机关提起民事公益诉讼案件公之于众,通过最广泛的告知来保障适格主体的知情权和参与权,保障相关适格主

---

① 柯阳友:《民事公益诉讼重要疑难问题研究》,法律出版社 2017 年版,第 156 页。
② 最高人民法院环境资源审判庭编:《最高人民法院关于环境民事公益诉讼司法解释理解与适用》,人民法院出版社 2015 年版,第 146 页。

体的正当诉权。只有提供了最大限度知情权与参与权的程序保障,才能保障之后检察机关起诉的正当性。就像硬币的两面,检察机关为相关适格主体行使民事公益诉权提供充分保障,避免了公权力的滥用,体现了检察权的谦抑性,为检察机关其后起诉的正当性提供了程序支撑。

(四)为社会监督提供了窗口、媒介

由于诉前公告程序将检察机关提起民事公益诉讼案件的情况公之于众,公之于阳光下。而阳光是最好的杀菌剂,它保障了公众的知情权,为他们行使监督权提供了制度支撑。这有利于社会公众对检察机关提起民事公益诉讼的监督与支持,有利于案件依法高效解决。

(五)法治宣传的价值

前面的四点价值主要是对具体案件而言,除此之外,诉前公告程序还是一种法治宣传的方式。检察机关提起民事公益诉讼是一个新兴的法律制度,其对国家法治建设具有重要的推动作用。其发展需要人民群众的支持,而想要获得支持,就需要宣传,让人民群众了解相关制度。而诉前公告程序通过宣传一个个活生生的身边案件,不仅告知公众案情,更告知公众该项制度的意义,有利于公众对于该制度工作的理解与支持,比如提供线索和证据。这样经过时间的积累沉淀,检察机关提起民事公益诉讼制度一定会从一个专业人士关心的话题,转变为民众普遍了解的法律常识。

以上五点价值中,前三点是从法律程序意义上分析,后两点是从宏观社会维度上分析。法律程序意义强调的是诉前公告程序的刚性价值,它与直接的法律后果相关,宏观社会意义强调的是诉前公告程序的柔性价值,虽不具有直接的法律后果,但是从长远看其对制度的整体推进是意义重大的。

二、条件

立案后,检察机关开展调查,调查进行到一定阶段,根据调查的证据,认为符合提起诉讼的条件,应当依法发布诉前公告,否则应当作出终结案件的决定。

（一）发布诉前公告的条件

对此，《检察公益诉讼解释》的条件为：在履行职责中发现损害公共利益的行为，拟提起公益诉讼的。这里诉前公告的条件是发现损害公共利益的行为拟提起公益诉讼，也就是调查需要达到能够起诉的标准，才能诉前公告。《办案指南（试行）》则强调了诉前公告时间应当是"检察机关在提起民事公益诉讼前"，诉前公告的条件是"基本事实已查清，基本证据已收集到位"，作为指南它与司法解释完全同步，并且作出相应的补充。但是，在《办案规则》中对于诉前公告的条件有所放松，①只要求"社会公共利益受到损害，存在违法行为"，这里没有强调拟提起公益诉讼，而其后的第九十三条又强调发布诉前公告后检察机关仍要跟进调查。所以，相对于《检察公益诉讼解释》，《办案规则》规定的诉前公告条件要弱于前者。由于《办案规则》是以《检察公益诉讼解释》为依据的，所以对于诉前公告的条件还应当回到《检察公益诉讼解释》的立场，其具体内容比《办案指南（试行）》更具操作意义。

以上是从司法解释来分析，如果从位阶更高的《民事诉讼法》第五十八条来理解，它不仅强调检察机关对民事公益诉讼的谦抑性，而且也强调检察机关对公益诉讼的最终保障性。强调最终保障性就意味着检察机关诉前公告的案件应当具备了可诉性，否则适格主体取得诉权可能出现两种结果。结果一就是经过调查取证后，案件具备可诉性，提起诉讼，这是最佳结果。结果二就是经过调查取证，案件不具备可诉性，公益诉讼无法提起。这就要进一步分析原因：如果是客观原因造成无法起诉，那就是检察机关将不可诉的案件转移给其他适格主体，这必然损害检察机关的权威性；如果是主观造成的，为了维护公共利益，检察机关就需要补充调查，这必然造成案件的迟延，延误实现保护公共利益诉讼目的。另外，对于不具备可诉性原因的判断，往往是以对于案件事实调查为

① 《办案规则》第九十一条规定："经调查，人民检察院认为社会公共利益受到损害，存在违法行为的，应当依法发布公告。"

基础的,调查一般应当在检察机关诉前公告前完成。综合以上分析,检察机关进行诉前公告的前提就是确定案件已经具备了可诉性,也就是《检察公益诉讼解释》确定的标准。

(二)终结案件

立案后,检察机关经过调查,发现案件事实并不符合提起诉讼条件,据此作出终结案件的决定。《办案规则》第九十条规定了终结案件的条件。[①] 由于终结案件作为一种结案方式,不仅适用于诉前公告程序,也适用于其后的审查起诉阶段,并且其适用条件也是《办案规则》第九十条。由于这两种终结案件所处的程序阶段不同,其适用条件应当有所区别,涉及审查起诉的将在审查起诉阶段再进行具体分析。

在此阶段终结案件的条件主要有:1. 不存在违法情形,所谓不存在违法行为的情况,是因为立案的条件——检察机关“认为可能存在违法行为”,这一条件标准是达到怀疑就可,证明程度要求不高。所以,随着检察机关立案后调查深入,可能查明不存在违法情形,这样自然就应当终结案件;2. 社会公共利益得到有效保护,这是指立案后,公共利益受损的事实发生了变化,可能是行政机关履职或是侵权人履行义务将受损公共利益修复;3. 其他适格主体依法向人民法院提起诉讼,检察机关经过调查,发现此情形,并据此终结案件;4. 生态环境损害赔偿权利人与赔偿义务人经磋商达成赔偿协议,检察机关提起民事公益诉讼和生态损害赔偿制度在此存在竞合问题,发生此事项,检察机关应当终结案件。

三、通知适格主体起诉的方式:诉前公告程序适用及其例外

在诉前程序中,检察机关要通知适格主体起诉,其通知的方式以公告为原则,征询意见或督促起诉检察建议为例外。鉴于检察机关提起民事公益诉讼的

---

① 《办案规则》第九十条规定:“经调查,人民检察院发现存在以下情形之一的,应当终结案件:1. 不存在违法行为的;2. 生态环境损害赔偿权利人与赔偿义务人经磋商达成赔偿协议,或者已经提起生态环境损害赔偿诉讼的;3. 英雄烈士等的近亲属不同意人民检察院提起公益诉讼的;4. 其他适格主体依法向人民法院提起诉讼的;5. 社会公共利益已经得到有效保护的;6. 其他应当终结案件的情形。”

案件数量是一个逐步增加的过程,所以在《检察公益诉讼解释》制定时只将检察环境民事公益诉讼和消费民事公益诉讼列为适用诉前公告程序的案件范围,同时将检察英烈民事公益诉讼作出了类型区分,可以征询到英烈近亲属意见的不必采用诉前公告的形式,否则还应采用诉前公告的形式。

（一）检察环境民事公益诉讼

由于社会组织具有不特定性与广泛性的特点,采用公告的形式是适应这一主体特性的。不仅检察环境民事公益诉讼采用该形式,一般的环境民事公益诉讼法院受理后,也采用审前公告的形式来通知适格的主体参加诉讼,所以,检察环境民事公益诉讼适用诉前公告程序符合其案件特点的要求。如果适格主体为国家机关,则检察机关不应适用诉前公告程序来通知其起诉,而是应当向其制发督促履职的检察建议,通过这种方式来通知其履行职责起诉。目前,根据《海洋环境保护法》的海洋环境民事公益诉讼,以及生态损害赔偿民事公益诉讼,都是先由相关国家机关作为主体来起诉的,以上主体不起诉的,检察机关才可以提起诉讼。

（二）检察消费民事公益诉讼

对于检察消费民事公益诉讼,除了检察机关以外,根据《消费者权益保护法》的规定只能是省级以上设立的消费者协会才具有诉讼主体资格,所以适格主体是特定和有限的。因此,适用于不特定和广泛主体的诉前公告形式不应适用于此。特别是一般的消费民事公益诉讼中,虽然也规定了法院受理要公告,但《消费公益诉讼解释》公告程序并不像《环境公益诉讼解释》第十条的规定:公告三十日内申请参加诉讼,逾期不予准许参加诉讼。它没有强调应诉,这说明一般消费民事公益诉讼中的公告程序主要是为了保障公众的知情权。因此,检察机关提起消费民事公益诉讼诉前程序适用公告并不恰当。检察机关完全可以采用直接送达案件的相关情况来通知消费者协会履行诉权,这种方式通知最为直接有效。因此,检察消费民事公益诉讼诉前程序不应适用诉前公告来通知行使权利,而应适用检察建议通知起诉。

（三）检察英烈保护民事公益诉讼

除检察机关以外,对其他适格主体是否确定而采取了不同的通知方式,对于英烈近亲属确定的可以用征询的方式,对于近亲属难以确定的采用诉前公告的方式。这种根据主体的特性采用不同通知方式是完全妥当的。

（四）新类型诉讼

由于公告的前提是除检察机关之外还存在其他适格起诉主体,对于检察机关垄断诉权的民事公益诉讼不适用公告程序。由于《安全生产法》《军人地位和权益保障法》《妇女权益保障法》《未成年人保护法》《反电信网络诈骗法》《反垄断法》中的民事公益诉讼,都只规定了检察机关的诉讼主体资格,因此在以上民事公益诉讼中检察机关不需要履行公告程序。而《个人信息保护法》的诉权主体除检察机关,还包括消费者组织和国家网信部门确定的组织,所以适格主体是不特定的,需要适用诉前公告程序。

四、诉前公告的形式

（一）地域范围

由于我国具有诉权主体资格的社会组织一般都是全国性组织,诉前公告通知的范围就应当是全国范围,应当在全国范围内发行的媒体上进行诉前公告,目前诉前公告的途径主要是《检察日报》和正义网。

（二）内容

诉前公告的内容一般包括:社会公共利益受损的相关基本事实,告知适格主体向有管辖权的法院提起诉讼,诉前公告的期限,联系人、联系地址方式、诉前公告单位等。《办案指南（试行）》建议适格主体在诉前公告期内向有管辖权的法院提起诉讼。由于诉前公告期一般只有一个月,在一个月内要求其既与检察机关沟通又提起诉讼,这在操作上有诸多困难,不具有可行性。所以,现实中一般变通为诉前公告期内与检察机关取得联系,也就是诉前公告期内确定适格主体,而不是要求其起诉。目前比较标准的写法为:请拟起诉的机关和社会组织,在本公告发出三十日内,将情况书面反馈本院。①

5.3.2 问题与完善

一、内部缺陷与完善

目前司法解释仅仅规定了诉前公告确定适格主体的程序,然后就是经过诉前公告后无适格主体出现或适格主体放弃权利,由检察机关起诉,缺乏关于适格主体出现后至其向法院起诉这一阶段的程序。虽然这一阶段是相关适格主体准备行使诉权的阶段,但是它不是独立的阶段,其与检察机关提起民事公益诉讼有着密切的相关性。这种相关性主要涉及三个问题,一是适格主体资格的认定问题;二是如果适格主体起诉,则检察机关调查取得的相关材料是否作为起诉证据材料的问题;三是如果适格主体虽然表示起诉,但是怠于行使权利,检察机关监督的问题。

(一)适格主体的资格认定

就诉前公告程序中适格主体向检察机关反馈拟提起民事公益诉讼,对于其是否具备主体资格是需要审查的。但是,目前缺乏审查确认资格的程序规范,仿佛有主体反馈拟起诉其就自然取得适格主体资格。因此,为了保障其后民事公益诉讼的顺利进行,也为了保障诉前公告程序达到其实际效能,需要设立资格审查的程序。首先,审查主体自然应当是检察机关,检察机关应依据法院相关司法解释的标准来审查认定适格主体的资格。判断标准应当主要集中在组织章程确定的宗旨和主要业务范围,考察以上内容是否与诉权密切相关;通过审查工作报告和年检报告,来分析其维护公共利益的诉讼能力。其次,审查时间应当是接到适格主体反馈后十五日内,以决定的形式送达适格主体。决定同

---

① 解文轶:《公益诉讼案件办理流程及法律文书制作》,载周洪波、刘辉主编:《公益诉讼检察实务培训讲义》,法律出版社 2019 年版,第 93 页。

意其代表公共利益起诉,其接到决定后即可以提出民事公益诉讼。如果决定是不同意其代表公共利益诉讼的,则其作为异议主体可以向上级申请复议。上级机关收到申请十五日内应作出决定,认为成立的,应当认定其诉讼主体身份,并撤销下级检察机关决定;否则,决定驳回其申请,以上决定自送达异议人时生效。

(二)检察机关证据材料的问题

如果适格主体拟提起民事公益诉讼,此时其一般还未开展全面调查,而其要起诉就应当进行相关证据的调查。同时诉前公告程序启动的条件就是检察机关"基本事实已查清,基本证据已收集到位",①也就是在检察机关这里的证据材料已经完善到基本达到起诉标准了。所以,在社会组织还未调查的情况下,实际已经存在了比较完善的检察机关调查取得的证据材料。先不论适格主体的诉讼能力问题,就从维护公共利益提高诉讼效率维度而言,检察机关应当向其提供证据材料,特别是鉴定意见,因其成本费用较高,如果再另行鉴定必然要重复支付费用和延长准备起诉的时间。从适格主体的利益出发,降低诉讼准备的时间和费用是其一定要充分考虑的诉讼因素,就此而言,要求检察机关提供已经调查取得的证据材料是其自然的选择。所以,在其提出要求时,检察机关应当向其提供证据材料。检察机关提供证据材料后,就衍生出法院审判过程对于检察机关证据材料的质证问题,由于取证主体不是起诉主体,就需要取证主体参与质证,检察机关应以支持起诉主体的身份参加诉讼,就检察机关证据材料的质证发表意见。

(三)对起诉的监督

即使社会组织向检察机关反馈拟起诉,但是在此后的实践中其可能出现拖延起诉甚至放弃起诉的情况。检察机关如何监督此类问题?就此,首先应当在

---

① 《办案指南(试行)》中规定的公告适用的条件之一。

确定资格的决定中,明确规定其起诉的期限,这既是提高民事公益诉讼效率的需要,也是对于起诉的监督与督促;其次,明确拖延或放弃起诉的法律后果,如果其无合理理由拖延诉讼或放弃起诉,则检察机关可以直接起诉,这既是保护公共利益的需要,也是检察机关最终保障性的体现。除此之外,为了保障检察机关提起民事公益诉讼的权威性,对于以上主体滥用权利的行为,检察机关应当增加追责措施,具体而言就是对于社会组织出现此类情况,检察机关可以向其管理部门,主要是民政部门,制发检察建议,由民政部门对此作出相应的处罚,例如五年内对民事公益诉讼禁入。

二、外部局限与完善

作为一种通知的方式,诉前公告程序适用于不特定的主体,并不适用于特定的主体。一般而言,适格主体为消费者协会之外社会组织的是不特定的主体,而国家机关以及英烈的亲属则是特定的主体,如果用诉前公告程序通知以上特定主体起诉则是不妥的。对此《检察公益诉讼解释》已经作了一定考虑,对英烈保护民事公益诉讼采用了征询通知的方式。但是,这种考虑又是不全面的,对于检察消费民事公益诉讼等案件,由于主体是确定的,检察机关适用原有的检察建议通知更为适宜,这种直接通知的方式最为有效。所以,对于主体是国家机关和消费者协会的案件,检察机关的通知方式应当以检察建议形式直接通知。

5.4 审查起诉程序

5.4.1 概述(从诉前公告通知期满到提起诉讼)

一、概念地位

(一)概念

审查起诉是指在诉前公告通知期满后,因无适格主体起诉,检察机关在跟进调查相关证据的基础上,全面审核证据,以此决定是否向人民法院起诉的诉讼活动。它既是诉前程序的终结,也是诉讼程序的开启。

(二)程序地位

在目前的司法解释中,审查起诉在形式上不是一个独立诉讼阶段,与之相关的只有之前的诉前公告程序和之后的提起诉讼程序。① 尽管其形式上不具备独立性,但是就实质而言,提起诉讼只是审查起诉的结果,相对于阶段性、程序性的审查起诉,提起诉讼只是具有结果意义的时间点。而且,在诉前公告期满无适格主体起诉的情况下,按照逻辑顺序不是直接提起诉讼,而是检察机关对诉前公告期间新调查的相关证据进行审查,并结合原有证据综合考虑决定是否提起诉讼。特别从结果分析,审查起诉的结果除了提起诉讼外,还存在终结案件的选择。所以,在诉前公告程序后只规定提起诉讼,在逻辑上是不周延的,在程序上是断裂的。因此,尽管欠缺形式上的独立性,但是审查起诉在实质上仍然是一个独立的程序,其程序内容实际已经在诉前公告和提起诉讼中有所规定了。

二、功能和内容

(一)程序功能

程序要独立必须具有独立的功能,这是其程序独立性的基础与价值所在。审查起诉的程序功能:

1.补充调查功能。在诉前公告后,继续跟进调查案件事实,以及程序事实特别是适格主体的相关事实。因为从检察机关发布诉前公告到决定是否起诉必然要经过一段时间,一般而言诉前公告期加上审查起诉期一共为四个月,在此期间检察机关一方面应当对案件事实继续跟进调查,另一方面也可能发生相关程序事实的变化,例如生态环境损害赔偿权利人和赔偿义务人经磋商达成赔

---

① 诉前公告程序属于《办案规则》第四章第二节,其后第三节就是提起诉讼。

偿协议,因此检察机关决定案件无须提起诉讼。

2.案件过滤功能。根据案件事实和诉讼程序事实的变化,检察机关及时作出终结案件决定,在公共利益得到保护的前提下,提高检察机关诉讼效率。

3.启动审理程序功能。检察机关将符合法定条件的民事公益诉讼案件提交人民法院审理,以实现保护社会公共利益的诉讼目的。[1]

（二）审查起诉的阶段

检察机关在发布诉前公告后,不是消极地等待适格主体出现,不能停止调查,而是要继续跟进调查相关的案件事实和程序事实。[2] 在诉前公告期满后,检察机关进入审查起诉阶段,根据已调查的事实,作出处理意见:终结案件或是提起民事公益诉讼。[3] 据此,检察机关的审查起诉分为两个阶段:

1.跟进调查。此阶段检察机关的调查分为相关诉讼事实和案件事实的调查。首先是案件相关诉讼事实的调查,这是因为诉前公告期满不能直接推断出适格主体放弃诉权的认定。只有查明以上相关程序事实,检察机关才可以提起民事公益诉讼,否则可能造成重复起诉,这样既浪费了司法资源,也损害了检察机关的司法权威。其次,案件的相关事实,从发布诉前公告到检察机关提起诉讼,这一期间案件的相关事实是可能发生变化的,主要是公共利益受到损害的事实可能变化,既可能是积极的方面比如侵权人积极行动弥补公共利益的损失,也可能是消极的方面比如侵权人放任甚至扩大对公共利益的损害。同时,这一阶段检察机关调查手段不因程序变化而受限制,委托鉴定、评估、审计、检验、检测等仍然可以采用。

---

[1] 参见周士敏:《审查起诉要论》,载樊崇义主编:《刑事诉讼法专论》,中国方正出版社 1998 年版,第 364 页。

[2] 《办案规则》第九十三条规定:"发布公告后,人民检察院应当对赔偿权利人启动生态环境损害赔偿程序情况、适格主体起诉情况、英雄烈士等近亲属提起民事诉讼情况,以及社会公共利益受到损害的情况跟进调查,收集相关证据材料。"

[3] 《办案规则》第九十四条规定:"经过跟进调查,检察官应当制作《审查终结报告》,区分情况提出以下处理意见:(一)终结案件;(二)提起民事公益诉讼。"

2.审查决定。经过跟进调查,检察官根据调查到的案件事实和诉讼程序事实,认为公共利益仍处于受损状态,且无适格主体起诉的,应当作出提起民事公益诉讼的决定,否则,应当作出终结案件的决定。

(三)期限

根据《办案规则》第四十七条第二款规定:审查起诉期限为三个月。也就是从诉前公告期满后到审查起诉期限为三个月,如果是重大、疑难、复杂案件,经本级检察长批准还可以延长一个月,如果还需延长的,报上一级检察机关批准。同时,第四十八条规定委托鉴定等不计入期限。

5.4.2 提起诉讼

提起诉讼是审查起诉程序的终点和结果之一,是指检察机关经过审查后认为案件事实符合起诉条件,作出向人民法院提起诉讼的决定,从而实现对公共利益的保护。由于《民事诉讼法》在 2017 年 6 月 27 日进行修订,2017 年下半年我国的检察机关提起民事公益诉讼制度才正式在全国推开。2017 年全国检察系统下半年提起一般民事公益诉讼案件 29 件,刑事附带民事公益诉讼案件 74 件;2018 年提起一般民事公益诉讼案件 165 件,刑事附带民事公益诉讼案件 2476 件;①2019 年提起一般民事公益诉讼案件 521 件,刑事附带民事公益诉讼案件 3689 件;2020 年提起一般民事公益诉讼案件 962 件,刑事附带民事公益诉讼案件 6195 件。2018 年全国民事公益诉讼案件立案 4393 件,②提起诉讼的比例为 60.12%;2019 年全国民事公益诉讼案件立案 7125 件,③提起诉讼的比例为 59.09%;2020 年全国民事公益诉讼案件立案 14248 件,提起诉讼的比例为 50.23%。以上数据说明,诉前程序立案后检察机关提起民事公益诉讼的比例

---

① 刘艺:《我国检察公益诉讼制度的发展态势与制度完善——基于 2017—2019 年数据的实证分析》,《重庆大学学报(社会科学版)》2020 年第 4 期。
② 最高人民检察院民事行政检察厅:《2018 年民事行政检察工作总结》,第 2 页。
③ 《2020 年最高人民检察检察院工作报告》。

较高,但是呈逐年下降的趋势:原因一是立案后其他适格原告提起了诉讼;原因二是随着提起诉讼工作的大量开展,检察机关办案的质量有所下降,造成立案后经审查无法达到起诉标准的情况;原因三是立案条件标准有所降低,不符合立案条件的案件被立案后,自然无法提起诉讼。

一、起诉条件

目前司法解释中,存在两种起诉条件,一种是《检察公益诉讼解释》第十四条规定的形式上的起诉条件,[①]是检察机关向法院提起民事公益诉讼要达到的标准。它基本上是按照民事诉讼的标准来设定的,其证明标准基本上略高于民事诉讼的起诉标准。另一种是检察机关起诉的实质性标准,也就是《办案指南(试行)》的起诉标准,达到该标准检察机关才能提起民事公益诉讼。它基本上是按照胜诉标准设定的,其标准要远远高于民事诉讼的起诉标准。之所以设定该标准,是基于诉讼的公益属性以及检察机关是代表国家的主体身份,这种起诉是一种职权行为,其行使必然要有充分的证据支持,这与私益诉讼中对于起诉按照权利来处理是根本不同的。

二、实质性起诉条件

所谓实质性起诉条件,就是检察机关审查后决定起诉的条件,是检察机关判断是否起诉的标准。相对于民事诉讼当事人起诉一般只要求具备程序要件,也就是达到起诉条件规定的程序标准,检察机关提起民事公益诉讼的标准既是一个崭新的问题,也是一个复杂的问题。《办案指南(试行)》的起诉标准:"有充分的证据证明侵权主体实施了破坏生态环境和资源保护或者危害食品、药品安全的行为,有初步的证据证明危害行为与损害后果之间存在关联性,有充分的证据证明存在损害后果,法律规定的机关和有关组织没有提起民事诉讼。"基

---

① 《检察公益诉讼解释》第十四条规定:"人民检察院提起民事公益诉讼应当提交下列材料:(一)民事公益起诉书,并按照被告人数提出副本;(二)被告的行为已经损害社会公共利益的初步证明材料;(三)已经履行公告程序、征询英雄烈士等的近亲属意见的证明材料。"

于以上规定,按照要件性质区分,起诉条件不仅包括程序要件,也包括实体要件,而在私益诉讼中起诉条件是不包含实体要件的,这是从要件性质来分析。起诉不仅要增加实体要件,而且实体要件的标准基本是以优势证据原则为准。之所以出现实质起诉条件的根本原因在于诉讼的性质——公益性,检察机关的起诉属于职权性质的公法行为,其必然要受到实体法与程序法的双重限制,与之相应的就是双重要件,这既是保护公共利益的需要,也是维护检察权威的需要。

(一)存在属于检察机关民事公益诉权范围的民事违法行为

目前检察机关提起民事公益诉讼的案件范围主要是:破坏生态环境和资源,食品药品安全领域侵害众多消费者合法权益,侵害英烈等的姓名、肖像、名誉、荣誉等,侵害军人荣誉、名誉和其他合法权益严重影响军人有效履行职责使命,因安全生产违法行为造成重大事故隐患或者导致重大事故,个人信息处理者违法处理个人信息侵害众多人的权益,弱势群体(妇女、儿童、老人、残疾人)权益受到损害,经营者实施垄断行为。

(二)公共利益仍然处于受损状态

有充分的证据证明侵权主体实施了侵权行为,有初步的证据证明危害行为与损害后果之间存在关联性,有充分的证据证明存在损害后果,即指公共利益的受损状态仍然在持续,也包括公共利益持续受损状态虽然消失,但是受损利益尚未得到修复。

(三)适格主体怠于行使权利

通过诉前公告程序或是其他通知方式,通知适格主体起诉,但是适格主体怠于行使权利,这种怠于既可以是积极的拒绝行为,也可以是消极的不回应。

三、形式性起诉条件

所谓形式要件也就是诉讼要件,就是法院受理检察机关起诉的形式要件,只要提供的材料符合以下条件,法院应当受理进入审理程序。

（一）民事公益诉讼起诉书

它应当包括公益诉讼起诉人,被告人的基本信息,起诉请求及所依据的事实和理由,并按照当事人的人数提供副本。民事公益诉讼应当在送达法院之日起五日内报上一级检察机关备案。当然,这一条件属于检察机关内部的条件,不影响检察机关起诉的效力。

（二）被告的行为已经损害了社会公共利益的初步证明材料

这里强调检察机关提交材料为初步证明材料,不同于私益诉讼中程序意义的初步证据材料,"即人民检察院提供的证据具有证明作用,可以证明其诉讼请求具有一定的事实依据,并引起民事公益诉讼的启动"。[①] 这说明这一初步证明材料的证明要求要弱于检察机关实质性起诉条件的标准,但是实践中一般按照实质性起诉条件的标准准备。

（三）检察机关履行诉前通知义务的证据

目前,要求检察机关将履行诉前公告程序或者征询英烈等近亲属意见的证明材料提交人民法院审查。

5.4.3　终结案件

终结案件是审查起诉程序的终点和结果之二,是指检察机关经过审查后认为公益已得到保护,案件已不符合起诉条件,作出终结案件的决定,它是程序的终结。这一点与提起诉讼是有本质区别的。提起诉讼虽然是审查起诉程序的终结,但其又是诉讼程序的起点,检察机关提起民事公益诉讼的程序并未终结,而是进入了审理程序阶段。

终结案件不仅适用于审查起诉阶段,也适用于之前的立案阶段,是立案后诉前公告前检察机关的结案方式。虽然两个阶段都适用终结案件作为检察机

---

① 最高人民法院环境资源审判庭编:《最高人民法院 最高人民检察院检察公益诉讼司法解释理解与适用》,人民法院出版社 2021 年版,第 205 页。

关提起民事公益诉讼程序的结案方式,但是毕竟两个程序阶段涉及的证据及审查标准不同,其终结案件的条件自然也应不同。但是,《办案规则》第九十五条规定审查起诉阶段终结案件的条件适用第九十条,也就是立案阶段终结案件的条件。① 审查起诉程序中的终结案件适用立案程序的规定确有问题,其中至少有两项条件不能适用:1. 由于进入审查起诉阶段的前提是确实存在社会公共利益受损并存在违法行为,而情形(一)"不存在违法行为"直接与审查起诉的前提相矛盾,所以其作为终结案件条件不应适用于审查起诉阶段;2. 审查起诉始于诉前公告期满,条件是无适格主体起诉,这一条件也与情形(四)"其他适格主体依法向人民法院提起诉讼的"相冲突,该条件也不应适用审查起诉阶段。除此之外,有以下三种情形可以适用:

一、达成生态环境损害赔偿协议或提起诉讼

2018 年全国试行生态环境损害赔偿制度,它包括生态环境损害赔偿磋商制度和提起生态环境损害赔偿民事公益诉讼。该制度与检察机关提起民事公益诉讼存在竞合的问题,基于检察权谦抑的特性,自然应当顺位于生态环境损害赔偿制度。两者存在程序竞合的情况有两种,一种是生态环境损害赔偿权利人在启动生态环境损害赔偿调查后可以同时报送检察机关,检察机关应当将此类案件作为线索来备案处理。此时是生态环境损害赔偿制度先行,检察机关无须进行调查核实,如果达成赔偿协议或是提起生态环境损害赔偿民事公益诉讼的,则检察机关应当终结审查;如果未达成协议或是未提起诉讼的,则检察机关应当启动调查核实,正式进入检察机关提起民事公益诉讼程序。另外一种情况就是检察机关发现案件线索,经过调查认为可以提起民事公益诉讼并进行诉前公告,或是对适格主体进行检察建议督促,适格主体被告知后,启动生态环境损

_____

① 《办案规则》第九十条规定:"经调查,人民检察院发现存在以下情形之一的,应当终结案件:(一)不存在违法行为的;(二)生态环境损害赔偿权利人与赔偿义务人经磋商达成赔偿协议,或者已经提起生态环境损害赔偿诉讼的;(三)英雄烈士等的近亲属不同意人民检察院提起公益诉讼的;(四)其他适格主体依法向人民法院提起诉讼的;(五)社会公共利益已经得到有效保护的;(六)其他应当终结案件的情形。"

害赔偿程序。在此情况下,检察机关应当中止其程序,待生态环境损害赔偿程序终结后,再决定是否起诉。如果生态赔偿损害权利人与赔偿义务人经过磋商达成赔偿协议,也就是公共利益得到了保护;或是虽然未达成赔偿协议但是提起了生态环境损害赔偿诉讼,也就是适格主体提起了民事公益诉讼。就此两种情况而言,检察机关都应作出终结审查的决定。

二、英雄烈士等的近亲属不同意人民检察院提起公益诉讼的

这是对于英烈保护民事公益诉讼的特殊规定,这条规定将英烈保护检察公益诉讼的决定权赋予英烈的近亲属,无论从法律规定还是立法本意上都是值得商榷的。

三、社会公共利益已经得到有效保护的

这种情形就是在检察机关诉前公告期满到提出起诉前,检察机关发现受损的公共利益已经得到了有效的保护,因此继续起诉已经丧失了正当性的基础。前面论述的生态环境损害赔偿权利人和赔偿义务人经磋商达成赔偿实际就属于此种类型,再比如英烈保护民事公益诉讼在起诉前,侵权人已经公开赔礼道歉消除影响,环境污染案件污染人采取措施消除污染等。

5.4.4 问题与完善

一、构建科学程序结构,审查起诉阶段独立化

《办案规则》在构建程序结构中,第一节是立案与调查,第二节是诉前公告,第三节是提起诉讼,没有规定审查起诉程序。审查起诉程序的独立意义,前文已经论述了,这里不再赘述。这里最大的问题是将不具有独立程序意义的提起诉讼独立设为一节,也就是将审查起诉的结果单独设立为程序,而对于得出这一结论的程序机制却没有整体考虑。同时,将审查起诉的另一结果终结案件肢解出来写入诉前公告程序中,而二者是没有任何逻辑联系的。因此,应当将第三节提起诉讼改为审查起诉,将终结案件和提起诉讼的规定纳入其中,使诉前公告程序摆脱尴尬。

二、形式性起诉条件高阶化问题

目前司法解释中对于检察机关民事公益诉讼的起诉条件(形式性)要高于私益诉讼的起诉条件,这种起诉条件的规定被称为高阶化。对此,理论界普遍持否定观点,①其中典型观点认为这样做存在以下问题:1. 起诉条件过高,不利于保障检察机关民事公益诉权;2. 不利于发挥检察机关提起民事公益诉讼的制度功能,"已经损害"作为起诉条件不利于发挥检察机关提起民事公益诉讼的预防功能,"初步证明材料"作为起诉条件不利于发挥检察机关提起民事公益诉讼的救济功能;3. 当前中级法院受理检察机关提起民事公益诉讼案件,没有考虑案件分流需要,增加中级人民法院办案压力,不符合上下级法院职能分工;4. 我国环境司法专门化的推进法院集中管辖,造成检察机关异地起诉存在法律障碍,不利于保护社会公共利益。②

对此,笔者认为目前的形式性起诉条件高阶化是比较合理、符合实际的。所谓高阶化的对照系是私益诉讼,就是检察机关提起民事公益诉讼的起诉条件相对于私益诉讼的高阶化。以私益诉讼的标准来衡量公益诉讼实际是不恰当的。这是因为这两种诉讼在诉讼模式上是有差别的,私益诉讼是与当事人主义诉讼模式相匹配的,它对案件的起诉受理适用立案登记制,强调诉权是当事人请求法院通过审判来保护其合法权益的权利,是自然人的基本人权和宪法权利,只要提交符合形式的起诉状并缴纳诉讼费用,就可以启动诉讼程序。③ 即使出现滥诉,也是可以容忍的。与之相比,民事公益诉讼则是职权主义诉讼模式的体现,其诉讼的目的是保护社会公共利益,就起诉受理而言,并不包含保护

---

① 参见杨雅妮:《检察民事公益诉讼制度研究》,社会科学出版社 2020 年版,第 138 – 139 页;田凯等:《人民检察院提起公益诉讼立法研究》,中国检察出版社 2017 年版,第 175 – 178 页。

② 杨雅妮:《检察民事公益诉讼制度研究》,社会科学文献出版社 2020 年版,第 139 – 142 页。

③ 最高人民法院立案登记制改革课题组:《立案登记制改革问题研究》,《人民司法(应用)》2015 年第 9 期。

基本人权和宪法权利的功能,而保护公共利益是其考虑的核心问题。检察机关行使的是诉讼权力,其行使就要有明确的实体法和程序法依据,其外观就表现为要有严格的条件、形式。所以,起诉的形式性要件要高于私益诉讼的标准,也就是高阶化。

另外,这种高阶化并没有像私益诉讼般成为诉讼的障碍。针对否定高阶化的观点,首先,由于是检察机关提起的诉讼是按照公法程序来操作的诉讼,要受到实体与程序限制,其条件远远严格于私权诉讼主体,与此相对应的起诉条件也应当相应提高,这并不构成对检察机关诉讼的阻碍;其次,对于"已经损害"未包括重大危险行为,这是因为对于重大危险行为是以预防为主的,在危险尚未转化为现实之前消除它,对此行政权在解决重大危险问题上无论从主动性还是全面性上都远胜于司法权,因此不仅应当坚持检察谦抑,同样也应当扩大到司法谦抑。"在司法实践中,对于人民检察院就具有对损害社会公共利益重大风险的行为提起公益诉讼的职权,人民法院应当告知人民检察院及时督促行政机关依法履职,通过行政监管消除风险。"①再次,对于"初步证明材料",由于检察机关决定提起诉讼案件实质就是:有充分证据证明侵权主体实施了侵权行为,有初步证据证明危害行为与损害后果之间存在关联性,有充分证据证明存在损害后果。以上检察机关决定起诉的实质条件要远远高于"初步证明材料"的要求,所以该条件不构成对检察机关提起民事公益诉讼的阻碍。最后,对于法院的环境司法集中管辖问题,目前检察机关也在推行集中管辖,②所以,对于法院集中管辖的问题未来不会成为障碍。

---

① 最高人民法院环境资源审判庭编:《最高人民法院 最高人民检察院检察公益诉讼司法解释理解与适用》,人民法院出版社 2021 年版,第 205 页。

② 《办案规则》第十七条:"最高人民检察院、省级人民检察院和设区的市级人民检察院可以根据跨区协作工作机制规定,将案件指定或移送相关人民检察院跨行政区划管辖。基层人民检察院可以根据跨区域协作工作机制规定,将案件移送相关人民检察院跨行政区划管辖。"

三、尚需完善的程序

（一）关于审查起诉的期限

《办案规则》规定"审查起诉阶段审查期限为三个月,自公告期满之日计算",对于"重大、疑难、复杂案件"还规定两次延长,第一次是本级检察长批准,第二次是上级检察机关批准。以上规定应该是严格明确的,对于延长审限在程序上加强了监督。它的问题主要有：

1. 审查期限三个月过长。由于检察机关诉前公告的条件就是基本达到了起诉条件,也就是检察机关的调查行为基本结束,所以到审查起诉阶段基本不需要补充调查,即使有鉴定等耗时较长的调查行为,但是由于其不计入审查起诉时限,不会对审查起诉期限造成影响。所以,在经过诉前公告程序一月、审查起诉三个月后,再提起诉讼,期限过长,不利于及时有效保护公共利益,建议修改为一个月。

2. 期限类型过于单一,不能适应检察机关维护公共利益的需要。按照《办案规则》的规定,审查起诉期限最长为五个月,对于普通流程的案件似乎很长。但是,考虑到案件的复杂性,检察机关诉前公告后,例如出现生态环境损害赔偿权利人与赔偿义务人进行磋商,在磋商进行期间,检察机关肯定是不能提起诉讼的,但是磋商的时间实际也在耗损着检察机关的审查起诉时限。所以,应当在延长审查期限之外,规定审查中止的情形,用于处理结果与检察机关提起民事公益诉讼密切相关,但又不属于检察权可以干预的情形。目前,可以作为中止条件的有：生态环境损害赔偿权利人与赔偿义务人进行磋商;侵权人正在积极对公共利益的损害进行修复等情形。

3. "重大、疑难、复杂案件"的条件不明,容易被滥用。疑难和复杂二者语义相关、高度重合,而且其外延都是具有高度弹性的,完全可以合二为一,保留疑难一个条件即可。

（二）取消将英烈等的近亲属不同意起诉作为终结案件的条件

《办案规则》第九十条第一款第（三）项将该条件作为检察机关终结案件的

条件,这是非常不恰当的,应当修正。原因很简单,违反了《英雄烈士保护法》的规定。《英雄烈士保护法》第二十五条第一款只是规定英雄烈士近亲属提起民事公益诉讼优先权,①在其弃权或是没有近亲属的情况下,检察机关才可以提起诉讼,②这体现了检察机关提起民事公益诉讼的谦抑性和最终保障性。英烈近亲属只拥有民事公益诉讼的优先权,而无处分权,在其不行使公益诉权的情况下,其无权对检察机关是否提起诉讼进行干涉。所以,"英雄烈士近亲属不同意检察机关提起公益诉讼"不能成为检察机关终结案件的条件。之所以会出现这样的规定,根源在于没有理解民事公益诉讼的特性:任何公益诉讼主体都是形式主体,都不具有实体权利,在法定条件下只具有诉权,只能决定自身是否起诉,而不能像私益诉讼般基于实体权利来实质处分其诉权。

5.5　一审程序

5.5.1　受理

就检察机关提起民事公益诉讼案件的数量而言,2017 年全国法院受理检察机关提起的环境民事公益诉讼案件25 件,占受理此类案件总数的38%;2018 年全国法院受理检察机关提起的民事公益诉讼案件113 件,刑事附带民事公益诉讼案件1284 件,审结各类公益诉讼案件2138 件,其中检察机关提起的2020 件;2019 年上半年,全国法院受理检察机关提起的环境公益诉讼案件767 件,占总数的92%,法院审结各类公益诉讼案件1105 件,其中842 件为检察机关提

---

① 《英雄烈士保护法》第二十五条第一款规定:"对侵害英雄烈士的姓名、肖像、名誉、荣誉的行为,英雄烈士的近亲属可以依法向人民法院提起诉讼。"
② 《英雄烈士保护法》第二十五条第二款规定:"英雄烈士没有近亲属或者近亲属不提起诉讼的,检察机关依法对侵害英雄烈士的姓名、肖像、名誉、荣誉,损害社会公共利益的行为向人民法院提起诉讼。"

起,占总数的76%。① 对于受理条件,《民事诉讼法》第五十八条第二款规定的是检察机关诉权的范围和起诉顺位属于民事公益诉讼特殊的规定,而第一百二十二条的规定则是受理的一般条件。法院受理的条件具体为:

一、案件属于检察机关提起民事公益诉讼范围

检察机关的起诉权属于公法的授权,根据公法授权的一般原则,检察机关的诉讼范围属于法律明确限定范围的授权,在无法律明确授权的前提下,检察机关一般无权提起民事公益诉讼。目前除了法律规定的几种类型外,最高人民检察院正在积极稳妥地推进拓展公益诉讼案件范围。②

二、无适格主体或适格主体不起诉

在诉前程序中,一般要求检察机关履行诉前公告程序,以保护适格主体的诉权。把公告作为一种普适性通知方式是不妥当的,对于一些新类型的案件,或是由于检察机关垄断诉权,或是适格主体为特定主体,所以无须履行诉前公告程序。比如检察安全生产民事公益诉讼的诉权只属于检察机关,同样,根据《个人信息保护法》,消费者协会也是个人信息保护民事公益诉讼的适格原告,检察机关可以通过诉前检察建议的方式来履行通知义务,也无须进行诉前公告送达。对此,《检察公益诉讼解释》中已经有所体现,就是在检察机关履行诉前公告程序这一种方式外,对于检察英烈保护民事公益诉讼可以用征询近亲属意见的方式作为替代诉前公告通知的方式。所以,对于其他类型或是新类型检察机关提起民事公益诉讼案件,应当根据检察机关诉权的顺位、适格主体是否特定,来确定是否履行诉前通知义务及其形式,而不应千篇一律适用诉前公告程序。

---

① 刘艺:《我国检察公益诉讼制度的发展态势与制度完善——基于2017—2019年数据的实证分析》,《重庆大学学报(社会科学版)》2020年第26卷第4期。

② 2020年9月18日《关于积极稳妥拓展公益诉讼案件范围的指导意见》(高检八厅〔2020〕2号)规定拓展新领域案件的重点范围:公共卫生、生物安全、证券领域、妇女儿童及残疾人权益保护、网络侵害、扶贫、文物和文化遗产保护以及国防军事等领域公益损害案件。

三、有明确的被告

这是民事公益诉讼的必要条件,没有被告就没有民事责任的承担者。这里强调的是被告的明确性,也是确定能够具体承担责任的民事主体。一般而言,自然人作为被告,应当具备其详细的个人信息,包括姓名、年龄、性别、身份证号码、住址等;法人或其他组织作为被告,应当包括名称组织机构代码、营业住所地、联系方式、法定代表人情况等。

四、有具体的诉讼请求和事实、理由

诉讼请求是诉讼目的直接的体现,因此应当在民事公益诉讼起诉书中明确提出对被告的诉讼请求,以此作为法院判决保护范围的依据。但是,若完全按照私益诉讼的要求来确定公益诉讼的诉讼请求确有值得商榷之处。从案件性质上,某些案件比如生态环境案件,由于损害客体的特殊性,造成公共利益受损存在着动态性和发展性的特征,检察机关在起诉阶段就将诉讼请求具体化往往不利于公共利益的保护;从提高诉讼效率上,检察机关起诉时其举证的证明标准可能会低于胜诉标准,比较典型的就是用"专家意见书"或"专家咨询意见"来替代鉴定意见,由于以上证据在证据形式上要弱于鉴定意见,它们更多的是起到定性的作用,在定量上证明力偏低。所以,要求检察机关据此提出具体的诉讼请求在证据依据上也是不充分的,当然在审理期间法院可以通过重新鉴定来认定具体的损失以及相应的诉讼请求。所谓事实就是社会公共利益受侵害的事实,理由就是基于事实而提起诉讼的法律依据,是被告承担责任的法律基础。以上事实、理由虽然属于民事公益诉讼,但是其与私益诉讼的事实、理由在性质属性上并无本质区别。

5.5.2 出庭

对于一审出庭,《检察公益诉讼解释》第八条规定了法院通知和检察机关

派员出庭的规定,①第九条是关于检察机关一审履职的规定。

一、程序

《检察公益诉讼解释》第八条体现了检察机关作为特殊主体出庭的形式要件,法院修改了先前按照普通民事当事人形式要件通知检察机关出庭的规定。这种形式要件有授权委托说和履行职责说,所谓授权委托说就是按照民事诉讼的当事人要求来认定检察机关出庭行为,因此法院发传票,检察机关出具各种身份证明、委托手续。另一种意见是履行职责说,认为检察机关出席法庭系履行法定职责,不应按照一般当事人的形式出具委托书等,应当按照民事监督程序来执行。这两种观点的冲突说明,对民事公益诉讼与私益诉讼在性质上的区别还缺乏分析认识。这种质的区别体现之一就是作为民事公益诉讼主体的检察机关诉权的职权性:检察机关的诉权是公权力性的诉讼权力,这种公权力性要求检察机关的诉权应当严格按照法律规定行使,检察机关没有独立的自由意识,只能按照法律亦步亦趋地执行,既不能积极地滥权,也不能消极地怠权。如果按照权利说,实际就是将民事公益诉讼的诉讼主体完全等同于私益诉讼,缺乏对于民事公益诉讼程序特殊性的深刻认识。因此,采用履行职责说就顺理成章。另外,虽然第8条整体上采用了履行职权说,但是在具体处理上还存在瑕疵,保留了授权委托说的孑遗。具体就是要求检察机关在出庭通知书上写明履行的具体职责,这还是授权委托的设定,这种内容的设定与职权无关。这是因为,在私益诉讼中,由于代理人参加诉讼是基于当事人自由意志的委托,所以当事人可以在法定范围内决定代理人诉讼权利的范围,特别是和解、承认、变更、放弃诉讼请求等需要当事人明示授权,所以需要明确写明当事人的授权范围。而检察机关出席法庭是履行民事公益诉讼职责,是一种公权力行为,其行使的

---

① 《检察公益诉讼解释》第八条规定:"人民法院开庭审理人民检察院提起的公益诉讼案件,应当在开庭三日前向人民检察院送达出庭通知书。人民检察院应当派员出庭,并应当自收到人民法院出庭通知书起三日内向人民法院提交派员出庭通知书。派员出庭通知书应当写明出庭人员的姓名、法律职务以及出庭履行的具体职责。"

范围应当有相应的法律规定,是法定常态化与格式固定化,而不能像授权委托书般基于当事人授权而个性化的。

二、职责

《检察公益诉讼解释》第九条规定检察机关出庭的职责:(一)宣读公益诉讼起诉书;(二)对人民检察院调查收集的证据予以出示和说明,对相关证据执行质证;(三)参加法庭调查,进行辩论并发表意见;(四)依法从事其他诉讼活动。检察机关出庭是一种职责而非权利,强调检察机关在一审诉讼中的职权性以及诉权的权力属性,"从对权利的侧重转换为对责任的强调,充分体现了人民检察院作为国家法律监督机关的法律地位及其在提起公益诉讼中的职权界定"。① 这种公权力属性只是强调检察机关诉权的来源以及诉权启动的严格程序性,但在诉讼中其诉权的内容和诉讼地位与被告是平等的,并不因为公权力而具有优先性,考察具体的职责内容可以证明这一点:这里的(一)和(二)属于当事人的权利应该没有争议;这里的(三)"参加法庭调查,进行辩论"也属于当事人正当的诉讼权利,至于发表意见,也是当事人的正当权利,而不是特权;特别是(四)依法从事其他诉讼活动,这里已经排除了诉讼监督权的行使,这些权利也是被告应当具备的。所以,在《检察公益诉讼解释》中检察机关的职权与被告的诉讼权利是平等的。

除了"两高"《检察公益诉讼解释》外,检察机关在《办案指南(试行)》的出庭任务中规定了一审的职权,该规定与《检察公益诉讼解释》一致,只是在《办案规则》的第五十二至五十七条对出庭职责进行了细化:1. 第五十二条规定了检察机关出示证据应遵循全面、客观原则,强调检察机关出示证据应当全面、客观,这种要求是不适用于当事人的,这是检察权公权力属性的体现;2. 第五十三条规定检察机关向被告、证人、鉴定人、勘验人发问的原则,也就是对于言词证

---

① 最高人民法院环境资源审判庭编:《最高人民法院 最高人民检察院检察公益诉讼司法解释理解与适用》,人民法院出版社 2021 年版,第 144 页。

据质证的原则,这里超出当事人权利的是对被告的发问,这种权力在民事诉讼中属于法院的职权,检察机关有越权的嫌疑,向被告人发问应该是受到刑事诉讼立法影响的体现;3.第五十四条检察机关申请法院通知证人、鉴定人、有专门知识的人出庭作证或者提出意见,这些规定和当事人的权利一致;4.第五十五条是申请法院补充调查,此规定与当事人的权利一致;5.第五十六条规定检察机关法庭辩论的原则方法,该条虽然没有民事诉讼法的相关依据,但是与民事诉讼基本理论对于法庭辩论的要求基本一致①;6.第五十七条规定检察机关发表出庭意见的原则依据,这里发表出庭意见的权利是超出当事人权利的。根据《民事诉讼法》第一百四十一条第二款:"法庭辩论终结后,由审判长或者独任审判员按照原告、被告、第三人的先后顺序征询各方最后意见。"实践中最后意见基本都是对于案件定性的要求,即支持或是驳回。而按照《办案规则》第五十七条规定"出庭人员应当结合庭审情况,客观公正发表出庭意见",以上权力内容实际应属于辩论权的范围,如此就是检察机关相对于其他诉讼主体得到了附加权力,这是与当事人平等原则相悖的。另外,以上规定中还可以理解为含有对庭审活动监督的内容,如果在出庭意见中再对法院庭审的合法性发表监督意见,则超出了《检察公益诉讼解释》第九条对于检察机关出席一审法庭的职权规定,基于此该条应取消。

综合以上分析,检察机关在一审程序的职权基本等同于当事人的诉讼权利,但也保留了一些超出当事人的权利,这说明目前对于检察机关诉讼地位的认识还存在一定争议,所以造成法律规定在细节部分的左右摇摆。

---

① 参见《民事诉讼法》编写组:《民事诉讼法学》(第二版),高等教育出版社 2018 年版,第 194 页。

5.5.3　检察机关撤诉

一、概念与制度

（一）概念

撤诉是诉讼终结的一种方式,是当事人对诉权处分的行为,它分为申请撤诉和按撤诉处理两种类型,本书探讨的是申请撤诉。申请撤诉的条件是主观上原告自愿,客观上撤诉行为不能损害国家、社会公共及其他人合法权益,时间上必须在判决宣告前提出。① 比之私益诉讼,民事公益诉讼中撤诉条件要严格得多,它分为两种类型:一种是撤诉条件无明确限制,但是撤诉时间有限制,它要求在法庭辩论终结之前提出;另一种是撤诉时间无限制,但撤诉条件有限制,它要求诉讼请求全部实现才能申请撤诉。检察机关撤诉的类型属于后一类,检察机关不能进行无条件撤诉。

（二）程序

检察机关撤诉是有内部审批程序严格限制的。撤诉一般是在庭审外提出,人民检察院拟决定撤回起诉的,应当逐级报送到省级检察机关批准。经批准,经本级检察长决定制作《撤回起诉决定书》,在三日内提交人民法院。② 如果在庭审过程中,当发生需要撤回起诉情形时,出庭人员应当向法庭说明原因,要求休庭。然后检察机关进行内部审批,法院收到检察机关《撤回起诉决定书》,经审查认为符合条件的,应当准许撤诉。

（三）撤诉条件

由于《检察公益诉讼解释》中限缩了检察机关撤诉的条件,排除了无条件撤诉的类型,只规定了"人民检察院诉讼请求全部实现而撤回起诉的,人民法院

---

① 参见《民事诉讼法》编写组:《民事诉讼法学》(第二版),高等教育出版社 2018 年 8 月版,第 196 - 197 页。
② 《检察公益诉讼解释》第九十九条第二款。

应予准许"。检察机关诉讼请求全部实现,实际就是受损的公共利益得到了修复,这种修复既可以是现实意义的,也可以是法律意义的。公共利益得到修复的原因从诉讼外分析主要是行政机关依法履职,从诉讼内分析是被告主动履行责任,前者是行政机关针对被告消极行动采取的措施,后者则是被告积极主动的行动。

1. 行政机关依法履职

行政机关是各级人民代表大会的执行机关,它代表国家管理国家社会各项事务,公共利益受损往往都与行政机关未能依法履职甚至渎职密切关联。如果行政机关亡羊补牢依法履职,则社会公共利益几乎都会及时有效得到修复。除了行政权的全权性外,相对于司法权的滞后性、被动性、程序性,行政权具有预防性、主动性、灵活性的特点,是维护公共利益的首选手段。以环境损害案件为例,2019 年,全国各级环保系统接到群众电话举报案件 1334712 件、微信举报195950 件、网上举报 62239 件,承办人大建议 7486 件、政协提案 7827 件。生态环境部门下达处罚决定书共 16.3 万件,罚没款金额共 118.8 亿元。① 对于行政机关在维护公共利益中的地位与作用,司法系统是有充分认知的,所以在民事公益诉讼程序中特别规定,在受理案件后法院有在十日内告知相关行政机关的职责,②这种对于行政机关的告知已经成为民事公益诉讼中的普适程序。对检察机关的诉讼而言,虽然在《检察公益诉讼解释》中未规定此程序,但是鉴于其已成为民事公益诉讼中的普适性程序,所以在检察机关提起民事公益诉讼中仍应得到适用。因此,行政机关得到通知后,积极履职,可能促使公共利益受损得到解决。此时,检察机关根据案情变化的现实,经过审查认为公共利益得到保

---

① 参见中华人民共和国生态环境部:《2019 年中国生态环境统计年报》第 45 - 46 页,生态环境部官网:http://www.mee.gov.cn/hjzl/sthjzk/sthjtjnb/202108/t20210827_861012.shtml,最后访问时间 2021 年 11 月 15 日。

② 《民事诉讼法解释》第二百八十六条:"人民法院受理公益诉讼案件后,应当在十日内书面告知相关行政主管部门。"

护、诉讼请求得到实现的,可以向法院申请撤诉。

2.被告承担责任

诉讼从来都不是目的而是手段,迫使被告履行义务是诉讼的目的,检察机关提起民事公益诉讼自然也不例外。只要达到这一目的,则程序即可终止。所以,不论被告是基于证据的确实充分无法脱责,还是在司法的压力下幡然悔悟,只要其能够主动承担责任,从而使公共利益得以修复,则可以停止诉讼程序,从而提高诉讼效率。目前,检察机关主要是根据《民法典》侵权责任来主张权利提出诉讼请求的。对于被告而言,其要承担责任,首先是停止侵权行为,然后就是根据诉讼请求来确定具体的责任。当然,这种履行是民事义务的履行,一般不要求具有人身属性,所以除了被告履行责任外,案外人的代履行实现诉讼请求的,检察机关据此也可以申请撤诉,则检察机关提起民事公益诉讼的程序即告终结。而代为履行的案外人因此取得债权,成为被告的债权人,可以据此起诉被告承担相应的责任,这是典型的私益诉讼。由于检察机关提起民事公益诉讼类型呈日渐增多的趋势,各种类型案件诉讼请求实现的程序繁简相差悬殊,有的案件被告能够即时履行责任,检察机关的诉讼请求就可以实现,而多数案件被告承担责任并最终实现公共利益修复是需要一段时间的,对此检察机关就需要与被告达成和解协议,以此来固定双方的合意,约束双方的行为。因此,被告承担责任往往就与检察机关达成和解协议密切相关。所以,这种情况与诉讼和解密切关联,属于诉讼和解的范畴,体现了这两种程序制度的密切关联。

二、问题与完善

(一)撤诉条件过于严苛

《检察公益诉讼解释》中只规定了一种条件的撤诉,即检察机关诉讼目的实现之撤诉。这种撤诉的条件规定得过于严苛,缺乏灵活性,违反民事诉讼法理,损害了检察机关的司法权威。之所以说条件过于严苛,就在于相比其他民事公益诉讼的主体,检察机关撤诉的条件更为严苛,这样规定违反了民事诉讼

法理,这是因为:

民事公益诉讼撤诉的类型有两种,现在检察机关只是适用其中的一种,另外一种无条件的撤诉则排除了检察机关。所谓无条件撤诉是有时间限制的,就是撤诉申请要在法庭辩论终结前提出,其目的就是为了防止滥用诉权:"法庭辩论终结后,原告才提出申请撤诉,不能完全排除其滥用诉讼权利的嫌疑,鉴于此时当事人、法院都已经做出了大量工作,支出了各种费用,同时环境民事公益诉讼还涉及社会公共利益,不能完全由原告自由行使撤诉权。"[①]基于以上理由,检察机关提起民事公益诉讼是有着严格的程序限制的,不同于私法主体的自由意志,这种限制是严格的公法刚性限制,这就从程序上排除了滥诉的可能。另外,检察机关是代表国家来提起民事公益诉讼的,在主观动机上也不存在滥诉的可能。较之其他适格主体,检察机关滥诉的可能性是最低的,对检察机关撤诉作出严苛于其他适格主体的规定是违反逻辑的。所以,检察机关的撤诉条件不应严苛于其他适格主体,应更宽松,应当适用私益诉讼的撤诉条件。

除了理论原因外,扩大检察机关撤诉的适用范围还有实践意义。在实践中,还可能存在证据不足撤诉,或是其他不宜继续诉讼的原因。[②] 如果不允许检察机关撤诉,法院要么是判决检察机关败诉,要么让检察机关继续参与已无实际意义的诉讼,这不仅损害检察机关的权威,也影响公共利益的保护。

(二)加强对被告承担责任而撤诉的程序规制(检察机关与被告达成和解)

一方面是放松检察机关撤诉的条件,另一方面也要加强对于撤诉的程序规制,这就是通过程序的刚性来补强实体的柔性。前面已经论述了公共利益得到

---

① 《最高人民法院关于环境民事公益诉讼司法解释理解与适用》,人民法院出版社 2015 年版,第376 - 377 页。

② 比如江苏省盐城市人民检察院就扬州邗江腾达化工厂等环境污染案件向盐城市中级人民法院提起民事公益诉讼,盐城市中级人民法院公告案件受理情况,中国生物多样性保护与绿色发展基金会根据公告信息向盐城市中级人民法院提出加入诉讼的申请。此后,盐城市人民检察院申请撤诉,盐城市中级人民法院裁定同意检察机关撤诉。

实现的原因有两类,一是行政机关履职,二是被告承担责任。对于行政机关履职的,由于履职属于公法行为,其是否履职到位可以通过其他公法手段或程序进行监督,而无需民事诉讼。对于被告承担责任,由于被告为民事主体,对其是否会完全履行其义务责任,不能像对待行政机关般通过公法手段实现规制,只能通过民事诉讼程序。当然,不是所有的被告履行义务都需要其后的民事程序来规制,对于被告能即时完成的责任,则无须其后的诉讼程序规制。目前需要规制的主要是检察机关与被告达成和解协议的情形。为此可以:

1. 公告和解协议。按照《民事诉讼法解释》第二百八十七条对于当事人和解的规定来执行,①就是检察机关撤诉前,对于其与被告达成的和解,应当进行公告,公告期不少于三十日。向社会公告,主要是加强社会监督,通过向社会公开来保障社会公众的知情权和监督权,发挥全社会的力量来监督和解协议内容的合法性,同时也是监督检察机关和被告诉讼行为的合法性。在公告期间,如果有关主体对此提出异议,法院应当据此决定是否准许检察机关申请撤诉。准许撤诉的案件终结,不准许的法院则继续审理。

2. 撤诉的后果。撤诉后,如果被告迟延或是不完全履行和解协议,那么检察机关可以按照和解协议的内容申请法院确认,并在此基础上申请法院执行。这是检察机关撤诉后,对于和解协议的监督方式和对公共利益的保护。或是检察机关可以据此直接申请法院执行,这是因为该协议已经过公告程序,经过原审法院审查,虽然法院没有出具法律文书确认和解内容,但是法院在公告后准许检察机关撤诉,实际已经表明其认可该协议的效力,可以作为法院执行的依据。

---

① 《民事诉讼法解释》第二百八十七条规定:"对公益诉讼案件,当事人可以和解,人民法院可以调解。当事人达成和解或者调解协议后,人民法院应当将和解或者调解协议进行公告。公告期间不得少于三十日。公告期满后,人民法院经审查,和解或者调解协议不违反社会公共利益的,应当出具调解书;和解或者调解协议违反社会公共利益的,不予出具调解书,继续对案件进行审理并依法作出裁判。"

5.5.4 调解

一、调解的正当性

由于调解的基础是当事人对于民事权利的自由处分,而民事公益诉讼涉及的是公共利益,不具备自由处分的权力基础,所以调解是否适用于民事公益诉讼确实存在争议。对此持质疑态度的观点认为,从权利基础分析,原告不具有实体处分权,也就不具备与之相应的调解、和解权利。[①]支持调解适用于民事公益诉讼的观点认为,案件的公益性与其可调解性之间不存在必然矛盾,调解作为替代性纠纷解决机制,既维护了社会公益,又让被告可以保存必要的能力以履行法律责任,较好地缓解了保护社会公益与企业发展之间的矛盾。[②]

分析以上观点,其论证都很充分,但是观察角度不够全面,造成其结论存在一定的片面。否定说主要从原告的权利基础来分析,而肯定说主要从调解机制的价值作用来分析,一个是内部原因,一个是外部环境,两者均具部分真理性。就权力主体而言,虽然原告不具有私益主体所具有的处分权,但是代表公共利益的主体都是拟制主体、形式主体,所以这一问题不是调解或和解的特殊问题,而是与诉权一样是民事公益诉讼普遍性、基础性问题。所以,要推进民事公益诉讼制度开展就必须解决此问题,目前诉权是由拟制公益诉讼主体来代表公共利益诉讼,以拟制主体来解决诉权的问题。既然诉权可以赋予拟制的主体,实体权利赋权也不存在理论障碍。因为除了诉讼外,现实中大量代表公共利益的实体权力均是法定拟制主体来行使。因此,可以赋予原告一定的实体处分权,当然这种处分不是像私益诉讼般自由,它是受到程序严格规制的。以程序来控制权力,这一解决方法并不是标新立异,而是普遍适用于目前各种涉及公共利益的法律行为,大量的行政行为都是基于此原理作出的。至于调解对于民事公

---

① 张卫平:《民事公益诉讼原则的制度化及实施研究》,《清华法学》2013年第7期。
② 蔡彦敏:《中国环境民事公益诉讼的检察担当》,《中外法学》2011年第1期。

益诉讼的价值意义,支持的观点已经指出过分的对抗性不利于公共利益的维护与实现,调解、和解则在一定程度上消解了对抗性,有利于民事公益诉讼的最终解决,这种最终不仅仅指法院判决,更是指公共利益的现实实现。另外,调解作为纠纷的一种解决方式,在目前构建和谐社会的背景下,越发具有普适性。其不仅是民事诉讼中的基本制度,而且已经向其他性质案件扩展,在刑事诉讼中已经有所突破,在刑事自诉案件中人民法院可以进行调解,自诉案件当事人可以和解,以及认罪认罚从宽程序的控辩协商。基于以上分析,在民事公益诉讼中适用调解是正当的。

当然,民事公益诉讼调解是正当的,并不等于检察机关调解同样也是正当的。进一步分析,造成对于调解适用正当性质疑的基本理由:公益诉讼原告由于与案件无实质利害关系,其可能通过民事公益诉讼的方式与被告形成利益勾兑,从而损害公共利益,牟取小团体的利益,这也是最高人民法院司法解释规定禁止社会组织以民事公益诉讼方式非法牟取利益的原因。而该理由对于检察机关是不能成立的,所以检察机关提起民事公益诉讼适用调解也是正当的。

二、调解含义的混乱

试点期间,检察机关《试点实施办法》第二十三条规定:"民事公益诉讼案件,人民检察院可以与被告和解,人民法院可以调解。"法院对此作出了回应,法院对二者都出具调解书。调解书的出具意味着之前所谓的和解协议、调解协议都升格为调解书,而法律关系同时也发生了性质变化。这是因为,和解与调解虽联系密切,但确实是不同的两种诉讼制度。和解的规范用语为诉讼和解,是当事人在诉讼中,经相互协商合意达成解决争议的协议,并据此请求法院结束诉讼的一种制度。[①] 调解也称法院调解,是在法院的主持下,当事人自愿、平等协商达成意见一致的协议。调解是法院的一种结案方式,而和解不属于法院的

---

① 《民事诉讼法学》编写组:《民事诉讼法学》(第二版),高等教育出版社 2018 年版,第 158 – 159 页。

结案方式,法院不能依和解直接结案,往往以当事人撤诉的方式结案;调解是在法院主持下进行,和解是当事人之间进行的;调解协议或调解书具备法律上的强制力,当事人可以据此申请执行,和解协议不具备以上效力,但是检察公益诉讼中的和解协议如果经过公告和法院审查,应当具备强制执行力。根据以上分析,试点期间所谓和解协议和调解协议,由于其最终由法院审查并出具调解书,所以其性质变更为调解书,而真正意义的和解与撤诉程序密切相关。

三、程序

(一)法院主持

相对于和解而言,调解是在法院主持下进行的,法院对调解拥有主导权。对于调解,由于《检察公益诉讼解释》未作出规定,所以与之配套的《办案指南(试行)》和《办案规则》均未作出特殊规定,但是可以参照撤诉的规定执行。首先,应当是和被告达成书面协议,此类调解协议需要检察机关通过内部审批程序进行审查。和解一般是在庭审外提出,人民检察院决定和解的,应当层报至省级检察机关审查批准,批准后,经检察长决定制作和解协议书,并在三日内提交人民法院。如果在庭审过程中,发生需要调解的情形的,出庭人员应当向法庭说明原因,要求休庭,然后按照检察机关内部审批进行。

(二)公告程序

在私益诉讼中,当事人达成调解是以不公开为原则的,因此在裁判文书网上一般是找不到调解书的。民事公益诉讼恰恰相反,公告程序不仅是诉讼文书公开的程序,更为重要的是民事公益诉讼调解生效的前置条件。公告作为一种最为普遍的公示程序,是将调解内容公之于众,从而引入公众来监督审查协议的内容的。这既防止当事人双方恶意串通以调解来损害公共利益,也防止由于当事人的疏忽造成协议错漏。若其他主体以协议损害公共利益为由向人民法院提出异议,这种异议是法院审查合法性的参考依据。① 公告期至少为三十日,期满后,经审查不违反社会公共利益的,法院应出具调解书;否者,不予出具调解书,继续审理并作出裁判。②

四、问题与分析

(一)和解与调解混为一谈,未作出程序区分

和解与调解都是当事人之间达成合意,但是在民事诉讼中二者是有本质区别的两种制度,之前已经进行了相关阐述。在民事公益诉讼中同时规定了和解与调解制度,《环境民事公益诉讼解释》第二十五条及《民事诉讼法解释》第二百八十七条均作出了程序规定。但是以上条款中,虽然将和解与调解在名义上作出了区分,但在配套的程序上二者同一,没有区别,都是达成协议进行公告,公告期满后法院审查内容合法性,最终都是法院出具调解书。以上程序实际是将和解与调解混为一谈,模糊了二者的性质差异。

之所以要作出区分,在于调解是法院主持参与下当事人达成合意,不是当事人之间简单的合意行为。法院调解要求当事人自愿,要求查清事实、分清责任,要求调解的程序合法、调解协议的内容合法,不损害国家、社会及案外人合法权益。它的形式虽然没有审判严格,但是法官"负有对当事人活动的合法性进行监督审查的职责,以保证调解过程及其结果符合法律规定"。③ 因此,调解协议不是简单的当事人合意,而是当事人的合意必须通过法院合法性的审核才能称之为调解协议。对于民事公益诉讼而言,由于涉及公共利益,法院审核责任更为重大。所以,调解的程序不同于和解的程序,调解在公告前法院已经进行了审查,其合法性应当基本得到了保障,公告应当转变为生效条件。公告期满无异议的,调解协议自动生效,不需要公告期满后,法院叠床架屋地再审查

---

① 《最高人民法院民事诉讼法解释理解与适用》(下),人民法院出版 2015 年版,第 769 页。
② 参见《民事诉讼法解释》第二百八十七条。
③ 《民事诉讼法学》编写组:《民事诉讼法学》(第二版),高等教育出版社 2018 年版,第 152 页。

一遍。

而和解是当事人双方达成的,没有法院的介入审查。无论在程序上,还是实体上,其合法性都远逊于法院调解。所以,首先需要通过公告程序来引入公众对和解协议内容是否损害国家、社会或案外人合法权益进行审查,期满后无异议,或向法院提交异议不成立的,法院审查后认为能够实现保护公共利益目的的,应当准许当事人基于和解协议撤诉,也就是按照撤诉程序执行。如果法院出具调解书,实际也就转变为调解程序,而不是和解。

(二)公告程序流于形式缺乏刚性

公告程序是民事公益诉讼调解制度中重要的一环,是通过向公众公示来引入监督,从而达到保护公共利益的目的。问题是法律仅仅规定了公告的时间,对于公众通过何种方式来提出异议,以及这种异议的程序价值,法院如何审查等均未规定,完全缺乏操作性,流于形式。因此,需要像检察机关诉前公告程序一样构建具备可操作的程序。具体而言:首先,要区分提出异议的主体身份,一种是和公告内容具有利害关系的主体,一种是不具有利害关系的主体。其次,它们都应在公告期间向法院提出异议,对具有利害关系主体提出的书面异议,法院应当在十五日内审查,理由成立的,不出具调解书,继续对案件进行审理。理由不成立的,裁定驳回异议。对于不具备利害关系主体提出的异议,其程序意义要逊于前者,法院应当将其视为审查中的参考因素,最终是否采纳,应当书面告知。这样既是对公共利益的保护,也是对法院审判活动的监督。

(三)法院审查的标准偏低与民事公益诉讼不匹配

虽然前文已经论述了当事人诉讼和解与法院调解程序应当不同,但是它们都要经过法院审查,而法院审查的标准均是:不得损害国家利益、社会公共利益和他人合法权益。① 这一标准是私益诉讼中法院审查的标准,鉴于私益诉讼和

---

① 《环境公益诉讼解释》第二十五条第二款规定:"公告期满后,人民法院审查认为调解协议或者和解协议的内容不损害社会公共利益的,应当出具调解书。"

解和调解中当事人处分的是私权利,对于私权的处分诉讼法一般是消极不干预的。而这一标准适用于民事公益诉讼则显得有些方枘圆凿了,民事公益诉讼的目的是保护公共利益,对当事人处分权,应是积极地去干预,当事人和解与法院调解的目的必须是实现公共利益,只有如此才有意义。因此,应当修改提升审查标准为是否实现民事公益诉讼的目的,否则就应当不予出具调解书,而是继续审查作出判决。试想一下,如果仅仅以合法性为审查标准,那么当事人之间和解协议只要达到这一最低标准就可结案,则民事公益诉讼的意义又何在?

5.6 二审程序

虽然二审程序与一审程序在程序的引起、任务、审判对象等方面具有诸多差异,但就检察机关提起民事公益诉讼而言,其中心问题和焦点还是二审中检察机关的诉讼地位,当然也涉及法院审理范围。对此,二审中检察机关的地位已经在第三章进行了探讨,在此就涉及的程序问题,也就是二审程序的启动和参加进行探讨,而其他则不属于检察机关提起民事公益诉讼程序中特殊的问题,所以无须在此专门探讨。另外,对于一审被告而言,其启动二审的权利与程序与私益诉讼并无差别,所以在本书中不作论述,本书论述的是检察机关启动二审程序及二审的职权范围以及法院审理范围。

一、上诉条件

（一）上诉人

目前《检察公益诉讼解释》对检察机关进行当事人化处理,规定上诉由一审检察机关提出,但一审检察机关只是形式化的当事人,其不掌握最终决定权。这是因为根据《办案规则》第五十八至六十三条规定,虽然名义上是由提起诉讼的人民检察院决定是否上诉,但其应向上级报送材料,由上级检察机关全面审查,上级检察机关有权改变下级决定,再考虑检察一体因素,所以上诉的最终决定权是由上级检察机关掌握。因此,在实践中一般应当是下级检察机关报上级机关批准,得到上级检察机关同意后,下级检察机关才提出上诉,而不是下级检察机关上诉后,由上级检察机关事后纠正。另外,如果只有被告作为上诉人提出上诉,则由提起诉讼的检察机关作为被上诉人参与二审诉讼。

之所以会出现这种名义上诉人和实质上诉人脱离的情形,是因为在私益诉讼中,上诉权是诉权的二审状态,它虽然是一种诉讼权利,但其基础仍然是当事人的处分权,也就是当事人对于诉讼标的所具有的实体权利义务。而处分权与诉讼状态并无关联,它与当事人的身份一般具有唯一关系,权利义务关系的唯一性导致当事人主体的唯一,这一般表述为当事人恒定主义。如果诉讼中当事人发生变更,一般应当是发生了法定事由,主要是原当事人死亡或消亡,导致实体权利义务转移而发生主体变更。所以,在不发生法定事由的情况下,当事人在诉讼期间要参与诉讼始终,诉权主体不发生移转。在民事公益诉讼中,上诉权也是民事公益诉权,但其权力的基础不同于私益诉讼,它基于检察机关国家诉权主体身份和国家法律授权,是一种职权行为,与民事实体权利没有任何关系,不具有实体权利主体的唯一性,诉权移转不存在权力障碍。对此可以类比的是公诉权,其也是名义上对一审判决的抗诉权属于一审检察机关,而实质的抗诉权属于上级检察机关。它的理论基础与检察机关在民事公益诉讼中的理论基础是一致的,都是基于检察机关的身份和国家法律规定。因此,这种名义上诉人和实质上诉人脱离的情形是符合民事诉讼法理的。

当然,也有类似的反例,就是行政诉讼中,一审被告行政机关的上诉权属于其自身,并且也是一审的行政机关参与二审,这完全是当事人化。对此,因为行政诉讼是通过对于行政行为合法性进行审查来解决行政争议的,也就是审查一审被告行政机关行政行为的合法性,一审的行政机关与案件有直接的利害关系,而不仅仅是诉权关系。因此,诉权不能发生移转,不能移转给上级行政机关,而在民事公益诉讼中,检察机关与案件无任何利害关系,诉权是可以移转的。

（二）其他程序性规定

在检察机关提起民事公益诉讼程序中,除了上诉人特殊外,其上诉条件比如上诉期间、上诉的形式要求等与私益诉讼程序一致。同样,上诉期间是十五天,要求提交书面的上诉状,上诉状既可以向原一审法院提交,也可以向二审法院提交。

二、二审法院的审查范围

在私益诉讼中,二审法院的审查范围一般为上诉请求的有关事实和适用法律。之所以作如此规定,是因为上诉请求是当事人对自身诉讼权利和实体权利处分的体现,法院的审判行为在此应当受到当事人处分的限制,自然要限制法院的审理范围。当然,这种限制的例外就是保护公共利益,①也就是公共利益成为法院审查突破当事人上诉请求限制的要件。鉴于公共利益在私益诉讼中就可作为突破当事人上诉请求范围限制的要件因素,在诉讼目的就是为了保护公共利益的民事公益诉讼中,其作用价值更为重要。所以,民事公益诉讼二审案件的审查范围应当完全以维护公共利益为中心。同时,从诉权角度,如果起诉主体提出上诉,则其上诉仅仅是行使诉权的行为,其不具备实体处分权,如果是被告提出上诉,虽然其具有实体处分权,但是作为被告其实体处分权受到了公益诉讼严格的限制。所以,基于民事公益诉讼的诉讼目的,二审法院的审查范围应当不受上诉请求的限制,应全面审查一审法院认定的事实和适用的法律。

三、检察机关二审的出庭任务

《检察公益诉讼解释》规定由起诉的检察机关派员出庭,上级检察机关也可以派员出庭。对于这种两级检察机关共同出庭的规定,无论是从实证分析上,还

---

① 《民事诉讼法解释》第三百二十一条第二款规定:"当事人没有提出请求的,不予审理,但一审判决违反法律禁止性规定,或者损害国家利益、社会公共利益、他人合法权益的除外。"

是从基础理论上,都是违反法理的,①应当只能上级检察机关出庭履行职务。②

（一）作为上诉人

由于上诉状已经得到了上级检察机关的批准,所以上级检察机关出庭的首要任务是支持上诉请求,请求法院纠正错误裁判。检察机关对案件的实体请求应当以一审的起诉状为限,不应超过一审的诉讼请求。对于一审法院审判活动的违法行为,也可以在上诉出庭时一并提出。

（二）作为被上诉人

检察机关对于案件未提出上诉,这说明两级检察机关对于法院一审的判决裁定基本是认可的。上级检察机关作为名义上的被上诉人,其作用完全不同于私益诉讼中的被上诉人。首先,有鉴于二审法院的全面审查,检察机关参与诉讼的目的主要不是为了与上诉人对抗,而是在全面审查一审裁判的基础上,依法提出对一审裁判的予以纠正或是维持的意见。其次,对于上诉人提出上诉请求涉及的证据与法律发表客观意见,不受检察机关一审起诉状的限制。

5.7 再审程序

一、再审程序的定位

对于再审程序,检察机关试点期间,在最高人民检察院的相关程序规定中,均未涉及再审程序。但是,考虑到《试点实施办法》第二十五条规定对于一审未生效判决、裁定是同级检察机关向上一级人民法院提出抗诉引起二审程序,③也就是借鉴刑事诉讼的检察权模式,那么,可以进而推测最高人民检察院

---

① 参见本书第3.3节。

② 当然,上级检察机关出庭履行职责,由于诉讼主体已经变更,将上级检察机关称为上诉人或被上诉人确有不妥,但是考虑到目前法律的稳定性,还是称之为上诉人或被上诉人。

③ 《试点实施办法》第二十五条规定:"地方各级人民检察院认为同级人民法院未生效的第一审判决、裁定确有错误,应当向上一级人民法院提出抗诉。"

倾向于刑事诉讼的再审程序。而同时,最高人民法院在《人民法院实施办法》第十条规定再审适用民事诉讼法的规定。[①] 其后,在"两高"《检察公益诉讼解释》中虽然没有规定再审程序,但《检察公益诉讼解释》第二十六条对未尽事项规定适用民事诉讼法,[②]也就是两高的共识是按照民事诉讼程序塑造检察机关提起民事公益诉讼的再审程序。此后,《办案指南(试行)》虽然没有明确规定再审程序,但是在第一部分"检察机关民事公益诉讼办案的一般程序"第(八)项规定:"诉讼监督。检察机关应当按照《中华人民共和国民事诉讼法》的规定依法履行对民事公益诉讼审判、执行活动的监督职责。"《办案规则》在第六十四、六十五条规定公益诉讼的再审程序,与民事诉讼中的再审程序完全一致。

二、再审的程序性规定

尽管从定位上确定了按照民事诉讼的再审程序来塑造民事公益诉讼的再审,但是在实际操作中,民事公益诉讼还是有其特殊性的,就再审而言它存在着两种类型的民事公益诉讼,即其他适格主体提起的和检察机关提起的。

(一)其他适格主体提起的民事公益诉讼

对于此类主体,目前没有特殊规定,应该按照私益诉讼的审判监督程序来处理。但是,考虑到案件的公益属性,对于此类案件检察机关不受当事人是否申请检察机关监督的限制,有职责依职权主动发现相关案件线索、启动受理审查程序,根据目前的抗诉标准及程序进行审查。它不同于目前私益诉讼中检察机关抗诉监督的启动一般以当事人申请为原则,检察机关依职权为例外的情况。这里因为,私益诉讼中检察机关应当尊重当事人的处分权,而在涉及公共利益的案件中,公共利益可以成为对抗当事人处分权的正当事由,检察机关可

---

① 《人民法院实施办法》第十条规定:"对于人民法院作出的民事公益诉讼判决、裁定,当事人依法提出上诉、人民法院依法提出抗诉或者其他当事人依法申请再审且符合民事诉讼法第二百条规定的,分别按照民事诉讼法规定的第二审程序、审判监督程序审理。"

② 《检察公益诉讼解释》第二十六条:"本解释未规定的其他事项,适用民事诉讼法、行政诉讼法以及相关司法解释的规定。"

以依职权受理与审查,并最终决定是否抗诉。正是公共利益决定了检察机关职权的正当性,决定了民事公益诉讼中检察机关依职权启动再审的正当性。除了启动程序的职权性外,也要考虑启动程序的期限,目前在私益诉讼中检察机关基于公共利益启动再审的期限,不受当事人申请再审期限的限制。当然,也不能长期无期限,也要考虑保护民事法律关系的稳定性,可以参照《民法典》第一百八十八条普通诉讼时效 3 年的规定,确定为判决、裁定及调解书生效 3 年内。除了时效以外,在私益诉讼中检察机关启动程序是以法院驳回当事人再审申请为前置程序的,而在民事公益诉讼中无须此前置程序。但是,如果案件正在当事人申请法院再审中,则检察机关应当中止审查,待法院决定后再行恢复程序或是终结案件。此类案件抗诉后,由于检察机关不是诉讼当事人,不实质参与案件的审理,所以完全可以参照私益诉讼的程序办理,检察机关主要发挥审判监督作用,监督再审的审判程序。

(二)检察机关提起的民事公益诉讼

此类案件,诉权主体和抗诉权主体均为检察机关,一方面是及时保护公共利益的需要,另一方面是检察机关已经全部参与之前的程序,充分掌握了案件事实,所以,检察机关行使抗诉权的效率应当远远高于其他适格主体起诉的民事公益诉讼案件,检察机关作出抗诉决定的时间应当在判决、裁定及调解书生效后 6 个月以内。参照目前的程序,最高人民检察院及上级检察机关对下级法院作出的生效判决、裁定及调解书拥有抗诉权。不同于私益诉讼中的抗诉和其他适格主体民事公益诉讼的抗诉,在检察机关提起民事公益诉讼的案件中,检察机关的地位类似刑事诉讼中的检察机关。检察机关基于抗诉权启动了再审后,检察机关作为一方主体实质参与诉讼,提供证据主张权力。同时,也要履行审判监督职能,监督法院审判行为。

5.8　执行程序

虽然《民事诉讼法》在 1991 年就规定了以抗诉制度为主体的民事检察制度,但是长期以来民事检察权主要在审判程序中运行,一直到 2012 年《民事诉讼法》修订,检察机关才全面开展对于法院执行的监督。相对于审判监督,实践不足的现实导致检察机关执行监督理论的稚嫩。另外,执行程序也被称为强制执行程序,它是强制实现生效法律文书内容的法律程序,它在原理上与审判程序存在诸多差异,因此检察权在执行程序中的运行规律与审判程序相比也应有所不同。

一、执行监督的目的

在私益诉讼执行程序中,法院执行的目的就是实现当事人合法权利,检察权运行的目的很明确就是监督法院执行活动的合法性,以检察权来制约法院的执行权,它在客观上保护了当事人的合法权益。

在民事公益诉讼中,法院执行的目的是实现公共利益,这与私益诉讼是不同的,但与检察机关在民事公益诉讼中追求的目的相一致。基于执行所涉及的法律关系,在实践上法院在民事公益诉讼执行中所遇到的难题阻力要远胜于私益诉讼,以环境民事公益诉讼的执行为例,它具有权利主体执行权受到限制、执行内容多元、执行程序复杂等诸多特征。[①] 就权利主体执行权利受到限制而言,私益诉讼中无论是申请执行人,还是被执行人,它们都是具有实体处分权的当事人。在执行活动中,它们都会为了维护自身利益而行使权利,从而以权利制约法院的执行权,保护自身的合法权利。而在民事公益诉讼中,申请执行人一般不具备实体处分权,执行的结果与其没有实质上的利害关系,其申请执行

---

① 参见吕凤国、苏楠:《论环境民事公益诉讼案件执行制度的建构》,《法律适用》2019 年第 1 期。

或是在执行中监督法院执行活动的动力与能力不足。因此,需要检察机关以公共利益代表身份弥补申请执行人的能力与动力缺陷。就执行内容的多元性和执行程序的复杂性而言,执行内容的多元意味着法院执行行为复杂,执行程序的复杂意味着法院执行行为往往需要其他联动机制的辅助与配合,而同为司法机关的检察机关应当是首选。为了保障法院执行目的的实现,在监督法院执行的合法性外,也应当支持法院的依法执行。因此,民事公益诉讼执行程序中检察权运行具有监督与支持法院依法执行的双重目的性,在法院有能力独立完成执行行为时以监督为主,在法院需要其他机关辅助配合时以支持为主,最终目的就是为了实现保护公共利益的目的。

二、检察机关在执行中的作用

(一)启动方式

检察机关对于法院执行活动的监督属于诉讼监督权,由于诉讼监督权从本质上与民事公益诉权相同,只是在表现形式上存在差别,检察机关对于执行活动的监督仍被视为民事公益诉权的变体。检察机关启动执行监督基于两种情况,一种是当事人的申请,另一种是检察机关发现执行行为损害公共利益依职权启动。以上情况虽然形式上表现为两种,但其实质条件是同一的:维护公共利益。这是因为,尽管当事人申请的情况占监督数量的大多数,但这只是形式条件,检察机关决定履行监督职责的实质条件是执行行为违法,也就是损害了公共利益,检察机关的监督只是在客观上可能有利于一方当事人;而检察机关依职权启动,其不以当事人申请为前提,只要检察机关发现在执行中有损害公共利益的线索,就应当依职权及时启动。

(二)监督与支持并重

在其他主体起诉的民事公益诉讼中,检察机关一般不作为诉讼主体参加诉讼程序,检察机关对于法院执行活动的监督,也类似于私益诉讼的监督,以事后监督为主。不同之处在于,此类案件一般应当由法院依职权执行,法院采取职权行为的原因就在于案件的公益属性,基于同一原因,检察机关的监督也应当依职权进行。同时,检察监督具有监督与支持的双重目的,一方面是对法院执行活动的违法行为进行纠正,另一方面是对法院合法执行活动进行支持。民事公益诉讼案件特别是环境民事公益诉讼的执行,其难度要远超私益诉讼案件的执行,法院执行"需要司法、行政及相关组织的全面积极参与",①检察机关自然也应参与法院此类案件的执行。这有利于保证法院执行活动的客观公正性,增强法院执行行为的权威与公信力,检察机关监督也是对法院执行活动的支持。

(三)检察机关有职责协助法院执行

在检察机关提起民事公益诉讼中,检察机关作为民事公益诉讼起诉人参加了诉讼全过程,这是此类案件执行不同于其他主体起诉的民事公益诉讼案件执行的根本特征。因此,对于此类案件的执行应当以检察机关申请为前提,而无需法院依职权进行。这是因为,在其他民事公益诉讼裁判的执行阶段,为了维护公共利益,促使公共利益早日得到恢复,法院应当依职权来执行,不需要申请执行。而在检察机关提起民事公益诉讼裁判中,检察机关有职责促使裁判得到积极履行,比如督促被执行人积极自行履行裁判,在一定情况下被执行人可能会主动履行判决,比如英烈保护民事公益诉讼案件,被执行人一般会主动履行公开道歉、消除影响等民事责任。但是检察机关毕竟不具备法院的强制执行力,当存在当事人主观消极履行,或是客观履行难度较大,仅依靠检察机关督促是无法完全履行的,检察机关在此情况下可以申请法院执行。对于被执行人消极履行的,检察机关应当履行调查核实职责,协助法院调查核实被执行人的相关财产,以利于债务的执行。监督被执行人作为或不作为,检察机关可以单方面去监督,或是与法院一同来监督。对于客观履行困难并申请法院执行的情况,检察机关不能就此免除调查核实职责,同样应当积极调查取证配合法院

---

① 吕凤国、苏楠:《论环境民事公益诉讼案件执行制度的建构》,《法律适用》2019 年第 1 期。

执行。

三、监督的范围与方式

（一）监督的范围

对于监督的范围，目前主要有两种观点，一种是"狭义说"，它认为限于法院执行权的行使，另一种是"广义说"，它认为应当包括执行法院的执行行为、被执行人、案外人的履行行为、第三方履行监督行为。① 对此，笔者持狭义说，因为：

1. 从法律依据上，"狭义说"与目前《民事诉讼法》对于检察机关执行监督的法律规定相符，而"广义说"缺乏法律依据。尽管目前的法律规定主要考虑的是私益诉讼的执行监督，但是在法律无明确规定的情况下，检察机关的监督权直接介入当事人权利的运行违反法理。

2. 检察机关监督法院执行权的行使，也可以实现对其他主体执行行为的间接监督。这是因为其他主体的相关履行行为不是单独孤立的行为，它们是否合法有效都要经过执行法院的评价认定，法院的这种评价认定同样也是法院的执行行为。因此，检察机关可以通过对于法院相关评价行为的监督来实现对于其他主体执行行为的间接监督。

（二）方式

1. 说明案件执行情况通知书。它的适用条件是检察机关认为法院可能存在怠于履行职责的情形的，一般不需要深入调查核实，只要有一定的合理怀疑，就可以向执行法院发出该通知书，要求说明案件执行的情况及理由。这种监督方式主要针对的是不受理执行申请、不作出执行裁定、不按照规定采取执行措施、不受理执行异议、不按规定恢复执行或变更执行措施等法院怠于履职的情形。

2. 检察建议。检察建议是目前法定的检察机关执行的监督方式，它适用的

① 黄冯清：《论环境民事公益诉讼裁判执行检察监督》，《保定学院学报》2019 年第 5 期。

条件是经过调查核实,检察机关认为法院执行行为违法,可以向法院提出执行监督的检察建议。法院收到后,应在三个月内将处理情况以回复意见函之形式回复检察机关,并附载相关法律文书。① 这种监督虽然称之为建议,但是这种建议却有一定的刚性:收到法院的回函后检察机关认为法院的处理结果不当,或者法院逾期未回复检察机关,可以提请上级检察机关跟进监督,上级认为应当监督的,向同级人民法院提出执行监督检察建议。②

3. 现场监督。这种监督方式虽然名义上是监督,但实质上更多的是对于法院执行的支持。这种监督一般是法院事先通知或是邀请,在人民法院执行过程中,检察机关指派检察人员到现场监督执行。这一方面可以在现场及时监督法院的执行行为,保证执行行为的合法性;另一方面,通过现场监督,增强了法院执行的公信力,有利于促进被执行人积极履行义务,突出体现了对于法院执行行为的支持。

---

① 《最高人民法院 最高人民检察院关于民事执行活动法律监督若干问题的规定》第十三条。
② 《最高人民法院 最高人民检察院关于民事执行活动法律监督若干问题的规定》第十四条。

结　语

　　我国检察机关提起民事公益诉讼制度,虽然可以溯源到清末建立检察制度之初,但是,当今制度的建立:一方面是源于 2012 年《民事诉讼法》修订,它建立了民事公益诉讼制度,扩大了民事诉讼机能,为检察机关提起民事公益诉讼提供了宏观制度框架;另一方面是源于党的十八届四中全会,从国家治理体系维度全面推进了检察机关提起公益诉讼制度。基于此,可从两个维度来观察分析检察机关提起民事公益诉讼制度,一是从民事诉讼法维度,二是从更加宏观的国家治理体系维度,本书选取的是民事诉讼法维度。

　　鉴于当前我国民事公益诉讼整体上还缺乏系统成熟的制度和理论,所以在探讨其下一位阶的检察机关提起民事公益诉讼制度时,就缺乏一个具有共识意义的宏观理论背景。因此,就需要在本书中为检察机关提起民事公益诉讼制度预先构建基本场域要素,也就是基本范畴:公共利益、检察机关提起民事公益诉讼、民事公益诉讼模式。对公共利益,按照立法目的、基本原则、授权依据、法律客体四个层次进行了法律化识别,从而归纳出检察机关提起民事公益诉讼制度所保护的公共利益的特征。在检察机关提起民事公益诉讼中,检察机关诉权的性质应为权力,正是基于权力属性才衍生出主体身份的国家性、诉讼权力的谦抑性、诉前程序的法定性、最终保障性四项特性。民事诉讼模式是对民事诉讼制度的科学简化,它反映了民事诉讼的本质特征,而现有的以私益诉讼为基点的民事诉讼模式并不能涵盖民事公益诉讼,需要构建独立的民事公益诉讼模式。该模式是以公共利益为本位的职权主义诉讼模式,因此,当事人处分权(实体与程序)受到法院职权的干预,辩论主义让位于职权探知主义,当事人进行主义让位于职权进行主义。检察机关在该模式下自然应当履行客观公正义务,与法院形成分工负责、互相配合与监督的关系。

对于制度的正当性,除了历史和比较法的支持外,由于该制度属于民事诉讼制度和检察制度的交叉课题,需要立足于双重维度考察兼容性。从民事诉讼维度,诉讼担当理论为检察机关代表国家提起民事公益诉讼提供了理论支持。从检察权维度,宪法将检察权定义为法律监督权,但是法律监督并不能体现检察权的性质。检察权是司法权,检察权的性质应为公诉权,这不仅因为只有公诉权才能体现检察权的特性,而且因为在诸多检察权中,只有公诉权才契合法律监督权的内涵标准,二者是实与名的关系。因此,检察机关是国家行使公诉权的机关,在国家扩大保护,将民事公益纳入国家诉权范畴,检察权与民事公益诉权完全兼容就顺理成章。制度的正当性也与检察机关作为诉权主体的最优性相关联,这种最优性表现在:行政机关作为原告的价值是诉讼操作上的便宜主义,缺陷是诉权和行政权存在结构性冲突,从而引发行政责任民事化、民事公益诉权边缘化、内部责任外部化、诉讼手段武器化的弊端。因此,行政机关不应是民事公益诉讼的原告,检察机关应是代表国家的唯一诉权主体。

由于不同的诉讼地位决定了不同的诉讼权利与义务,检察机关在民事公益诉讼中的地位,也是检察机关提起民事公益诉讼制度的核心问题。检察权的公诉权性质(广义),实质就决定了检察机关在民事公益诉讼中应当具有民事公诉人的诉讼地位,是包含诉讼监督权的单一身份主体。当前制度总体的问题是检察机关诉讼地位当事人化,它既与民事公益诉讼模式相悖,也漠视了检察机关民事公益诉权来源基础的特殊性。确定了检察机关的诉讼地位,也就决定了检察机关民事公益诉权和相关程序。诉权是推动民事诉讼运行的基本动力,其运行贯穿于诉讼全过程,根据"二元诉权说",诉讼请求是诉权的实体内涵,诉讼权利则是其程序内涵。民事公益诉权和私益诉权所保护的客体存在本质不同,导致二者内涵、外延存在诸多差异,这些差异所伴生的相关诉讼权力均是实现检察机关民事公益诉权所必需的,也就是检察机关民事公益诉权的必要组成部分,包括诉权的保护范围、诉权的实体内涵、调查核实权、诉讼监督权和支持起诉权。诉权运行的场域就是程序,本书全面构建检察机关提起民事公益诉讼程序的基础理论,重构检察机关提起民事公益诉讼诉前程序。诉前程序是以检察机关提起民事公益诉讼的时间点来划界,之前的程序为诉前程序,它包括发现案件线索、立案、诉前公告、审查起诉等阶段。诉前程序的存在有其独特功能与意义,是完全由检察机关主导的程序,是检察机关提起民事公益诉讼中最具检察特性的程序,也是需要严格规范检察权行使的程序。

综上,本书在锚定基本范畴的基础上,从检察机关提起民事公益诉讼制度的正当性分析入手,推导出检察机关诉讼地位,而检察机关的诉讼地位决定了其诉讼权力和诉讼程序。本书拟系统全面地构建检察机关提起民事公益诉讼制度,但是从宏观上,作为其上一位阶的民事公益诉讼制度还缺乏整体的宏观制度和理论构建,所以,本书的一些理论构建缺乏更为深厚的背景支持,显得有些突兀单薄。同时,检察机关提起民事公益诉讼制度体系十分庞杂,其又可以分为诸多子制度,而每一子制度在程序上都有其鲜明的个性,对此本书缺乏对每个子项的单独深入分析。以上问题不仅仅需要理论研究的关注,它更需要鲜活的司法实践指引,二者相互呼应,共同成就。

参考文献

一、中文著作

1.《习近平法治思想概论》编写组:《习近平法治思想概论》,高等教育出版社 2021 年版。

2. 最高人民检察院:《检察机关学习贯彻习近平法治思想辅导读本》,中国检察出版社 2021 年版。

3. 北京大学法学百科全书编委会编:《北京大学法学百科全书》(社会法学 环境法学 知识产权法 科技法学),北京大学出版社 2016 年版。

4. 北京大学法学百科全书编委会编:《北京大学法学百科全书》(民法学 商法学),北京大学出版社 2004 年。

5. 北京大学法学百科全书编委会编:《北京大学法学百科全书》(经济法学),北京大学出版社 2007 年版。

6.《中国大百科全书》(法学修订版),中国大百科全书出版社 2006 年版。

7. 薛波主编:《元照英美法词典》(缩印本),北京大学出版社 2013 年缩印版。

8.《逻辑学大辞典》(修订本),上海辞书出版社 2010 年版。

9.《辞海》(第六版缩印本),上海辞书出版社 2010 年版。

10. 北京社会与科技发展研究所组织翻译:《牛津法律辞典》,光明日报出版社 1989 年版。

11. 邓正来主编:《布莱克维尔政治学百科全书》(修订版),中国政法大学出版社 2002 年版。

12. 王利明:《法律解释学》,中国人民大学出版社 2011 年版。

13. 倪斐:《公共利益法律化研究》,人民出版社 2017 年版。

14. 郑永流、朱庆育等:《中国法律中的公共利益》,北京大学出版社 2014 年版。

15. 谢佑平:《刑事程序法哲学》,中国检察出版社 2010 年版。

16. 张乃根:《西方法哲学史纲》(第四版),中国政法大学出版社 2008 年版。

17. 佟柔主编:《民法原理》,法律出版社 1986 年版。

18. 佟柔主编:《中国民法》,法律出版社 1990 年版。

19. 陈甦主编:《民法总则评注》,法律出版社 2017 年版。

20. 王泽鉴:《侵权行为》,北京大学出版社 2016 年版。

21. 程啸:《侵权责任法》(第二版),法律出版社 2015 年版。

22. 王利明、杨立新、王轶、程啸:《民法学》(第五版),法律出版社 2017 年版。

23. 江伟主编:《民事诉讼法原理》,中国人民大学出版社 1999 年版。

24. 江伟主编:《民事诉讼法》(第五版),高等教育出版社 2016 年版。

25. 汤维建主编:《民事诉讼法学》(第二版),北京大学出版社 2014 年版。

26. 邵明:《民事诉讼法学》,中国人民大学出版社 2007 年版。

27.《民事诉讼法学》编写组:《民事诉讼法》(第二版),高等教育出版社 2019 年版。

28. 陈国庆:《检察制度原理》,法律出版社 2009 年版。

29. 樊崇义主编:《检察制度原理》,法律出版社 2009 年版。

30. 王新环:《公诉权原论》,中国人民公安大学出版社 2006 年版。

31. 王桂五主编:《中华人民共和国检察制度研究》,法律出版社 1991 年版。

32. 韩大元主编:《中国检察制度宪法基础研究》,中国检察出版社 2007 年版:

33. 刘计划:《刑事诉讼法学的发展脉络(1997—2018)》,中国人民大学出版社 2020 年版。

34. 王桂五:《王桂五论检察》,中国检察出版社 2008 年版。

35. 朱孝清、张智辉主编:《检察学》,中国检察出版社 2010 年版。

36. 柯汉民主编:《民事行政检察概论》,中国检察出版社 1993 年版。

37. 李忠芳、王开洞主编:《民事检察学》,中国检察出版社 1996 年版。

38. 孙谦主编:《中国检察制度论纲》,人民出版社 2004 年版。

39. 魏武:《法德检察制度》,中国检察出版社 2008 年版。

40. 李昕:《俄罗斯民事检察制度研究》,中国检察出版社 2012 年版。

41. 何家弘主编:《检察制度比较研究》,中国检察出版社 2008 年版。

42. 刘向文:《苏联宪法和苏维埃立法的发展》,法律出版社 1987 年版。

43. 甄贞等:《检察制度比较研究》,法律出版社 2010 年版。

44. 樊崇义、吴宏耀、钟松志主编:《域外检察制度研究》,中国人民公安大学出版社 2008 年版。

45. 陈冬:《美国环境公民诉讼研究》,中国人民大学出版社 2014 年版。

46. 尤光付:《中外监督制度比较》,商务印书馆 2013 年版。

47. 陈业宏、唐鸣:《中外司法制度比较》,商务印书馆 2015 年版。

48. 王公义主编:《中外司法体制比较研究》,法律出版社 2013 年版。

49. 肖建华:《民事诉讼当事人研究》,中国政法大学出版社 2002 年版。

50. 江伟、邵明、陈刚:《民事诉权研究》,法律出版社 2002 年版。

51. 汤维建:《民事检察法理研究》,中国检察出版社 2014 年。

52. 汤维建等:《群体性纠纷诉讼解决机制论》,北京大学出版社 2008 年。

53. 范愉：《集团诉讼问题研究》，北京大学出版社 2005 年版。

54. 颜运秋：《公益诉讼理念与实践研究》，法律出版社 2019 年版。

55. 颜运秋等：《生态环境公益诉讼机制研究》，经济科学出版社 2019 年版。

56. 吴泽勇：《欧洲群体诉讼研究——以德国法为中心》，北京大学出版社 2015 年版。

57. 王福华：《变迁社会中的群体诉讼》，上海人民 2011 年版。

58. 张晋藩：《中国法制史》，商务印书馆 2010 年版。

59. 张晋藩：《中华法制文明史》（近、当代卷），法律出版社 2013 年版。

60. 闵钤编：《中国检察史资料选编》，中国检察出版社 2008 年版。

61. 陈刚主编：《中国民事诉讼法制百年进程》（清末时期第一卷），中国法制出版社 2004 年版。

62. 谢如程：《清末检察制度及其实践》，上海人民出版社 2008 年版。

63. 曾宪义主编：《检察制度史略》，中国检察出版社 2008 年版。

64. 张培田、张华：《近现代中国审判检察制度的演变》，中国政法大学出版社 2004 年版。

65. 柴发邦、赵慧芬：《中华人民共和国民事诉讼法（试行）简释》，法律出版社 1982 年版。

66. 全国人大常委会法制工作委员会民法室编：《民事诉讼法立法背景与观点全集》，法律出版社 2012 年版。

67. 最高人民法院环境资源审判庭编：《最高人民法院 最高人民检察院检察公益诉讼司法解释理解与适用》，人民法院出版社 2021 年版。

68. 杜万华主编：《最高人民法院消费民事公益诉讼司法解释理解与适用》，人民法院出版社 2016 年版。

69.《〈中华人民共和国民事诉讼法〉修改条文理解和适用》，人民法院出版社 2012 年版。

70. 最高人民检察院第八厅编:《民事公益诉讼典型案例实务指引》,中国检察出版社 2019 年版。

71. 最高人民法院环境资源审判庭编:《最高人民法院关于环境民事公益诉讼司法解释理解与适用》,人民法院出版社 2015 年版。

72.《最高人民法院民事诉讼司法解释理解与适用》,人民法院出版 2015 年版。

73. 最高人民法院民事审判一庭编:《最高人民法院新民事诉讼证据规定理解与适用》,人民法院出版社 2020 年版。

74. 张艳蕊:《民事公益诉讼制度研究》,北京大学出版社 2007 年版。

75. 杨雅妮:《检察民事公益诉讼制度研究》,社会科学文献出版社 2020 年版。

76. 傅贤国:《环境民事公益诉讼制度研究——以贵州省贵阳市"生态保护两庭"司法实践为中心的分析》,法律出版社 2016 年版。

77. 周洪波、刘辉主编:《公益诉讼检察实务培训教材》,法律出版社 2019 年版。

78. 李楯主编:《环境公益诉讼观察报告》(2015 年卷),法律出版社 2016 年版。

79. 李楯主编:《环境公益诉讼观察报告》(2016 年卷),法律出版社 2018 年版。

80. 刘年夫、李挚萍主编:《正义与平衡——环境公益诉讼的深度探索》,中山大学出版社 2011 年版。

81. 温登平:《环境法学讲义》(总论),法律出版社 2020 年版。

82. 白彦:《民事公益诉讼理论问题研究》,北京大学出版社 2016 年版。

83. 刘学在:《民事公益诉讼制度研究——以团体诉讼制度的构建为中心》,中国政法大学出版社 2015 年版。

84. 柯阳友:《民事公益诉讼重要疑难问题研究》,法律出版社 2017 年版。

85. 潘申明:《比较法视野下的民事公益诉讼》,法律出版社 2011 年 9 月版。

86. 张辉:《美国环境法研究》,中国民主法制出版社 2015 年版。

87. 陶建国等:《消费者公益诉讼研究》,人民出版社 2013 年版。

88. 最高人民检察院民事行政检察厅编:《检察机关提起公益诉讼实践与探索》,中国检察出版社 2017 年版。

89. 韩静茹:《民事检察权研究》,北京大学出版社 2018 年版。

90. 傅信平主编:《检察公益诉讼研究:贵州司法实务样本》,中国检察出版社 2021 年版。

91. 崔伟、李强:《检察机关民事行政公诉论》,中国检察出版社 2010 年版。

92. 田凯等:《人民检察院提起公益诉讼立法研究》,中国检察出版社 2017 年版。

93. 黄忠顺:《公益性诉讼实施权配置论》,中国社会科学文献出版社 2018 年版。

94. 段厚省、高鹏:《环境民事公益诉讼基本理论研究》,复旦大学出版社 2020 年版。

95. 竺效主编:《环境公益诉讼案例精编》,中国人民大学出版社 2019 年版。

96. 练育强主编:《中国公益诉讼案例发展报告》,法律出版社 2021 年版。

97. 乔港、胡环宇:《泰州 1.6 亿元天价环境公益案诉讼手记》,法律出版社 2018 年版。

98. 王次宝:《民事诉讼处分原则研究》,上海人民出版社 2020 年版。

99. 秘明杰:《中国环保社会组织民事公益诉讼法律问题研究》,中国政法大学出版社 2020 年版。

100. 刘显鹏:《环境民事公益诉讼证明责任分配研究》,中国社会科学出版社 2019 年版。

101. 黎敏：《西方检察制度史研究 历史缘起与类型化差异》，清华大学出版社 2010 年版。

102. 徐昕：《英国民事诉讼与司法改革》，中国政法大学出版社 2002 年版。

103. 高鸿钧等主编：《英美法原论》，北京大学出版社 2013 年版。

104. 裘索：《日本国检察制度》，商务印书馆 2003 年版。

二、中文译著

1. ［英］边沁：《道德与立法原理导论》，时殷宏译，商务印书馆 2000 年版。

2. ［美］E. 博登海默：《法理学：法律哲学与法律方法》，邓正来译，中国政法大学出版社 2004 年版。

3. ［美］约翰. 罗尔斯：《正义论》，何怀宏、何包钢、廖申白译，中国社会科学出版社 1988 年版。

4. ［法］让. 文森、赛尔日·金沙尔：《法国民事诉讼法要义》，罗结珍译，中国法制出版社 2001 年版。

5. ［美］劳伦斯. 弗里德曼：《二十世纪美国法律史》，周大伟等译，北京大学出版社 2016 年版。

6.《拿破仑法典（法国民法典）》，李浩培、吴传颐、孙鸣岗译，商务印书馆 1979 年版。

7. 李秀清、陈颐主编：《法国六法（清末民国法律史料丛刊·汉译六法）》，商务印书馆编译所编译，邓建鹏典校，上海人民出版社 2013 年版。

8.《法国新民事诉讼法典（附判例解释）》，罗结珍译，法律出版社 2008 年版。

9. ［法］洛伊克·卡迪耶：《法国民事司法法》（原书第三版），杨艺宁译，中国政法大学出版社 2010 年版。

10.《俄罗斯联邦民事诉讼法典》，黄道秀译，中国人民公安大学出版社 2003 年版。

11.《俄罗斯联邦仲裁程序法典》,黄道秀译,中国人民公安大学出版社2003年版。

12.《德国民事诉讼法》,谢怀栻译,中国法制出版社2001年版。

13.《德国民事诉讼法》,丁启明译,厦门大学出版社2016年版。

14.《日本民事诉讼法》,曹云吉译,厦门大学出版社2017年版。

15.[苏]K.Φ.斯克沃尔佐夫等:《苏联东欧国家的检察长监督》,梁启明译,中国检察出版社1990年版。

16.[俄]IO.E.维诺库罗夫主编:《检察监督》(第七版),刘仁文译,中国检察出版社2009年版。

17.《苏俄民事诉讼法典》,梁启明、邓曙光译,刘家辉校,法律出版社1982年版。

18.谢鹏程选编:《前苏联检察制度》,中国检察出版社2008年版。

19.[苏]阿.阿.多勃罗沃里斯基等:《苏维埃民事诉讼》,李衍译,常怡校,法律出版社1985年版。

20.美国司法部反托拉斯局编:《美国反托拉斯手册》,文学国、黄晋等译,知识产权出版社2012年版。

21.[日]新堂幸司:《新民事诉讼法》,林剑锋译,法律出版社2008年版。

22.[日]交告尚史等:《日本环境法概论》,田林等译,中国法制出版社2014年。

23.《法国商法典》,金邦贵译,中国法制出版社2000年版。

24.[德]罗森贝克等:《德国民事诉讼法》,李大雪译,中国法制出版社2007年版。

25.[英]沃尔特.白芝浩:《英国宪法》,夏彦才译,商务印书馆2005年版。

26.最高人民检察院法律政策研究室编:《最新外国检察院组织法文献选编》,中国检察出版社2017年版。

27. 何海波编:《中外行政诉讼法汇编》,商务印书馆 2018 年版。

28. [瑞士]古尔蒂斯.里恩:《美国和欧洲的检察官:瑞士、法国和德国的比较分析》,王新玥、陈涛译,法律出版社 2019 年版。

三、期刊和报纸

1. 刘家兴、江伟:《试论人民检察院参加民事诉讼》,《法学研究》1981 年第 3 期。

2. 陈桂明:《检察机关参与民事诉讼浅探》,《西北政法学院学报》1987 年第 2 期。

3. 江伟、段厚省:《论检察机关提起民事诉讼》,《现代法学》2000 年第 6 期。

4. 江伟、肖建国:《民事执行制度若干问题的探讨》,《中国法学》1995 年第 1 期。

5. 汤维建:《论民事诉讼中检察官的客观义务》(上),《国家检察官学院学报》2009 年第 1 期。

6. 汤维建:《论民事诉讼中检察官的客观义务》(下),《国家检察官学院学报》2009 年第 2 期。

7. 汤维建:《民事诉讼法的全面修改与检察监督》,《中国法学》2011 年第 3 期。

8. 汤维建:《检察机关提起公益诉讼试点相关问题解析》,《中国党政干部论坛》2015 年第 8 期。

9. 汤维建:《论检察机关提起民事公益诉讼》,《中国司法》2010 年第 1 期。

10. 汤维建:《公益诉讼实施机制的生成路径——公益诉讼地方立法述评》,《人民检察》2021 年第 11 期。

11. 汤维建、王德良、任靖:《检查民事公益诉讼请求之确定》,《人民检察》2021 年第 5 期。

12. 肖建国:《民事公益诉讼基本模式研究——以中、美、德三国为中心的比较法考查》,《中国法学》2007 年第 5 期。

13. 肖建国:《利益交错中的环境公益诉讼原理》,《中国人民大学学报》2016 年第 2 期。

14. 王福华:《打开群体诉讼之门——由"三鹿奶粉"事件看群体诉讼优越性的衡量原则》,《中国法学》2009 年第 5 期。

15. 张卫平:《民事公益诉讼原则的制度化及实施研究》,《清华法学》2013 年第 4 期。

16. 樊崇义、白秀峰:《关于检察机关提起公益诉讼的几点思考》,《法学杂志》2017 年 5 月。

17. 蔡彦敏:《中国环境民事公益诉讼的检察担当》,《中外法学》2011 年第 1 期。

18. 廖中洪:《检察机关提起民事诉讼若干问题研究》,《现代法学》2003 年第 3 期。

19. 邵明、常洁:《民事诉讼模式重述——以公益和私益为论述角度》,《中国人民大学学报》2019 年第 6 期。

20. 白彦:《民事公益诉讼主体的理论扩张与制度构建》,《法律适用》2020 第 21 期。

21. 白彦:《检察机关提起公益诉讼的现实困境与对策研究》,《法学杂志》2016 年第 3 期。

22. 刘艺:《我国检察公益诉讼制度的发展态势与制度完善——基于 2017—2019 年数据的实证分析》,《重庆大学学报(社会科学版)》2020 年第 4 期。

23. 刘艺:《检察公益诉讼的司法实践与理论探索》,《国家检察官学院学报》2017 年第 2 期。

24. 刘艺:《论国家治理体系下的检察公益诉讼》,《中国法学》2020 年第

2 期。

25. 常英、王云红:《民事公诉制度研究》,《国家检察官学院学报》2002 年第 4 期。

26. 廖永安:《论检察机关提起民事诉讼》,《湘潭大学社会科学学报》2001 年第 2 期。

27. 徐全兵:《深入探讨法理基础 科学谋划程序设计——探索建立检察机关提起公益诉讼制度研讨会观点综述》,《人民检察》2016 年第 11 期。

28. 徐全兵:《检察机关提起公益诉讼有关问题》,《国家检察官学院学报》2016 年第 3 期。

29. 何燕:《检察机关提起民事公益诉讼之权力解析及程序构建》,《法学论坛》2012 年第 4 期。

30. 朱晓飞:《公益诉讼语境下的"公益"涵义解析》,《环球法律评论》2008 年第 3 期。

31. 刘宏宇:《公共利益的法学解读》,《社会科学家》2010 年第 12 期。

32. 胡锦光、王锴:《论公共利益概念的界定》,《法学论坛》2005 年第 1 期。

33. 邓思清:《论检察机关的民事公诉权》,《法商研究》2004 年第 5 期。

34. 段厚省、郭宗才:《论检察机关提起公益民事诉讼》,《法学》2006 年第 1 期。

35. 白洁:《论检察机关提起民事诉讼的必要性》,《武汉大学学报(人文科学版)》2004 年第 4 期。

36. 章珠海:《检察机关提起惩罚性消费民事公益诉讼之探讨》,《社会科学家》2019 年第 7 期。

37. 梁鸿飞:《检察公益诉讼:逻辑、意义、缺漏及改良》,《安徽师范大学学报(人文社会科学版)》2019 年第 47 卷第 3 期。

38. 赵静:《民事公诉制度浅析》,《科教创新》2008 年第 12 期。

39. 葛红雨:《论检察机关揭起民事公诉的理论和实践》,《安徽警官职业学院学报》2006 年第 5 期。

40. 王红建、韩子祥:《论检察机关在公益诉讼中的公诉人地位》,《河南工程学院学报(社会科学版)》2020 年第 4 期。

41. "公益诉讼"课题组:《检察机关提起和参与民事行政公益诉讼资格探讨》,《华东政法学院学报》2004 年第 3 期。

42. 刘晓纯、张凯丽:《检察机关提起民事公益诉讼与其职责的冲突与协调》,《天津大学学报(社会科学版)》2016 年第 18 卷第 5 期。

43. 罗斌:《两庭护绿水 双剑守青山——贵阳法院环保审判专业化之路》,《人民法院报》2011 年 7 月 7 日第 5 版。

44. 广州海事法院和中山大学课题组:《广州海事审判中水域污染公益诉讼案件调研报告》,载刘年夫、李挚萍主编:《正义与平衡——环境公益诉讼的深度探索》,中山大学出版社 2011 年版。

45. 刘辉:《检察公益诉讼的目的与构造》,《法学论坛》2019 第 5 期。

46. 张峰:《检察环境公益诉讼之诉前程序研究》,《政治与法律》2018 年第 11 期。

47. 陈宏:《检察机关公益诉讼调查核实权探究》,《人民检察》2019 年第 8 期。

48. 杨志弘:《公益诉讼主体扩张的制度反思——以检察机关作为公益诉讼原告为切入点》,《青海社会科学》2018 年第 4 期。

49. 姚莲:《检察机关提起公益诉讼的诉权研究》,《法治社会》2017 年第 5 期。

50. 刘辉、姜昕:《检察机关提起民事公益诉讼试点情况实证研究》,《国家检察官学院学报》2017 年第 2 期。

51. 赵卿、李庆:《未成年人检察公益诉讼制度构建研究——以全国首例民

政部门申请撤销监护权案为例》,《青少年犯罪问题》2015 年第 5 期。

52. 史学瀛、樊婷丽、刘晗:《基于环境保护的我国非政府组织的现状、问题与完善》,《怀化学院学报》2016 年第 7 期。

53. 李锐、陶建国:《巴西消费者集团诉讼制度及其启示》,《人民论坛》2012年第 9 期。

54. 刘学在:《巴西检察机关提起民事公益诉讼制度初探》,《人民检察》2012 年第 21 期。

55. 刘学在:《请求损害赔偿之团体诉讼制度研究》,《法学家》2011 年第6 期。

56. 胡云红:《比较法视野下的域外公益诉讼制度研究》,《中国政法大学学报》2017 年第 4 期。

57. 韩志红:《从微软案件始末看美国反垄断法的实施》,《经济法研究》第6 卷。

58. 李娟:《反垄断实施机制的反思与完善——以反垄断公益诉讼为论》,《经济法论丛》2019 年第 2 期。

59. 吴振国:《致力公平竞争 服务改革发展——2019 年反垄断工作综述》,《中国价格监管与反垄断》2020 年第 3 期。

60. 杜爱武、陈云开:《中国反垄断民事诉讼案件数据分析报告(2008—2018)》,《竞争法律与政策评论》第 5 卷。

61. 胡中华:《论美国环境公益诉讼中的环境损害救济方式及保障制度》,《武汉大学学报(哲学社会科学版)》2010 年第 6 期。

62. 吴泽勇:《论德国法上的团体不作为之诉——以〈不作为之诉法〉和〈反不正当竞争法〉为例》,《清华法学》2010 年第 4 期。

63. 吴泽勇:《论德国〈反不正当竞争法〉上的撤去不法收益之诉》,《当代法学》2010 年第 3 期。

64. 张辉:《论环境民事公益诉讼的责任承担方式》,《法学论坛》2014 年第 6 期。

65. 王译:《英烈保护民事公益诉讼的立法思考——以 2018 年〈检察公益诉讼解释〉为对照的分析》,《河南财经政法大学学报》2019 年第 2 期。

66. 郑唐德:《消费公益诉讼的请求权体系构造》,《特区法坛》2017 年第 2 期。

67. 赵亮:《检察机关提起公益诉讼调查取证实证分析》,《中国检察官》2015 年第 20 期。

68. 陈宏:《民事公益诉讼中检察调查权研究》,《法治论坛》2018 年第 3 期。

69. 黄旭东:《论民事检察调查核实权的适用法理与制度构建——基础程序保障论的省思》,《法治论坛》第 49 辑。

70. 刘加良:《检察公益诉讼调查核实权保障的误判及矫正》,《检察日报》2020 年 8 月 27 日第 7 版。

71. 陆军、杨学飞:《检察机关民事公益诉讼诉前程序实践检视》,《国家检察官学院学报》2017 年第 6 期。

72. 陈殿栋:《检察机关提起环境公益诉讼的诉权顺位研究》,《太原理工大学学报(社会科学版)》2017 年第 3 期。

73. 樊华中:《检察公益诉讼的调查核实权研究——基于目的主义视角》,《中国政法大学学报》2019 年第 3 期。

74. 杨金顺:《检察机关提起民事公益诉讼若干问题探析》,《宁夏社会科学》2015 年第 5 期。

75. 解文轶:《公益诉讼案件办理流程及法律文书制作》,载周洪波、刘辉主编:《公益诉讼检察实务培训讲义》,法律出版社 2019 年版。

76. 周士敏:《审查起诉要论》,载樊崇义主编:《刑事诉讼法专论》,中国方正出版社 1998 年版。

77. 最高人民法院立案登记制改革课题组:《立案登记制改革问题研究》,《人民司法(应用)》2015 年第 9 期。

78. 吕凤国、苏福:《论环境民事公益诉讼案件执行制度的构建》,《法律适用》2019 年第 1 期。

79. 黄冯清:《论环境民事公益诉讼裁判执行检察监督》,《保定学院学报》2019 年第 5 期。

四、学位论文

1. 张乾:《我国检察民事公益诉讼制度完善研究》,华东政法大学 2020 年博士论文。

2. 李征:《民事公诉之立法研究》,重庆大学 2014 年博士论文。

3. 陈兵:《19 世纪下半叶美国州反托拉斯法研究—以制定法和判例法为分析材料》,华东政法大学 2009 年博士学位论文。

4. 王海力:《反垄断民事诉讼制度研究——以私人诉讼为视角》,辽宁大学 2016 年博士学位论文。

5. 温军:《中国检察权在国家权力结构中的政治功能研究》,吉林大学 2018 年博士学位论文。

6. 张鑫伟:《中国特色社会主义检察权配置研究》,华侨大学 2018 年博士学位论文。

7. 徐静磊:《论检察权——政治与法律的博弈》,中国政法大学 2007 年博士学位论文。

8. 李昕:《俄罗斯民事检察制度研究》,西南政法大学 2008 年博士学位论文。

9. 罗珊:《中美环境公益诉讼比较研究》,湘潭大学 2017 年博士学位论文。

10 朱刚:《民事公益诉讼程序研究》,西南政法大学 2019 年博士学位论文。

11. 张旭东:《环境民事公益诉讼特别程序研究》,南京师范大学 2017 年博士学位论文。

12. 汤明:《美国联邦法院反垄断判例的历史考察》,江西师范大学 2011 年硕士学位论文。

五、外文文献

1. Sir Thoms Hetherngton, *Prosecution And The Public Interest*, Waterlow Publishners, First edition, 1989.

2. Davis, Angla J, *Arbitrary Juice: the power of the American prosecurtor*, Oxford University press, 2007.

3. Robert H. Klonoff, *Class action and other multi-party litigation in a nutshell*, Thomson West, 2007.

4. J. Bonnine & T. Mcgarity, *The Law of Environment Protection: Cases-Legislation-Polices*, West Publishing Co, 1984.

5. John L. worrall, M. Elaine Nugent-Borakove, *The Changing Role of the American Prosecutor*, State University of New York Press, 2008.

6. William F. McDonald, The Prosecutor, *Sage Publications Beverly Hills*. London, 1979.

致　谢

时光荏苒,韶华易逝。经过不懈努力,我的博士论文《检察机关提起民事公益诉讼制度研究》终于可以付梓,暂时画上句号了。掩卷回首,这段博士学习经历,其艰苦程度确实超出了我的预想。但无论艰辛、挫折,还是收获、进步,都构成了我人生中最宝贵的财富。

回首求学经历,我要感谢恩师汤维建教授,感谢您把我招入师门,辛勤指导我进修学习,谆谆教导我学术进步,您的言传身教使我深刻感悟到老一辈学人的风骨。

我还要感谢天津市人民检察院的各位相关领导,其中多位领导已经退休,没有领导的鼓励与帮助,我很难有机会再一次进修学业。

我要感谢各位同门,感谢各位同门给予我无私的帮助。特别是疫情期间,人员流动受限,我只能孤守天津。感谢张宝成博士、胡守鑫博士、徐巧玲博士、张明哲博士、李海尧博士,感谢你们帮助我解决了一系列学术性和事务性问题。我要感谢天津社会科学院出版社王丽编辑,是她对书稿的细心修改,才有了本书今日的出版。

最后,我要感谢我的家人,我的父母和妻儿,谢谢你们的理解和付出!希望这段经历能够鼓舞我的儿子自立自强!

王德良
2024 年 6 月 6 日